本书获得中国人民大学马克思主义学院出版基金资助

走向无产阶级的自我解放

Rosa Luxemburg

罗莎·卢森堡政治哲学研究

谭清华 著

中国社会科学出版社

图书在版编目（CIP）数据

走向无产阶级的自我解放：罗莎·卢森堡政治哲学研究／谭清华著. —北京：中国社会科学出版社，2022.6

ISBN 978－7－5227－0384－8

Ⅰ.①走… Ⅱ.①谭… Ⅲ.①卢森堡（Luxemburg, Rosa 1871－1919）—政治哲学—研究 Ⅳ.①D095.165

中国版本图书馆 CIP 数据核字（2022）第 105075 号

出 版 人	赵剑英
责任编辑	朱华彬
责任校对	谢　静
责任印制	张雪娇

出　　版	中国社会科学出版社
社　　址	北京鼓楼西大街甲 158 号
邮　　编	100720
网　　址	http://www.csspw.cn
发 行 部	010－84083685
门 市 部	010－84029450
经　　销	新华书店及其他书店
印　　刷	北京明恒达印务有限公司
装　　订	廊坊市广阳区广增装订厂
版　　次	2022 年 6 月第 1 版
印　　次	2022 年 6 月第 1 次印刷
开　　本	710×1000　1/16
印　　张	17.5
插　　页	2
字　　数	256 千字
定　　价	98.00 元

凡购买中国社会科学出版社图书，如有质量问题请与本社营销中心联系调换
电话：010－84083683
版权所有　侵权必究

目　录

导　论 …………………………………………………………（1）

第一章　卢森堡的资本主义社会思想 ………………………（36）

　第一节　资本主义社会的新变化及其实质 ……………………（36）

　　一　资本主义生产的社会化及其实质 …………………………（36）

　　二　资本主义政治的民主化及其实质 …………………………（45）

　第二节　资本主义社会的资本积累和对外扩张 ………………（50）

　　一　资本主义社会的资本积累 …………………………………（50）

　　二　资本主义的对外殖民和帝国主义阶段 ……………………（56）

　第三节　资本主义社会走向灭亡 ………………………………（61）

　　一　资本主义社会的危机及其爆发 ……………………………（62）

　　二　资本主义社会的归宿：野蛮状态或社会主义社会 ………（68）

第二章　卢森堡的无产阶级革命思想 ………………………（75）

　第一节　无产阶级革命的中心问题是夺取政权 ………………（75）

　　一　夺取政权赋予工人运动以社会主义性质 …………………（76）

　　二　夺取政权才是目的 …………………………………………（82）

　第二节　无产阶级革命需要主客观条件 ………………………（89）

　　一　无产阶级革命不能人为制造 ………………………………（89）

　　二　无产阶级革命的主观条件 …………………………………（96）

第三节　无产阶级革命是总体的持续的革命 …………… (105)
　　　一　无产阶级革命是总体的革命 ……………………… (105)
　　　二　无产阶级革命是持续的革命 ……………………… (116)

第三章　卢森堡的民族解放和妇女解放思想 ………………… (126)
　　第一节　对民族主义运动的分析和批判 ………………… (126)
　　　一　对民族主义运动的分析 …………………………… (126)
　　　二　对民族自决权的批判 ……………………………… (133)
　　第二节　对妇女解放运动的分析和肯定 ………………… (140)
　　　一　对妇女解放问题的分析 …………………………… (140)
　　　二　对妇女选举权的肯定 ……………………………… (145)
　　第三节　民族解放和妇女解放从属于无产阶级解放 …… (152)
　　　一　坚持从无产阶级解放立场看待民族问题和
　　　　　妇女问题 …………………………………………… (152)
　　　二　无产阶级的解放是对民族问题和妇女问题的
　　　　　真正解决 …………………………………………… (159)

第四章　卢森堡的无产阶级政党思想 ………………………… (165)
　　第一节　无产阶级政党是工人阶级的先锋队 …………… (165)
　　　一　无产阶级政党以马克思主义的基本原则和
　　　　　科学方法为指导 …………………………………… (166)
　　　二　无产阶级政党代表整个阶级和运动的利益 ……… (173)
　　第二节　无产阶级政党坚持自我集中制原则 …………… (181)
　　　一　无产阶级政党以大多数人的意志为基础 ………… (181)
　　　二　无产阶级政党以发挥群众的创造性为导向 ……… (191)
　　第三节　无产阶级政党的领袖和纪律 …………………… (197)
　　　一　无产阶级政党的领袖 ……………………………… (197)
　　　二　无产阶级政党的纪律 ……………………………… (203)

第五章　卢森堡的社会主义社会思想 (212)
　第一节　社会主义社会是历史上全新的社会 (212)
　　一　社会主义社会是在活的历史中产生和发展的 (213)
　　二　社会主义社会需要充分发挥群众的首创性 (219)
　第二节　社会主义社会是国际性奋斗目标 (225)
　　一　俄国革命措施是客观环境逼迫的产物 (225)
　　二　社会主义社会在单一国家无法成功 (231)
　第三节　社会主义社会是人民当家作主的社会 (238)
　　一　社会主义社会是人民群众的自我统治 (238)
　　二　社会主义社会是人民群众的自我教育 (246)

参考文献 (253)

导　　论

"人们自己创造自己的历史，但是他们并不是随心所欲地创造，并不是在他们自己选定的条件下创造，而是在直接碰到的、既定的、从过去承继下来的条件下创造。"

"工人阶级的解放应当是工人阶级自己的事情。"

——卡尔·马克思

"人不能随心所欲地创造自己的历史，但是，人们是自己创造自己的历史的。"

"工人阶级的解放只能是工人阶级自己的事情。"

——罗莎·卢森堡

一　卢森堡其人其事概述

罗莎·卢森堡（1871—1919，以下简称卢森堡）是第二国际著名的马克思主义左派代表人物，一生都在为建立社会主义社会而奋斗。她出生于俄占波兰、求学于苏黎世、活跃于德国，是一个典型的马克思主义国际战士，对于波兰、俄国和德国的社会主义运动都有着重要影响。她是波兰和立陶宛社会民主党的主要领导人，也是德国社会民主党的重要理论家、德国共产党的主要创立者。由于其经历和身份，她跟俄国社会民主工党也有着紧密联系，与普列汉诺夫、列宁、马尔托夫等人都有交往和联系。同时，作为波兰和立陶宛社会民主党代表，她在1904年入选第二国际常设机构国际局，在国际上有着重要影响，是第二国际维护马克思主义革命立场的一面旗帜。

卢森堡由于批判伯恩施坦而在德国社会民主党和第二国际声名鹊起。当时她刚从苏黎世大学获得博士学位，成为欧洲少数拥有博士学位的女性之一。① 博士论文的题目是"波兰工业的发展"，指导老师是当时已经成名的尤里乌斯·沃尔弗教授。尽管沃尔弗本人不是马克思主义者，甚至还反对马克思主义学说，但是，他对卢森堡及其学术研究能力还是表达了高度的肯定，认为这篇博士论文是"一流的"。② 其收集的材料直到今天仍被研究波兰或俄国经济史的学者所使用。卢森堡拿到博士学位后，为了更好地参与社会主义运动，加入了当时国际上最具影响力的德国社会民主党，以一个新战士的身份对党内元老伯恩施坦及其修正主义观点展开了深入批判。其批判著作《社会改良还是革命》，影响了同时代及后来的几代人，是引导他们走向马克思主义道路的主要指南。③ 伯恩施坦本人也曾坦言，卢森堡的文章在方法上是批判他的众多文章中最好的著作。在1899年回应卢森堡的批判时，他再次强调，不是考茨基——他没有卢森堡那样的辩证能力，而是卢森堡反击了他，只有后者才具有这种能力。④

尽管以卢森堡为代表的第二国际主要的马克思主义理论家和政党领袖都对伯恩施坦的修正主义主张进行了批判，但是修正主义观点及其影响不但没有被根除，反而在德国社会民主党和第二国际继续蔓延，影响也越来越大。卢森堡可以说是党内乃至第二国际比较早的对此有敏锐认知并揭示修正主义观点危害和形成根源的人。在她看来，这种机会主义倾向在爱尔福特党代表大会上就已经出现，并且一出现，就比先前以无

---

① Jon Nixon, *Rosa Luxemburg and the Struggle for Democratic Renewal*, London, Pluto Press, 2018, p. 8.

② J. P. Nettl, *Rosa Luxemburg*, Volume Ⅰ, New York, Oxford university Press, 1966, p. 64.

③ J. P. Nettl, *Rosa Luxemburg*, Volume Ⅰ, New York, Oxford university Press, 1966, p. 7.

④ Lelio Basso, *Rosa Luxemburg*, *A Reappraisal*, Translated by Douglas Parmëe, New York, Praeger, 1975, p. 139.

政府主义主张为代表的各种错误主张危害更大，因为"表面上看来它们好象每天都被那些事实所证实"①，与它们的斗争对党的理论修养和策略修养提出了更高的要求。

卢森堡在德国社会民主党和第二国际以对各种机会主义主张进行激烈批判而出名。尤其是1905年俄国革命爆发，卢森堡更是看到了蕴藏在俄国广大人民群众身上健康的革命本能和活跃的革命智慧，与当时包括德国社会民主党在内的西欧各社会主义政党的领袖们具有的保守精神形成鲜明对比。为了更好地了解俄国革命的情况，卢森堡不惜以身犯险前往波兰革命中心城市华沙，其间虽遭到了沙皇政府的逮捕身陷囹圄，仍撰写了《群众罢工、党和工会》这本小册子，力图全面地分析俄国革命的特点、发展规律和经验教训，以便向德国乃至西欧广大无产阶级群众介绍俄国革命的成功经验，唤醒他们的阶级意识和革命斗志。

在《群众罢工、党和工会》中，卢森堡不仅高度肯定了长期以来被视为无政府主义的群众大罢工这种斗争方式的价值，还第一次将群众大罢工作为一种有效的革命手段大力推荐，这跟当时执着于议会斗争与和平改良的德国社会民主党和工会的领袖们显然是背道而驰的。更重要的是，这些领袖还从这本著作中感受到了卢森堡对群众的革命自发性的高度赞誉和肯定以及相应地对党和工会的组织以及领袖们的领导作用的不满和贬斥。因此，他们指责卢森堡崇尚群众自发性，是一个自发论者。具有讽刺意味的是，这一概念后来又成为斯大林及其跟随者批判卢森堡的一个正式标签和符号。②

1906年后，卢森堡因其革命立场越来越受到德国社会民主党领导层的排斥和孤立。这种情况下，卢森堡被派往德国社会民主党党校任教，给党的地方干部讲授政治经济学和经济史，后又接替梅林讲授社会主义史。其间，卢森堡撰写了《国民经济学入门》并出版了《资本积

---

① 《卢森堡文选》上卷，人民出版社1984年版，第49页。
② Lea Haro, *Destroying the Threat of Luxemburgism in the SPD and the KPD: Rosa Luxemburg and the Theory of Mass Strike*, Critique. Vol. 36, No. 1, April 2008.

累论》。前者在1919年卢森堡被捕抄家时遗失了后半部分内容，1925年首次出版时只有前5章和第6章的残篇。两部著作虽然在形式上是经济学著作，但在内容上却远远超出了经济学的范围，涉及人类学、文化学、政治学等众多内容。尤其是《资本积累论》，其副标题就是"从经济上阐释帝国主义"。这表明，卢森堡撰写《资本积累论》，并不是单纯地研究一个经济学问题，而是试图通过分析这个经济学问题找到帝国主义的经济根源及其灭亡的必然性。正如她在给友人的一封信中所言："我想寻找帝国主义的根源，我一直都在查找这方面的经济学材料……这将是对帝国主义及其矛盾做出的严格的科学解释。"①

不过，《资本积累论》的出版并没有带来预期的反响，反而引起其他人的指责和批判。围绕着这个问题的争议本身就构成了经济学思想史和马克思主义发展史上一个重要的学术话题。② 无疑，卢森堡在著作中存在着对马克思积累理论的某种误解，但是，这不是说《资本积累论》就没有任何的理论价值。这本著作跟卢森堡一样，在当代获得了越来越多人的关注和重视。其对需求的强调、对货币问题的分析、对资本主义生产方式和非资本主义生产方式关系的探讨、对外部市场的分析、对资本与空间关系的探索等，都为当代人们更好地理解资本主义生产方式及其发展提供了启发。③ 卢卡奇则把这本著作和列宁的《国家与革命》并称为"马克思主义的再生在理论上由以开始的两部基本著作"④。

1914年"一战"的发生使得德国社会民主党和第二国际的修正主

---

① J. P. Nettl, *Rosa Luxemburg*, Volume II, New York, Oxford University Press, 1966, p. 530.
② 注：国内学者对该问题的研究参见陈其人《卢森堡资本积累理论研究》，东方出版中心2009年版；苏联学者对该问题的研究参见尼·布哈林《帝国主义与资本积累》，肯尼思·丁·塔巴克编《帝国主义与资本积累》，柴金如等译，黑龙江人民出版社1982年版；西方学者对该问题的研究参见保罗·斯威齐《资本主义发展论》，陈观烈等译，商务印书馆1997年版。
③ Edited by Riccardo Bellofiore, *Rosa Luxemburg and the Critique of Political Economy*, New York, Routlede, 2009.
④ [匈]卢卡奇：《历史与阶级意识》，杜章智等译，商务印书馆1999年版，第87页。

义得到了集中爆发。无论是德国社会民主党，还是欧洲其他社会主义政党，都先后背弃马克思主义革命原则，违背国际通过的相关决议精神，公然倒向本国政府、支持帝国主义战争。这不仅使得各国的无产阶级群众反目成仇，在战场上厮杀，从而彻底葬送了社会主义的国际联合，导致第二国际实质上的瓦解，而且最终促使了社会主义运动的大分裂，西欧各国的社会主义政党纷纷走上了和平改良的社会民主主义道路，而苏俄则走上了革命的共产主义道路。

作为坚定的国际社会主义者，卢森堡对德国社会民主党的堕落和第二国际的分崩离析感到非常痛心。她不禁感慨：德国社会民主党曾是各国每一个社会党人的骄傲，并足以使那里的统治阶级胆战心惊。但是，当重大的历史考验到来时，德国的情况又是怎样的呢？"完全堕落了，彻底破产了"，卢森堡自问自答道。① 她不单是党内最早起来反对德国社会民主党走向社会沙文主义立场的少数人中的一员，② 更是将第一次世界大战称为欧洲文明向"野蛮状态的倒退"，呼吁各国无产阶级群众在将世界带向"野蛮状态"或社会主义之间进行抉择。

之后，卢森堡积极地投身于反战宣传和鼓动。相应地，德国政府以各种理由对她进行长期监禁，试图隔绝她跟无产阶级群众的联系、消除她在群众中的影响。其中最长的一次所谓"预防性监禁"是从1916年7月10日开始的，直至1918年11月9日德国爆发革命才自动取消。两年多的时间，德国政府既不对卢森堡起诉、审判，也不对她判决，目的就在于无限制地拘禁她以便阻止其在战争期间的一切反战和革命活动。应该说，德国政府的这一招是有效的。因为卢森堡等人的长期被捕，既使得社会沙文主义主张泛滥，马克思主义左翼的反战和革命宣传无法形

---

① 《卢森堡文选》下卷，人民出版社1990年版，第391页。
② 注：战争开始后，为迎合德政府参战的需要，德国社会民主党中央对党的刊物进行了严格控制，反战的声音很难通过党的刊物发出来。德国社会民主党内第一份公开的反战公告出现于1914年9月，当时签名的有卢森堡、李卜克内西、梅林、蔡特金。参见 J. P. Nettl, *Rosa Luxemburg*, Volume II, New York, Oxford University Press, 1966, p. 610。

成有效的影响，也使得马克思主义革命阵营群龙无首，无法形成有力的组织和领导。

　　监狱能够囚禁卢森堡的身体却束缚不了她的思想。监禁期间，卢森堡撰写了《社会民主党的危机》、《国际社会民主党的任务提纲》和《论俄国革命》等著作。尤其是后一著作，本身只是一部未完成的手稿，然而由于涉及卢森堡对十月革命的批判性反思以及随后的政治斗争，却引起了巨大争议。这估计也是卢森堡生前没有想到的。一些西方学者往往夸大卢森堡的批评意见，无视卢森堡对十月革命及其意义的高度肯定，将卢森堡和列宁完全对立起来。这方面的代表就是柏特瑞姆·沃尔夫及其著作《〈俄国革命〉和〈列宁主义或马克思主义〉》。① 也有些马克思主义者，出于各种原因，无视卢森堡和列宁在一些问题上长期存在分歧这一事实，硬将卢森堡的思想列宁主义化。这些做法都不可取。

　　在《论俄国革命》中，卢森堡对列宁他们的做法进行了反思和批评，这是基本事实。同时，这些反思和批评还不能简单地说是因为卢森堡在监狱中不了解情况做出的，也不能简单地说卢森堡出狱后特别是在领导德国 1919 年革命时已经放弃了这种批评转而全面赞同列宁他们的做法。毕竟，在卢森堡的具体批评中蕴含着很多她跟列宁长期以来就存在的一些原则分歧。这些分歧不会因一时一地情况而发生彻底改变。但是，这也绝不是说卢森堡就反对列宁领导的十月革命及其采取的措施。卢森堡批评的不是列宁领导的十月革命及其措施本身，而是列宁领导的十月革命由于是在难以想象的困境中爆发的从而采取的措施跟长期以来包括卢森堡在内的马克思主义者设想的不一样。也就是说，卢森堡实际上是站在某种理想类型的社会主义社会样式去反思和批评十月革命及其

---

　　① Bertram D. Wolfe, *Rosa Luxemburg and V. I. Lenin: The Opposite Poles of Revolutionary Socialism*, The Antioch Review, Summer, 1961, Vol. 21, No. 2. 同时参见罗莎·卢森堡基金会项目负责人艾维林·维希的相关文章，收录吴昕炜主编《罗莎·卢森堡著作的研究和出版》，人民出版社 2017 年版，第 33 页。

措施，其目的本身不是指责和批评十月革命及其措施，而是给西欧社会主义革命提供指引。毕竟西欧各国的社会主义革命条件要远远好于俄国，西欧各国一旦爆发社会主义革命，其采取的措施必然会不同于十月革命及其措施。

遗憾的是，伴随着卢森堡在几个月后的突然遇害以及西欧各主要社会主义政党纷纷走上改良主义道路，她理想中的社会主义样式始终没有机会成为一种现实。而现实中列宁开创的社会主义社会在经历了斯大林等苏联领导人的发展后也在20世纪90年代土崩瓦解。于是，卢森堡理想中的社会主义社会样式也就在不同时期被人们拿来观照和反思苏联的社会主义社会模式。尤其是进入新世纪，苏联解体、东欧剧变和中国特色社会主义道路的成功开辟使得人们对她反思和批判十月革命及其措施的先见之明、她和列宁在一些问题上的原则分歧、她关于社会主义民主和专政关系的理解等形成越来越浓的兴趣，而她个人的境遇以及遇害后遭受到的不公平对待则更是增添了不少研究者的同情。

卢森堡思维敏捷、知识渊博，尤擅长理论阐发和论战。其论战的文章说理透彻、逻辑缜密、语言生动，非常富有感染力。然而其不足也是明显的，那就是作为党的重要领导人，她在具体的组织和革命行动方面存在严重的经验不足。事实上，卢森堡领导的波兰和立陶宛社会民主党，组织和革命行动主要是由她的战友和亲密爱人约吉希斯负责实施的，她本人更多的是承担着党的理论家和发言人的角色。这也导致她在一些问题上只是从理论和逻辑出发而看不到现实斗争的复杂性和残酷性，以致缺少策略的灵活性。正如列宁在卢森堡遇害后评价的那样，卢森堡犯过各种各样的错误，包括在波兰独立的问题上、在1903年对孟什维主义的评价上、在资本积累的理论上、在1914年7月同普列汉诺夫等一起主张布尔什维克和孟什维克联合上，以及1918年在监狱里针对十月革命及其措施的批评上。然而，列宁认为，卢森堡虽然犯了这些错误，但她始终是一只鹰，不仅永远值得全世界的共产党人怀念，而且她的生平和她的全部著作对教育全世界好几代共产党人来说都将是极其有益的。① 应该说，列宁的这些评价是中肯的，也是站得住脚的。

二 卢森堡思想研究概述

卢森堡遇害后，列宁在很多场合都曾痛斥德国资产阶级和社会民主党杀害卢森堡的卑劣行为，后来拉脱维亚里加的德意志工人要出版李卜克内西和卢森堡全集，列宁又指示拉脱维亚共产党的领导人彼·伊·斯图契卡"千方百计帮助他们，加速办好此事"并希望出版后寄给他一套。② 同时，在德国共产党内部，蔡特金和卢森堡的学生保尔·弗勒利希等人着手编辑出版卢森堡全集，原计划出版9卷，但在1922年至1928年间只出了3卷，即第6卷（资本积累及其反批判，出版于1924年）、第3卷（反对修正主义，出版于1925年）和第4卷（工会斗争和群众罢工，出版于1928年）。③ 因为当时的德共领导人路特·费舍等人为了巩固自己的地位，利用共产国际在各国共产党推行布尔什维主义的机会刻意清除卢森堡的影响，他们不但阻止继续出版卢森堡全集，而且还将1906年德国社会民主党指责卢森堡崇尚自发性的观点搬出来进行批判。这一点到了1925年又被季诺维也夫领导的共产国际所吸收，并作为卢森堡的主要错误遭到批判。④

到了30年代，出于国内政治斗争的需要，斯大林不仅夸大1905年俄国革命中卢森堡的不断革命思想和列宁的革命主张之间的差异，将卢森堡定性为"空想的、半孟什维主义"，而且还将卢森堡打造成托洛茨基的思想同路人和列宁主义的反对者。"德国社会民主党左派，帕尔乌斯和罗莎·卢森堡是怎样对待这些争论的呢？他们编造了一种空想的、半孟什维主义的、彻头彻尾充满了孟什维克的否认工农联盟政策精神的

---

① 《列宁选集》第4卷，人民出版社2012年版，第643—644页。
② 《列宁全集》第48卷，人民出版社2017年增订版，第459页。
③ J. P. Nettl, *Rosa Luxemburg*, Volume II, New York, Oxford University Press, 1966, p.796.
④ Lea Haro, *Destroying the Threat of Luxemburgism in the SPD and the KPD: Rosa Luxemburg and the Theory of Mass Strike*, Critique. Vol. 36, No. 1, April 2008.

不断革命方案（对马克思的革命方案的畸形的曲解），并拿这个方案来同布尔什维克的无产阶级和农民的革命民主专政方案相对立。后来托洛茨基（马尔托夫在某种程度上）就抓住了这个半孟什维主义的不断革命方案，并且把它变成了反对列宁主义的武器。"① 这种政治定性使得苏联以及苏联影响着的其他社会主义国家和共产党组织对卢森堡的态度急剧转变。卢森堡从列宁口中的"鹰"变成了错误理论的代表，需要为1919年德国乃至西欧无产阶级革命的失败承担主要责任。

由于卢森堡作为著名的革命左派领袖，其不幸的遭遇和列宁的高度评价，使其形象无法被完全诋毁，许多年轻人尤其是共产主义青年团对其依然表示敬意和推崇。② 共产国际的理论家们就将卢森堡和卢森堡的思想区别开来，杜撰出一个错误的理论体系即卢森堡主义予以批判。卢森堡主义不只跟列宁主义相对立，甚至还跟托洛茨基主义存在亲缘关系，从根本上就是反马克思主义的。这个理论体系的主要问题就在于"对马克思主义的机械理解和服从历史过程的自发性"。③ 从此，卢森堡思想的研究就变成了寻找她跟列宁思想之间存在何种差异以及说明这种差异是如何形成和如何错误的研究。

为了说明这样做的必要性和合理性，共产国际的理论家们还宣称卢森堡遇害前已经开始理解和纠正自己的错误并走上布尔什维克的道路。④ 这种说法显然来自卢森堡的密友和战友蔡特金，但同时又对蔡特金的说法进行了夸大和扭曲。在卢森堡遇害后，蔡特金曾经对列宁谈到，卢森堡出狱后承认自己在狱中对十月革命的批评是基于不了解情况而做出的错误分析，她甚至进一步引用卢森堡的爱人兼战友约吉希斯的

---

① 《斯大林全集》第13卷，人民出版社1956年版，第81—82页。

② E. D. Weitz, "'Rosa Luxemburg Belongs to Us!' German Communism and the Luxemburg Legacy", Central European History, Vol. 27, No. 1, 1994.

③ Lea Haro, *Destroying the Threat of Luxemburgism in the SPD and the KPD: Rosa Luxemburg and the Theory of Mass Strike*, Critique. Vol. 36, No. 1, April 2008.

④ Lea Haro, *Destroying the Threat of Luxemburgism in the SPD and the KPD: Rosa Luxemburg and the Theory of Mass Strike*, Critique. Vol. 36, No. 1, April 2008.

话来说明卢森堡自己承认了手稿的错误。① 共产国际的理论家们正是抓住这一点，人为地制造出卢森堡和列宁的对立，将卢森堡从列宁的平等对话者歪曲为列宁思想的依附者和追随者。

当然，在这一时期，也有一些马克思主义者对卢森堡的思想进行了较为客观的研究。比如卢卡奇在这个时期就先后发表了两篇文章《作为马克思主义者的罗莎·卢森堡》和《对罗莎·卢森堡〈论俄国革命〉的批评意见》②。前者敏锐地认识到卢森堡的思想作为一个整体蕴含着马克思主义总体方法，从而对卢森堡的《资本积累论》及其总体方法做了分析和高度评价，而后者则试图揭示卢森堡《论俄国革命》中的错误观点及其根源，即卢卡奇说的"过高估计历史发展的有机性质"及其带来的无产阶级革命自发性的过高估计和相应地对党在革命中的作用的过低估计。③ 卢卡奇的这两篇文章发表于1921和1922年，他本人无意为卢森堡的思想构建一种体系，然而他的这两篇文章却为共产国际的理论家们杜撰出卢森堡主义打下了基础。④

同时，作为苏联重要的理论家，布哈林也在1924年出版了《帝国主义与资本积累》一书，对卢森堡在《资本积累论》和《反批判》中的思想观点进行了批判。布哈林在著作中批评卢森堡对马克思思想进行了错误理解，批评她把资本积累理解为货币资本积累以及将资本积累的

---

① 当时蔡特金担心被德共开除出党的保尔·莱维违背卢森堡的意愿发表卢森堡批评十月革命的《论俄国革命》，所以提前跟列宁和共产国际的领导人季诺维也夫谈起这件事。参见《列宁全集》，第51卷，人民出版社2017年增订版，第130页。莱维在1922年公开发表卢森堡的这部手稿后，蔡特金又撰写了《罗莎·卢森堡对俄国革命的态度》一文进行澄清，试图说明卢森堡已经放弃了手稿中的部分思想，转而认同布尔什维克在十月革命中的做法。当然，蔡特金的这些说法跟共产国际的理论家们的主张之间还是存在较大的差异。参见蔡特金《罗莎·卢森堡对俄国革命的态度》，葛斯译、胡文建校，《国际共运史研究资料》1981年（S1）。

② 两篇文章参见［匈］卢卡奇《历史与阶级意识》，杜章智等译，商务印书馆1999年版。卢卡奇自己承认，卢森堡的著作对他当时产生了"强烈的和持久的影响"。参见［匈］卢卡奇著《卢卡奇自传》，李渚青等译，社会科学文献出版社1986年版，第213页。

③ ［匈］卢卡奇：《历史与阶级意识》，杜章智等译，商务印书馆1999年版，第370—375页。

④ J. P. Nettl, *Rosa Luxemburg*, Volume II, New York, Oxford University Press, 1966, p.795.

实现设想为是一种非资本主义的外部环境等。布哈林的这些批判应该说还是有道理的,也的确切中了卢森堡资本积累理论中的不足和缺陷。然而,在《结论》部分,布哈林却将卢森堡在理论上的错误和她实际的政治上的一些错误联系起来,宣称:"在理论上,帝国主义的'必然性'和资本主义崩溃的基本论点证明是正确的。在实践上,其基本论点也同样适用:即要推翻帝国主义,就必须推翻资本主义制度。但是,由于理论上的结论错了,所以,用来证明帝国主义必然性的理论的一系列论点都显示出许多错误的环节,因而一些策略上的意见证明是不正确的,而这些意见本应为这一理论提供实际论据,并把批判的武器转变为武器的批判。"[1] 如此一来,布哈林尽管没有将卢森堡的错误作为一个理论体系进行批判,但他在这里将卢森堡的政治上的错误归结于其在经济上的理论错误却无疑为当时德国共产党和共产国际内部逐渐兴起的反对卢森堡主义运动提供了有力支持,同时也奠定了苏联和东欧社会主义国家批判卢森堡资本积累理论的基调。[2]

总而言之,为了凸显列宁主义和清除卢森堡的影响,共产国际和苏联自20世纪20年代中期开始,对卢森堡的思想几乎是有意识地采取全面批判乃至否定的态度,其间虽有蔡特金、卢卡奇、保尔·弗勒利希[3]等人为维护卢森堡及其思想做了不少努力,但其影响在马克思主义阵营内却是微不足道的。在马克思主义阵营内,卢森堡形象长期被诋毁,卢

---

[1] [英]肯尼思·丁·塔巴克编:《帝国主义与资本积累》,柴金如等译,黑龙江人民出版社1982年版,第287页。

[2] 列宁本人严厉批判过《资本积累论》,并将其作为卢森堡的主要错误明确提出来。但是,列宁没有说卢森堡的资本积累理论是"资本主义自动崩溃"的理论,更没有将卢森堡经济理论上的这种错误跟她的政治错误联系起来。列宁之后的苏联理论家们却沿着布哈林的这个逻辑由卢森堡经济理论上的这个错误联系到她在政治上的其他各方面错误。参见周亮勋、张启荣《关于罗莎·卢森堡〈资本积累论〉的争论资料》,《国际共运史研究资料》1982年第1期。

[3] 卢森堡的学生保尔·弗勒利希在1939年出版了《罗莎·卢森堡:其生平和事业》一书,全面而客观地介绍了卢森堡的生平及其相关思想,在西方国家形成重要影响,"二战"后曾多次再版和译成多种语言出版。参见 Paul Frölich, *Rosa Luxemburg: Her Life and Work*, New York, Monthly Review Press, 1972。

森堡的思想长期得不到客观的研究和公正的评价。

这种状况持续了20多年，直至20世纪50年代由于斯大林的去世以及随之而来的对他的批判，对卢森堡思想的研究和评价才有所改观。先是民主德国在1951年出版了两卷本的《卢森堡演说和论文选集》，然后是卢森堡的出生地波兰在1959年出版了两卷本选集，收录了卢森堡的一些代表著作。但是，无论是前者，还是后者，都没有收录卢森堡批评十月革命的《论俄国革命》这一集中体现其政治思想的重要文本，对卢森堡的评价尽管有些突破即肯定了她的革命贡献，总体上却仍以之前的判断作为基本依据。这一方面最具代表的就是民主德国厄斯纳在1952年出版的《卢森堡评传》。这部著作承续之前的判断将卢森堡和卢森堡主义区别开来，第一部分阐述了卢森堡的生平及其相关思想，第二部分则对所谓卢森堡主义的错误体系进行分析，认为卢森堡的错误不是个别的互相孤立的，"而是一个错误的体系，其中个别的部分是互相关联的"，接着分门别类地从历史根源、哲学观、经济概念等方面做了阐述，① 对卢森堡思想的稍许研究完全被对她的系统批判所遮蔽。

所以，对卢森堡思想进行全面而客观的研究还需要等到20世纪60—70年代。这一时期，无论是西方资本主义国家，还是苏联和东欧社会主义国家，甚至一些第三世界国家，都出版卢森堡的文集、选集、书信集、传记、专著等，一些高质量的论文和评论也层出不穷，俨然掀起了一场"卢森堡热"。国内研究卢森堡的知名学者程人乾先生将这个时期称为国际上"重新发现"卢森堡的时期。②

首先，从卢森堡的著作出版来说，1970—1975年民主德国出版了6卷本的《卢森堡全集》③，包括了卢森堡跟列宁论战和存在分歧的著作，

---

① [德] 弗雷德·厄斯纳：《卢森堡评传》，孔固、李度译，生活·读书·新知三联书店1964年版。
② 程人乾：《罗莎·卢森堡——生平和思想》，人民出版社1994年版，第227页。
③ 罗莎·卢森堡基金会正在编辑第7卷和第8卷，其中，第7卷汇集前六卷未收入的新发现文稿，第8卷出版卢森堡波兰文文献。参见吴昕炜主编《罗莎·卢森堡著作的研究和出版》，人民出版社2017年版，第11页注释1。

比较完整地反映了卢森堡的思想和理论。遗憾的是，这个全集没有收录卢森堡用波兰文发表的众多文章。也因此，波兰学者弗·蒂赫着力收集卢森堡的波兰文著作并在1968—1971年出版了3卷本的卢森堡致约吉希斯的书信集，对全面了解卢森堡及其思想具有重要的史料价值。日本学者伊藤成彦在70年代也独立编选了卢森堡的部分狱中书信，有助于了解卢森堡狱中生活及其思想。① 同时，卢森堡的一些著作被翻译成英文，出现了英文版的卢森堡政治著作选和书信集②，对英美等国家更好地了解卢森堡及其思想具有重要意义。

其次，从卢森堡的传记出版来说，英国的内特尔、苏联的罗·叶夫泽罗夫、民主德国的安·拉席察、波兰的阿·科哈斯基、意大利的季·巴迪亚等人都撰写出版过卢森堡传记或具有传记性质的专著。其中，英国的内特尔和苏联的罗·叶夫泽罗夫的传记最具代表性，在资料性、研究性和评价性等方面都大大推进了有关卢森堡及其思想的研究。内特尔撰写的《卢森堡传》多达两卷，近一千页的篇幅。按照作者在序言中的说法，他本人查阅了位于波恩的德国社会民主党档案馆、东德的马列研究院、阿姆斯特丹的国际社会研究所等藏有卢森堡文献的众多机构，采访了弗勒利希的遗孀，利用了大量的波兰文献和尚未出版的卢森堡全集，也从研究卢森堡、第二国际和苏共的专家那里获得不少帮助。也因此，这部传记直到今天仍是有关卢森堡生平思想资料最为翔实的著作，其中一些观点也是深刻和富有启发的，尽管这部著作只是将卢森堡作为一个真诚的马克思主义者来处理，缺少批评，也不对卢森堡的哲学思想进行探讨。③ 而苏联学者罗·叶夫泽罗夫等人则充分利用了卢森堡的波

---

① 程人乾：《罗莎·卢森堡——生平和思想》，人民出版社1994年版，第227—228页。

② Selected political writings of Rosa Luxemburg, edited and introd. by Dick Howard. New York, Monthly Review Press, 1971; Rosa Luxemburg speaks, Edited with an introd. by Mary-Alice Waters. New York, Pathfinder Press, 1970; The letters of Rosa Luxemburg, Boulder, Colo., Westview Pr., 1978; *The Industrial Development of Poland*, trans., Tessa DeCarlo, New York, Campaigner Publications, Inc., 1977; *The National Question-Selected Writing by Rosa Luxemburg*, edited and introd. by Horace B. Davis, New York, Monthly Review Press, 1976.

③ J. P. Nettl, *Rosa Luxemburg*, Volume 1, New York, Oxford university Press, 1966, Pvi–vii.

兰和俄文文献以及苏联藏有的相关文献对卢森堡的生平和思想做了比较全面的研究，尤其是推翻了很多斯大林和共产国际强加于卢森堡身上的错误指控，对卢森堡的众多思想进行了较为客观的分析和评价，也高度肯定了卢森堡在反对伯恩施坦、考茨基等第二国际修正主义和机会主义分子观点以及倡导无产阶级革命等方面的历史功绩。不过，这部传记在对卢森堡的思想做评价时往往仍局限于之前的判断即将卢森堡的一生视为是走向布尔什维主义的一生。"罗莎·卢森堡的一生和活动，是在极端复杂和充满矛盾的条件下，基本上按照列宁指出的路线——用布尔什维主义征服罗莎——发展的。"① 这样一来，卢森堡的思想也就难以获得真正独立的研究和客观的评价。

最后，从研究卢森堡的专著和论文来看，这一时期涌现了很多卢森堡思想研究的专著和论文，涵盖卢森堡的经济思想、民主思想、革命思想、辩证法思想等领域。比如关于卢森堡的经济思想，波兰70年代就出版了两本专著，试图以新的观点和角度探讨卢森堡的经济观点和帝国主义理论。② 另外，科拉科夫斯基③、麦克莱兰④等人也都在其著作的相关部分对卢森堡的经济思想做了更为客观的分析和评价。而关于卢森堡的政治思想，这个时期意大利学者莱·巴索的《罗莎·卢森堡：一个再评价》和英国学者诺曼·杰拉斯的《罗莎·卢森堡的遗产》最具代表性。巴索主要是吸收了卢卡奇的总体方法及其思想与实践相统一思想，立足总体分析法对卢森堡的辩证方法、策略思想和革命思想进行了阐发，深刻揭示了卢森堡政治思想背后的方法和思维逻辑。⑤ 而杰拉斯则

---

① [苏] 罗·叶夫泽罗夫等：《罗莎·卢森堡传》，汪秋珊译，人民出版社1983年版，第302页。
② 程人乾：《罗莎·卢森堡——生平和思想》，人民出版社1994年版，第229页。
③ [波兰] 莱泽克·科拉科夫斯基：《马克思主义的主要流派》，第2卷，马翎等译，黑龙江大学出版社2015年版。
④ [英] 戴维·麦克莱兰：《马克思以后的马克思主义》，林春等译，东方出版社1986年版。
⑤ Lelio Basso, *Rosa Luxemburg*, *A Reappraisal*, Translated by Douglas Parmëe, New York, Praeger, 1975.

在《罗莎·卢森堡的遗产》一书中针对长期以来认为卢森堡秉持历史宿命论、排斥工农联盟、崇尚群众自发性等误解进行了详细辨析，力图全面地揭示出卢森堡在这些问题上的真正立场和观点。①

同时，这一时期也涌现了诸多探索卢森堡政治思想的学术论文，尤其是西方一些持自由主义立场的学者，往往立足于西方的民主自由主义立场，对卢森堡的相关思想进行过度的阐发，以致将卢森堡和列宁完全对立起来。② 当然，这期间也不乏高质量的研究论文，比如美国杜克大学政治学教授赫伯特·基奇特和德国社会政治学家赫尔穆特·维森塔尔合著的《罗莎·卢森堡政治著作中的组织与群众行动》一文，跳出传统上所谓自发性和组织性等问题的争论，综合运用政治学、组织学、大众心理学等学科知识，从群众革命运动过程即革命前、革命中和革命后不同阶段政党和群众扮演的各自角色进行阐发，既耳目一新又富有启发。③

应该说，60—70年代这一波卢森堡研究热潮为接下来的国际层面的卢森堡研究合作打下了良好基础。首先是1973年在意大利召开的有英、法、意、联邦德国、民主德国、苏联、波兰等十几个国家学者参加的卢森堡学术会议。这是第一次国际性的卢森堡研究学术会议。然后是1980年9月，根据日本学者伊藤成彦的倡议，在苏黎世即卢森堡读大学的地方召开了"卢森堡研究国际委员会"的成立大会暨首届国际学术年会。④ 此后，卢森堡国际研讨会每隔二三年举办一次，一直延续至

---

① Norman Geras, *The Legacy of Rosa Luxemburg*, London, NLB, 1976.

② E. C. F., "Lenin, Rosa Luxemburg and the Dilemma of the Non-Revolutionary Proletariat", Midwest Journal of Political Science, Vol. 9, No. 4., Nov. 1965; Bertram D. Wolfe, *Rosa Luxemburg and V. I. Lenin: The Opposite Poles of Revolutionary Socialism*, The Antioch Review, Summer, 1961, Vol. 21, No. 2, Summer 1961.

③ Herbert Kitschelt and Helmut Wiesenthal, *Organization and Mass Action in the Political Works of Rosa Luxemburg*, Politics & Society 9, No. 2. 1979。本人曾将此文翻译出来共计三万四千多字，原计划附于本著作后面，奈何涉及版权只好搁置。

④ 程人乾：《罗莎·卢森堡——生平和思想》，人民出版社1994年版，第230页。

今。其中，2004年在我国广州、2006年在我国武汉分别召开过一次。①卢森堡研究日益成为一项国际性学术工作，正在吸引着越来越多的学者去关注和介入。卢森堡研究的主题也越来越广泛，除了传统上关注的那些主题，女权问题、空间生产问题、全球化问题、公共生活问题、社会运动问题等也都进入了卢森堡研究的视域，像大卫·哈维②、拉克劳③等学者纷纷试图从卢森堡的思想中寻找富有启发的资源或者将自己的问题追溯到卢森堡那里，形成了比较大的影响。特别是进入新世纪后，卢森堡全集被逐渐翻译成英语，更是大大推动了卢森堡思想在英美国家的流行和关注。④

至于中国对卢森堡思想的研究，依据周懋庸先生的考证，最早可追溯到20世纪20年代左右，当时卢森堡的思想是作为马克思主义传入中国的，跟列宁等人的思想一样，受到当时革命青年的尊崇。中国共产党成立后，党的一些重要刊物也会在卢森堡遇害日发表相

---

① 参见熊敏《沉浮九十年：对卢森堡研究的回顾与反思》，《黑龙江社会科学》2015年第5期。

② [英]大卫·哈维：《新帝国主义》，初立忠等译，社会科学文献出版社2009年版。

③ [英]拉克劳、墨菲：《领导权与社会主义的策略》，尹树广、鉴传今译，黑龙江人民出版社2003年版。

④ 按照英文版《卢森堡全集》负责人彼得·胡迪斯的说法，英文版全集不是对德文版全集的简单翻译，而是在德文版全集基础上新收录很多新发现的卢森堡文献，尤其是卢森堡用波兰文发表的文献。英文版全集计划出版14卷，分为经济学著作、政治学著作和书信三大类，其中包含经济学著作的两卷已经于2013年和2015年出版，参见 The Complete Works of Rosa Luxemburg, vol. I, Economic Writings 1, Edited by Peter Hudis, London and New York, Verso Books, 2013; The Complete Works of Rosa Luxemburg, vol. II, Economic Writings 2, Edited by Peter Hudis, London and New York, Verso Books, 2015。包含政治学著作的两卷也分别于2019年和2022年出版，参见 The Complete Works of Rosa Luxemburg, volume III, Political Writings 1, Edited by Peter Hudis, London and New York, Verso Books, 2019; The Complete Works of Rosa Luxemburg, volume IV, Political Writings 2, Edited by Peter Hudis, London and New York, Verso Books, 2022。除此之外，胡迪斯还在2004年编译了一本卢森堡读本和在2011年编译了一本书信选，参见 The Rosa Luxemburg Reader, Edited by Peter Hudis and Kevin B. Anderson, New York, Monthly Review Press, 2004; The Letters of Rosa Luxemburg, Edited by Georg Adler, Peter Hudis and Annelies Laschitza, London and New York, Verso Books, 2011。关于英文版卢森堡全集的情况介绍参见胡迪斯的文章《让罗莎·卢森堡为自己辩护》，收录吴昕炜主编《罗莎·卢森堡著作的研究和出版》，人民出版社2017年版，第27—39页。

关文章纪念。① 中华人民共和国成立后至改革开放前，由于受斯大林主义的影响②，卢森堡的研究曾经长期停滞不前，其研究成果数量和质量跟卢森堡在马克思主义发展史和国际共运史上的身份和地位并不匹配。在改革开放前，卢森堡主要是作为马克思主义经济学家和批判修正主义的革命战士身份在国内受到一定程度关注，其标志就是翻译出版了她的两部重要经济学著作《资本积累论》③和《国民经济学入门》④以及批判伯恩施坦修正主义观点的名著《社会改良还是社会革命？》⑤和反映卢森堡革命精神的《狱中书简》⑥，对其政治思想涉及甚少。

改革开放后，国内才步入卢森堡思想介绍和研究的正轨，开始关注国际上卢森堡研究状况。中央编译局国际共运史研究室的李宗禹、殷叙彝、周懋庸等先生着手翻译卢森堡的政治文献和介绍国外相关研究动态。尤其是1981年卢森堡诞辰110周年之际，中央编译局不仅编译了《国际共运史研究资料——卢森堡专辑》，收录了卢森堡跟列宁存在分歧的若干重要著作以及国外代表性研究成果，对于国内学界全面了解卢森堡政治思想具有重要的意义，而且还组织召开了第一次全国性的卢森堡思想理论学术讨论会，来自全国17个省市的40多名学者出席会议，在国内形成了重要影响。之后，为了能更好和更全面地了解卢森堡的思想，中央编译局国际共运史还主持编译了两卷本的

---

① 程人乾：《罗莎·卢森堡——生平和思想》，人民出版社1994年版，第221—224页。
② 也是在这样的历史背景下，1964年生活·读书·新知三联书店翻译出版厄斯纳在1952年出版的《卢森堡评传》。
③ ［德］卢森堡：《资本积累论》，彭尘舜、吴纪先译，生活·读书·新知三联书店1959年版。
④ ［德］卢森堡：《国民经济学入门》，彭尘舜译，生活·读书·新知三联书店1962年版。
⑤ ［德］卢森堡：《社会改良还是社会革命？》，徐坚译，生活·读书·新知三联书店1958年版。
⑥ ［德］卢森堡：《狱中书简》，邱崇仁等译，作家出版社1955年版。人民文学出版社在1959年和1981年分别进行了再版。

《卢森堡文选》①，收录了卢森堡当时已知的几乎所有重要的政治文献，对于全面了解卢森堡的政治思想具有重大的意义。也因此，一些学者将两卷本的出版称之为"我国卢森堡思想传播和研究史上的一件大事"。②

同时，国内对卢森堡思想的认识和评价也更趋全面客观，翻译了苏东学者试图摆脱斯大林主义影响而撰写的卢森堡传记以及国内学者自己根据一手资料撰写的传记③，发表了大量的分析和论述卢森堡思想中不同主题的文章和论文，涵盖从民族、帝国主义、资本积累等老问题到社会主义民主、党的建设、卢森堡的精神生活和审美等新问题。尤其是苏联解体、东欧剧变使得卢森堡的社会主义民主思想、卢森堡跟列宁之间的争论及其分歧等一时成为研究重点，程人乾等先生纷纷发表相关文章进行探讨。也是在这样的背景下，中央编译局联合国际卢森堡协会于1994年在京召开了罗莎·卢森堡思想国际研讨会，来自十多个国家的三十多位国外学者和十几位中国学者出席，探讨了卢森堡的无产阶级专政、官僚主义、民族自决权等重要思想。④

进入新世纪后，国内对卢森堡思想的研究丝毫没有减弱。以2004年和2006年在我国广州和武汉分别举办的卢森堡国际研讨会为契机，国内对卢森堡思想的研究无论是在广度和深度方面，还是在专著和论文方面，或者在卢森堡的著作翻译和介绍方面，都迈向了新的台阶。为了使得卢森堡形象更加全面，国内首次翻译了卢森堡和她的爱人兼同志约

---

① 《卢森堡文选》上卷，人民出版社1984年版；《卢森堡文选》下卷，人民出版社1990年版。李宗禹先生后来在这两卷的基础上编选了一卷本《卢森堡文选》，里面增加了一篇新发现的卢森堡文献即《〈信条〉：关于俄国社会民主党的状况》，参见《卢森堡文选》，李宗禹编，人民出版社2012年版。

② 参见马嘉鸿、张光明《中国的罗莎·卢森堡研究》，《当代世界社会主义问题》2015年第1期。

③ 程人乾：《罗莎·卢森堡——生平和思想》，人民出版社1994年版。

④ 参见周懋庸《罗莎·卢森堡思想国际研讨会述要》，《当代世界社会主义问题》1995年第1期。

吉希斯的通信及其介绍两人关系的著作①，扩译了卢森堡的狱中书简②，出版了有关卢森堡资本积累理论、社会主义思想、卢森堡和列宁政治思想比较等专著，而发表的学术论文更是涉及卢森堡的民主思想、社会主义观、资本主义观、政治哲学思想、卢森堡与西方马克思主义之间的关系等系列问题。③ 尤其是武汉大学何萍教授领衔的团队开始系统翻译和研究卢森堡的著作和思想，编纂中文版《罗莎·卢森堡全集》，④ 意义重大。何萍教授主持的这部全集不是对德文版和英文版全集的简单对译，而是试图将德文版和英文版尚未收录的新发现的卢森堡著作（含书信）以及她用波兰文撰写的文章等文献收录其中，并从哲学角度编辑卢森堡的著作，以区别德文版和英文版将卢森堡的著作按照政治学和政治经济学的逻辑所做的划分。⑤ 相信这一全集的翻译和出版，必将会在国内带来新一轮卢森堡思想的研究热潮，使卢森堡思想研究迈向一个更高的水平和阶段。

三 为何要研究卢森堡的政治哲学

自1887年中学时代加入无产阶级政党从事革命工作以来，到1919年1月15日惨遭杀害，卢森堡一生都在为无产阶级革命而奔波。她的一生可以毫不夸张地说就是政治的一生，包括加入德国社会民主党后对

---

① ［德］卢森堡：《同志与情人》，杨德友译，商务印书馆2020年版；［德］赛德曼：《罗莎·卢森堡与列奥·约吉谢斯》，曹伯岩译，春风文艺出版社2000版。

② ［德］卢森堡：《狱中书简》，傅惟慈等译，花城出版社2007年版。商务印书馆在卢森堡诞辰150周年之际再版。参见［德］卢森堡《狱中书简》，傅惟慈等译，商务印书馆2020年版。遗憾的是，这本书简基本不涉及卢森堡有关政治思想的内容。这与2001年贵州人民出版社出版的《论俄国革命·书信集》形成了鲜明对比。后者对书信的选取则跟卢森堡的政治思想具有紧密关联，参见［德］卢森堡《论俄国革命·书信集》，殷叙彝、傅惟慈等译，贵州人民出版社2001年版。

③ 具体论文参见本书后面的参考文献。同时参见武汉大学何萍教授主编的《罗莎·卢森堡思想及其当代意义》，人民出版社2013年版。

④ 《卢森堡全集》第1卷，胡晓琛等译，人民出版社2021年版。就本人所知，第2卷已经翻译完毕，也即将出版。

⑤ 参见何萍教授撰写的《中文版〈罗莎·卢森堡全集〉编辑和出版的意义与构想》，收录吴昕炜主编《罗莎·卢森堡著作的研究和出版》，人民出版社2017年版，第3—18页。

各种修正主义和机会主义主张的不断批判以致最终引起德国社会民主党右派的忌恨和杀害。当英文版《罗莎·卢森堡全集》试着按照经济学著作、政治学著作和书信三大类进行划分和编辑时，其负责人也坦承，"将卢森堡毕生之作分为经济学和政治学著作，不免有些武断"。① 因为无论是卢森堡的博士论文《波兰工业的发展》，还是她的《资本积累论》或者《国民经济学入门》，其背后总能看到卢森堡对政治问题的高度关注，或者如其博士论文那样出于对波兰革命运动中民族主义的批判，或者如《资本积累论》副标题显示的那样出于对帝国主义和殖民地问题的分析，甚至是《国民经济学入门》，其中也有大量关于原始共产主义社会的分析和对资本主义扩张及其野蛮行径的揭露与痛斥。所以，卢森堡的思想尽管涉及很多方面的内容，并且在新的时期不断有学者结合自身兴趣对其做更广泛的主题研究，但是，卢森堡的政治思想应该仍是其主要的内容。离开其政治思想去聚焦于她的其他思想，尽管会有所新意，但也容易造成对卢森堡思想的误读和喧宾夺主。

卢森堡的政治思想广泛地体现在她的各种著作中，包括前面提到的她的经济学著作和《俄国社会民主党的组织问题》《群众罢工、党和工会》等政治性著作，以及大量的针对当时各种事件和社会主义运动中不同问题发表的评论文章。根据目前对卢森堡波兰文献的研究来看，最后一类文献长达3000页左右，其中还有很多不为人知。② 这三类著作对卢森堡政治思想的反映程度和体现方式并不完全一样。比如她的经济学著作，其内容既有对人类早期社会的大量分析，也有对资本主义及其帝国主义扩张的揭露和批判，表面上好像跟她的政治思想没有直接的关联，但是，如果将这些经济学著作置于卢森堡整体思想及其发展中去考察，则不难发现卢森堡的经济学著作无疑构成了她整个政治思想的深层基础，即卢森堡在经济学著作中揭示的资本主义积累和帝国主义扩张及其必然灭亡恰恰构成了无产阶级革命的社会历史条件。没有这个社会历史

---

① 吴昕炜主编：《罗莎·卢森堡著作的研究和出版》，人民出版社2017年版，第30页。
② 吴昕炜主编：《罗莎·卢森堡著作的研究和出版》，人民出版社2017年版，第40页。

条件，卢森堡追求的无产阶级革命和社会主义社会就会像空想社会主义者那样缺乏坚实的基础，而没有《资本积累论》等经济学著作对这个问题的理论分析做铺垫，卢森堡的一些政治思想和主张也是无法被完全理解的。

对此，只要看看厄斯纳从卢森堡的《资本积累论》中是如何引申出自动崩溃论的便一目了然。厄斯纳认为，卢森堡在《资本积累论》中阐述了一种资本主义自动崩溃论学说："尽管卢森堡自己不愿意这样承认，在她看来，这个客观的必然性还是解决帝国主义在工人运动面前提出的策略问题和组织问题底基础。这也是她的不理解党的作用底极深刻的根源。"① 厄斯纳的这种说法自然是对卢森堡意图的扭曲，是为了构建卢森堡所谓"错误的体系"而做的强阐释，具有浓厚的斯大林主义痕迹。但是，从另一个角度看，卢森堡在《资本积累论》中又的确从理论上揭示了一个正在走向灭亡的资本主义社会图景，揭示了资本主义灭亡的必然性，就如马克思对资本主义及其内在矛盾进行理论分析并由此得出"两个必然"一样。卢森堡在其经济学著作中的分析及其结论，无论是对于批驳伯恩施坦修正主义主张，还是对于唤醒广大无产阶级群众的阶级意识和革命意志都是必不可少的，尽管这绝不是如厄斯纳说的那样卢森堡在这里主张一种自动崩溃论。

至于体现卢森堡政治思想的其他两类著作，无论是像《俄国社会民主党的组织问题》《群众罢工、党和工会》等这样的政治专著，还是其他针对各种事件和社会主义运动中出现的问题做出的政治性评论和分析，相比其经济学著作，无疑都更直接地体现和反映了卢森堡的各种政治思想。尤其是前者，不单反映了卢森堡在无产阶级政党组织、革命斗争等具体问题上的政治思想和观点，更反映了她长期以来秉持的一些政治原则和价值理念。而这些是卢森堡在针对各种事件和具体问题进行评论时往往欠缺的。因为在后一类政治评论中，出于主题和论辩的需要，

---

① ［德］弗雷德·厄斯纳：《卢森堡评传》，孔固、李度译，生活·读书·新知三联书店1964年版，第130页。

卢森堡提出的政治思想通常具有较强的针对性，在此时此处持一主张，在彼时彼处又持一主张，两种主张有时甚至是矛盾的。比如在反对伯恩施坦修正主义者以言论自由的名义要求利用党的刊物公开发表修正主义言论时，卢森堡在很多评论文章中就会强调党的组织性和纪律性以及由此对修正主义言论的限制，而当反对党和工会领导人运用党的组织性和纪律性去抑制无产阶级群众革命的自发性时，卢森堡又在很多文章中批评党的这种组织性和纪律性，给人莫衷一是的感觉，极易造成误解。

这些情况的存在意味着，要想全面而深入地把握卢森堡的政治思想，就不能局限于她的政治学论著和政治性评论及其具体观点和主张中，还必须深入这些论著和评论中涉及的政治原则和政治价值理念，即超越政治思想深入到政治哲学层面去理解和把握卢森堡的思想。唯有如此，才能真正地将卢森堡的经济学著作、政治学著作和政治性评论乃至其书信作为一个整体来看待和研究，才能避免人为地将卢森堡的各种著作分割开来，仿佛卢森堡在经济学著作中秉持一种历史宿命论而在政治著作中又反对这种宿命论转而强调主观能动性从而自相矛盾一样[①]，从而对卢森堡的思想形成误解。

卢森堡的政治哲学不同于她的政治思想。无论是古典政治哲学，还是现代政治哲学，本质上都是对什么样的社会才是好社会的哲学把握，尤其是对构成这种好社会的根本原则的论证。当然，在"诸神冲突"的现代社会，根本原则背后其实又蕴含着若干价值理念，即原则的合理性有赖于价值理念的支撑。所以，现代政治哲学在涉及构成美好社会的根本原则的论证中通常也会对支撑这些原则的若干价值理念进行澄清。

---

① 国外学界长期以来将卢森堡的经济学著作和政治著作分割开来研究，以致得出卢森堡思想中存在历史宿命论和反宿命论的自相矛盾说。参见 Norman Geras, *The Legacy of Rosa Luxemburg*, London, NLB, 1976, pp. 13 – 42。除此之外，只是把《资本积累论》视为单纯的经济学著作而有意忽略其副标题明确的政治指向，或者只是将《群众罢工、党和工会》视为单纯的政治著作而忽略卢森堡在其他著作中尤其是在其经济学著作中对资本主义内在矛盾及其走向灭亡趋势的分析，在国内外学界也都广泛存在。这些情况极易导致对卢森堡思想形成片面的理解。

这是现代政治哲学不同于古典政治哲学之处。同时，这也决定了政治哲学跟政治思想还不一样。政治思想只是针对具体政治问题提出的各类观点之和，本身不对社会的好坏做出直接的判断，其主张的有效性深受当时所处环境和情境的制约。而政治哲学既不是政治思想的集合，也不是对政治思想的概括，它是对蕴含在政治思想中那些根本原则及其支撑的价值的揭示与澄清。

卢森堡在不同的情况下针对具体的政治问题曾提出不同的政治思想，包括关于民族问题的政治思想、关于妇女问题的政治思想、关于宗教问题的政治思想、关于组织问题的政治思想、关于民主问题的政治思想等。这些政治思想表面上看好像互不相关，有些甚至还表现得有些矛盾，但是，这些思想背后却始终蕴含着某些根本原则及其支撑的价值理念。正是它们，指引着卢森堡针对具体的政治问题提出相应的政治思想，尽管这不是说卢森堡对于这些原则和理念有着充分的自觉。这些原则和价值既是卢森堡从马克思主义创始人相关思想和主张中继承过来的，彰显了其根本立场和信念，同时又体现她对社会主义社会应该是什么样子的理解，反映了其对基于这些原则和价值构建起来的美好社会的向往和憧憬，还有些原则则可以到近代以来的西方思想文化传统中找到对应的内容，体现了卢森堡政治哲学与西方政治哲学的某种延续性。这恐怕也是卢森堡遇害100多年后仍有那么多人，包括持不同意识形态的人会积极肯定她的思想及其价值的重要原因之一。

总之，只有从政治哲学揭示出来的基本原则及其理念出发，卢森堡的不同著作及其思想才能被视为一个整体和获得整体性的理解，而这一点对于准确把握卢森堡的政治著作及其思想，以及全面理解卢森堡跟列宁等第二国际其他人思想之间的差异及其创造性至关重要。

这里以卢森堡反思和批评十月革命的《论俄国革命》这个手稿为例。围绕着这个手稿，无论是国外学界，还是国内学界，都存在着诸多误解。在研究这个手稿时，必须对卢森堡的思想整体及其秉持的原则和价值理念有一个认知和判断，即卢森堡作为马克思主义革命左派，无论是刚加入德国社会民主党就对伯恩施坦等修正主义观点展开的批判，还是长期以来她对资本主义议会民主政治和经济关系及其实质的揭示，又或者在革命方式上始终要求德国无产阶级向俄国同伴学习走群众大罢工和起义道路等，无不表明她跟列宁一样，坚决支持通过暴力革命夺取政权和建立社会主义社会。这是卢森堡政治哲学的基本原则之一。基于这一原则来理解这个手稿，则无论如何也不会将卢森堡对民主的积极肯定夸大为她对一切民主形式尤其是对"多数人的支持"这一抽象的民主形式的迷恋，仿佛没有这个前提，无产阶级就不能进行社会主义革命一样。而这正是一些西方学者在阐发这个手稿思想时强加于卢森堡的，从而把卢森堡变成了伯恩施坦或者考茨基，给了她太多的荣誉，也给了她太多的毁谤。正如英文版卢森堡全集负责人胡迪斯所说："自1919年卢森堡牺牲后，卢森堡的观点常常遭到攻击，其他时候则有一些思想家和政治家为其辩护，而这些辩护者（实际上）与卢森堡自己理论关注点和投身的事业几乎不沾边。"[①] 究其根本，这些西方学者缺乏对卢森堡思想整体及其秉持的原则和理念的认知和判断，只是单纯地从这个手稿的话语和论述中去寻求理解，势必会得出片面乃至极其错误的结论。

同时，卢森堡在手稿中对列宁领导的布尔什维克进行了批评，这种批评应该如何去理解？能不能像苏东和国内一些学者那样依赖于蔡特金的相关说法就判定卢森堡的这种批评是因为不了解俄国当时的情况而做出的以及她出狱后又逐渐放弃了自己的批评？这种主张显然是遗忘了一个基本事实，即卢森堡本人就出生于俄占波兰，从小就对俄国的社会文化状况非常了解，而且她领导的波兰和立陶宛社会民主党自始至终就跟俄国社会民主工党保持着紧密的联系，其中一些成员本身也是重要的布尔什维克领导人。她在监狱中或许无法了解到十月革命的所有细节，但是对于十月革命和布尔什维克的大体政策还是了解的，这从她手稿批评的内容也可以判断出来。卢森堡在手稿中批评的并不是什么细枝末节问

[①] 吴昕炜主编：《罗莎·卢森堡著作的研究和出版》，人民出版社2017年版，第33页。

题，而是一些基本政策和原则。对于这些东西，卢森堡的观点和看法绝不是偶然的一时之意，而是长期以来就坚持的，不能以不了解情况来解释。

对此，在把握卢森堡政治哲学基本原则及其价值理念的基础上去准确理解她在手稿中的观点及其意义就非常重要。比如以手稿中关于民主问题的批评为例，从后人的角度看，卢森堡在手稿中对民主价值无疑表达了一种强烈的肯定，好像这部手稿最具意义的东西就是她提出了一种民主的社会主义社会设想，这正好跟苏联的社会主义社会形成鲜明对比。西方一些学者往往就是从这一逻辑出发来阐发这部手稿的价值和意义的。但是，如果深入到当时的时代背景和思想传统，就不难发现，高扬民主价值并不是卢森堡特有的，恰恰相反，无论是伯恩施坦，还是考茨基，甚至整个第二国际的主要社会主义政党领袖和重要理论家都高度重视民主价值。

这一点只要看看考茨基的相关论述便能明白。作为恩格斯去世之后最具权威的马克思主义理论家，考茨基认为他的民主思想直接来自马克思主义创始人，在其著作中大量引用马克思和恩格斯的话语作为论证依据。不仅如此，在民主和社会主义之间的关系问题上，考茨基的论述可以说是最为充分的，他不仅从民主的角度去理解社会主义，而且明确提出"没有民主，就没有社会主义"这个命题。"我们把现代社会主义不仅理解为社会化地组织生产，而且理解为民主地组织社会。根据这个理解，对我们来说，社会主义和民主是不可分割地联系在一起的。没有民主，就没有社会主义。"① 所以，强调民主对于社会主义社会的价值，考茨基要更胜于卢森堡。

既如此，在民主这个问题上，卢森堡跟考茨基，或者说，跟第二国际其他人之间到底存在什么根本不同呢？这里的关键就在于，考茨基等第二国际主要的社会主义政党领袖和理论家对于民主的理解始终没有超

---

① 《考茨基文选》，王学东编，人民出版社2008年版，第326页。

越资本主义民主及其形式，因而他们对民主和社会主义关系的理解就始终受到这一既有的民主实践形式的限制。也就是说，考茨基等第二国际的理论家们生活在资本主义社会及其意识形态的影响之中，缺乏想象力和创造力，无法超越这种影响去理解社会主义社会及其民主这种全新的东西。反之，卢森堡在手稿中则明确认识到资本主义民主及其形式并不适合社会主义社会，社会主义社会作为全新的社会，需要发挥人民群众的想象力和创造力去建设，"消极的东西，即废除，是可以用命令实行的，积极的东西，即建设，却不行。这是处女地。问题万千。只有经验才能纠正错误并且开辟新的道路。只有不受拘束的汹涌澎湃的生活才使人想出成千的新的形式，即兴而来的主意，保持创造力，自己纠正一切失误"①。

可见，卢森堡在这里强调社会主义民主，不是因为社会主义社会的建立需要像伯恩施坦、考茨基等人主张的那样需要通过所谓"多数人的支持"才可以，而是因为社会主义民主提供了广大人民群众参与社会主义社会建设的机会，提供了广大人民群众在建设社会主义过程中发挥自身创造力和想象力的机会，提供了广大人民群众在参与中实现自我训练、自我教育和自我发展的机会，归根结底一句话，提供了广大人民群众最终实现自我解放和当家作主的机会。所以，在手稿中，卢森堡才会反复强调民主、自由、公共生活以及社会主义社会不同于历史上其他任何社会的新颖性和创造性。所有这些东西都指向一个目的，即无产阶级在建设社会主义过程中实现自我解放和当家作主。这是卢森堡政治哲学的最根本的原则和最核心的价值理念。把握了它，就等于掌握了打开这个手稿密码的钥匙，反之，就很容易陷入误读甚至形成背道而驰的理解。从这个意义上说，从政治哲学去研究卢森堡的思想不仅有助于准确把握卢森堡的思想，而且也有助于准确把握卢森堡跟其他人的思想分歧及其实质。

---

① 《卢森堡文选》下卷，人民出版社1990年版，第501—502页。

四　卢森堡政治哲学的主要逻辑

卢森堡的政治哲学涉及一些根本原则和价值的研究。这些原则和价值可以概括为四个主要命题，即无产阶级群众具有健康的革命本能和智慧、无产阶级群众有犯错的权利、无产阶级群众在参与斗争的实践中获得教育和成长以及无产阶级的解放是无产阶级群众自己的事情。四个命题在逻辑上是一种层层递进的关系，共同围绕着无产阶级走向自我解放这根主线而展开。

首先，就无产阶级群众具有健康的革命本能和智慧来说，这个命题集中体现了卢森堡对无产阶级群众作为历史的主体和创造者的地位的尊重和坚持。

马克思恩格斯第一次在理论上揭示和论证了人民群众才是历史的主体和创造者，即物质生产是历史的发源地、历史活动是群众的事业、物质利益是群众创造历史的内在动力等。但是，在人类社会的长期发展中，人民群众对历史的这种创造却是不自觉的和被动的，从而使得历史呈现出来的是一个个英雄人物和杰出人物创造历史的画面，形成所谓英雄史观。人民群众反而成为英雄人物和杰出人物的追随者和跟随者。马克思主义创始人从理论上揭示了这种状况出现的根源，即在过去的人类社会中，不管是奴隶社会中代表人民群众的奴隶阶级，还是封建社会中代表人民群众的农奴阶级，由于社会关系的复杂和人类认识能力的不高等因素，导致他们普遍缺乏相应的阶级意识，无法认识自身的阶级地位和身份，更无法把握自身的阶级使命和担当，从而只能被统治阶级所支配，被动地和无意识地参与历史的创造，成为统治阶级改朝换代的工具和被压迫、被奴役的对象。

不过，马克思主义创始人在相关著作中同样也揭示了，随着资本主义生产关系的发展，资产阶级在它已经取得了统治的地方把一切封建的、宗法的和田园诗般的关系都破坏了：斩断了把人们束缚于天然尊长的形形色色的封建羁绊，使人和人之间除了赤裸裸的利害关系和冷酷无情的"现金交易",就再也没有任何别的联系了,把宗教虔诚、骑士热忱、小市民伤感这些情感的神圣发作,淹没在利己主义打算的冰水之中,把人的尊严变成了交换价值。总而言之,它用公开的、无耻的、直接的、露骨的剥削代替了由宗教幻想和政治幻想掩盖着的剥削。这就是资产阶级时代不同于过去一切时代的地方。也就是说,资本主义社会使阶级对立简单化了。整个社会日益分裂为两大敌对的阵营,分裂为两大相互直接对立的阶级:资产阶级和无产阶级。① 这意味着,资本主义社会中代表人民群众的无产阶级不会再像历史上的奴隶阶级和农奴阶级那样被诸如宗教的、政治的等幻想所迷惑,无法认识自身的阶级地位和身份,无法把握自身的阶级使命和担当。他们完全能够作为一个自觉的阶级去积极地创造历史,不仅能成为历史的主体,更能成为历史的主人。马克思主义创始人也是在这个意义上将社会主义运动理解为"绝大多数人的,为绝大多数人谋利益的独立的运动"②。所以,强调无产阶级群众是历史的主体以及无产阶级群众需要为争取成为历史的主人而不懈斗争,这是马克思主义创始人的思想和主张。第二国际各社会主义政党领袖和理论家是熟知这一点的。

然而,在现实斗争中,由于资本主义生产关系及其意识形态等因素的影响和制约,广大无产阶级群众仍需要组织起来才能形成创造历史的强大力量。于是,工会、工人阶级政党等组织在社会主义运动中相应发展起来并逐渐成为领导无产阶级革命的中坚力量。在无产阶级政党和工会的领导下,各国社会主义运动在19世纪末20世纪初迎来蓬勃发展,取得了从民主选举到社会保障等一系列有益于工人阶级的成就,以至于当时很多社会主义政党领袖和理论家产生了不切实际的乐观情绪,认为社会主义社会很快就能到来。倍倍尔1891年在爱尔福特党代会上曾经向代表们呼吁:"我相信,距实现我们目标的日子是如此之近,以至于

---

① 《马克思恩格斯文集》第 2 卷,人民出版社 2009 年版,第 32 页。
② 《马克思恩格斯文集》第 2 卷,人民出版社 2009 年版,第 42 页。

在这个大厅里只有少数人将无法看到这个日子的到来。"① 在伯恩施坦等修正主义者那里，社会主义社会甚至都不需要进行暴力革命而只是通过民主选举的方式就能和平地实现。

在这种背景下，对党和工会组织能力的迷信，对党和工会领导人的个人尊崇也就逐渐滋生和发展起来。尤其是卢森堡加入的德国社会民主党作为当时世界上最大的无产阶级政党，具有完善的组织架构和官僚体系。1905 年，德国社会民主党进行组织机构改革，基层组织由地方委员会改为选区委员会。党内出现大片领薪的职业官员。1910 年，估计有十万名社会民主党人在工人保险系统的机构、贸易和工业法庭以及在城市的劳工介绍所里工作。德国社会民主党俨然成为一个独立于国家和社会之外的"国中之国"，其间有着严格的等级制，各级官员成为这个"王国"的主导力量。② 党和工会的这些官员显然是不愿意跟德国政府发生冲突的，也害怕和担心广大无产阶级群众自发的革命斗争，因而他们一方面在口头上仍然坚持着马克思主义的革命词句和口号，而另一方面又始终以德国革命条件不成熟为理由通过工会和党的组织机器抑制广大无产阶级群众自发的革命热情和行动。

在德国社会民主党乃至整个第二国际，卢森堡都是马克思主义创始人有关人民群众是历史的创造者这一思想主张的坚定维护者和坚守者。虽然她不否认广大无产阶级群众需要通过工会和党等组织来领导，并在很多地方充分肯定了工会和党等组织对于团结和带领广大无产阶级群众进行无产阶级革命的重要作用和意义，但是，她坚决反对将工会和党等组织的地位和作用拔高到无以复加的程度，以致用工会和党等组织的斗争去取代广大无产阶级群众的斗争。在她看来，工会的作用只是在于团结和带领广大无产阶级群众去进行经济斗争以及在日常斗争中帮助教育

---

① ［德］苏珊·米勒等：《德国社会民主党简史（1848—1983）》，刘敬钦等译，求实出版社 1984 年版，第 53 页。

② ［英］威廉·E. 佩特森等编：《西欧社会民主党》，林幼琪等译，上海译文出版社 1982 年版，第 156—157 页。同时参见 J. P. Nettl, *Rosa Luxemburg*, Volume Ⅰ, New York, Oxford university Press, 1966, p. 120。

群众，而党的作用要高于工会的作用，其主要任务也旨在带领广大无产阶级群众进行政治斗争和夺取政权，即卢森堡说的"承担政治领导"。"社会民主党的使命不是要为群众罢工的技术方面和内在机制煞费脑筋，越俎代庖，而是要在革命时期也承担政治领导。为斗争制定口号，给斗争指出方向；在安排政治斗争的策略时，要使现有的和已经迸发、已经行动起来的全部力量在斗争的每一个阶段和每一时刻都有用武之地，而且要在党的战斗阵地上表现出来；要使社会民主党的策略在果断和锐利方面不但永不落后于实际力量对比的水平，而且还要跑在它的前面，这些才是群众罢工时期的'领导'的最重要的任务。"①

所以，卢森堡坚决反对德国社会民主党和工会领导人以组织性来抑制德国广大无产阶级群众自发的革命主动性和积极性，也跟列宁阐发的以集中制为特征的党的组织原则形成严重分歧。她坚信资本主义社会正在走向崩溃——这种坚信既来自马克思主义创始人的揭示，也来自她自己对资本积累规律的研究——资本主义社会内部矛盾和危机正在时时处处地冲击着广大无产阶级群众的生活，使得他们每时每刻都能感受到自身与资本家的矛盾、自身与这个社会的矛盾、自身与相同处境的人具有的共同命运等。资本主义社会内部的矛盾和危机以及它们在发展中的不断加剧就是激发无产阶级群众阶级意识和革命意志的最好土壤，使得他们能够保持一种"健康的革命本能和活跃的智慧"②。

其次，就无产阶级群众有犯错的权利来说，卢森堡当然清楚无产阶级群众也存在各种各样的问题，比如在俄国大罢工中，很多无产阶级群众就不知道罢工的目的和意义是什么，只是在革命氛围的感召下参加了罢工，用卢森堡自己的话来说就是"起义和大罢工不是在每个地方都是有意识的政治斗争，我们国家中很大一部分工人放弃工作参加了这些活动，但是却没有完全认识到它们的真正目的是什么以及整个运动的目标

---

① 《卢森堡文选》下卷，人民出版社1990年版，第73页。
② 《卢森堡文选》下卷，人民出版社1990年版，第40页。

是什么"①。但是，能不能由此就贬低群众的地位和作用并相反地拔高党等组织以及领导这些组织的党的领袖的地位和作用？卢森堡的回答是明确的：无产阶级有自己犯错的权利，有向历史辩证法学习的权利。因为"真正革命的工人运动所犯的错误，同一个最好的'中央委员会'不犯错误相比，在历史上要有成果得多和有价值得多"②。

也就是说，卢森堡清楚地认识到由于无产阶级群众自身存在的各种各样的缺点，使得他们参与并主导的无产阶级革命必然会出现错误、会遇到挫折、会走不少弯路，然而，这些错误就像一个人在成长过程中总会跌倒一样，是无产阶级群众在走向成熟的过程中必不可少的。问题不在于无产阶级群众会不会犯错，在于相比无产阶级群众犯错给无产阶级事业带来的损害来说，通过只允许少数党的领袖发挥积极性和创造性并借助党等组织抑制广大人民群众的革命积极性和创造性，由此给无产阶级事业带来的损害到底哪一种更大。

这个问题的回答其实又跟另外两个问题紧密相关。一个问题就是卢森堡没有将机会主义的出现视为伯恩施坦等修正主义者的个人问题，而是从社会主义运动的内部特点出发，认为机会主义的产生根源于社会主义运动的性质和它的内部矛盾，即一方面无产阶级在意志上要超越现存社会秩序，到达现存社会的彼岸，可另一方面，无产阶级群众又只能在同现存制度进行日常斗争即在现存制度的框框内培养这种意志。"广大人民群众同摆脱整个现存制度的目的相结合，日常的斗争同革命变革相结合，这是社会民主党运动的辩证的矛盾。而这个运动在它的整个发展过程中必须在两个暗礁之间，即在放弃群众性和放弃最终目的之间，在倒退到宗派状态和变成资产阶级改良运动之间合理地向前迈进。"③ 这意味着，社会主义运动在发展过程中必然会出现各种各样的机会主

---

① *The Complete Works of Rosa Luxemburg*, volume III, Political Writings 1, Edited by Peter Hudis, Axel Fair-Schulz, and William A. Pelz, Verso, London, 2019, p.115.
② 《卢森堡文选》上卷，人民出版社1984年版，第518页。
③ 《卢森堡文选》上卷，人民出版社1984年版，第516页。

义主张，因而问题不在于通过强化党的组织性和纪律性一劳永逸地根除它们，而在于创造合适的条件使得广大人民群众随时地直接地对机会主义者形成全面监督，防止他们的机会主义观点主导党和社会主义运动。换言之，在卢森堡看来，党内任何一个人都可能被机会主义主张所俘获从而由一个革命者堕落成为机会主义分子。因此，只允许少数党的领袖发挥积极性和创造性并通过党等组织抑制广大群众的积极性和创造性，一旦党内出现机会主义分子并攫取了党的领导地位，其危害是无以复加的。卢森堡其实是试图通过直接诉诸广大无产阶级群众的阶级本能和智慧来化解党内可能出现的机会主义分子及其主张。

而另一个问题则是卢森堡认为，无论是无产阶级革命，还是社会主义社会建设，作为人类历史上全新的事物，它们没有任何现成的经验可以学习，一切都只能在摸索中前进。在这个摸索过程中，重要的不是不犯错——只要有摸索，肯定就会犯错——而是在摸索中鼓励和支持广大人民群众发挥出他们的积极性和创造性。只有充分调动起和发挥出广大无产阶级群众的积极性和创造性，无产阶级革命和社会主义社会建设才能顺利进行。而一旦抑制了他们的积极性和创造性，则就像堵塞了智慧之水源，社会主义事业迟早会陷入干涸和停滞状态，其危害是致命的。这其实反映了卢森堡对广大无产阶级群众具有的健全的智慧和创造力的坚信。

再次，就无产阶级群众在参与斗争的实践中获得教育和成长来说，广大无产阶级群众存在各种各样的不足，因而他们本身也需要被教育。但是，对于什么才是教育无产阶级群众的最好方式，卢森堡则提出了不同于考茨基和列宁等人的主张。后者主张通过党或党的领袖将先进的理论从外部灌输给广大群众即所谓"灌输论"，而卢森堡则侧重于"实践出真知"即主张广大无产阶级群众在参与斗争的实践中获得教育，正如卢森堡所言："无产阶级的军队只有在斗争中才能补充自己的队伍，也只有在斗争中才能逐渐明确自己的斗争任务。组织、觉悟和斗争在这里不象布朗基主义运动那样,是可以机械地和暂时地分割开来的不同的因素,而仅仅是同一过程的不同方面。"① 无产阶级群众的阶级意识是与他们的斗争实践紧密相连的,是同一过程的两个方面,而不是两个过程。

卢森堡当然知道平日需要对无产阶级群众进行宣传和灌输教育,但问题是这种宣传和灌输的效果却不是最好的。对无产阶级群众教育效果最好的仍是他们的斗争实践,哪怕是那种失败的斗争实践,它们对于广大无产阶级群众的教育意义也要远远大于平日宣传和灌输所获得的意义。"无产阶级只有在斗争中考验自己,通过失败,通过斗争带来的种种风云变幻检验自己,才能聚集自己的力量,为最后的胜利增强自己的力量。一切战斗到底的伟大斗争,不论结局是胜利还是失败,它在短短的时间里在阶级教育和历史经验方面所起的作用,比风平浪静时的千百篇宣传文章和千百次大会要大得多。"② 说到底,卢森堡认为,无产阶级群众的老师只能是无产阶级群众自己,具体来说,就是他们通过自身的革命实践来实现自我教育,本质上仍是反映了她对无产阶级群众健全的智慧和能力的无限信任和信心。

最后,就无产阶级的解放是无产阶级群众自己的事情来说,这一思想本就出自马克思给第一国际撰写的《国际工人协会共同章程》,后在《德国工人党纲领批注》《给奥·倍倍尔、威·李卜克内西、威·白拉克等人的通告信》等文献中,马克思和恩格斯一再提起。卢森堡在很多地方也是反复引用这个思想,旨在强调无产阶级群众在社会主义运动中应该具有的主导地位。在她看来,马克思主义创始人的这句话,不仅意味着无产阶级群众需要积极地参与无产阶级为争取自身解放的运动,成为运动的主力军,而且在这个运动中,无产阶级群众必须始终是主体,对运动的发展起着主导作用,也就是说,无产阶级的解放是无产阶级群众自己的解放。在运动中无产阶级政党及其领袖的作用是必不可少的,

---

① 《卢森堡文选》上卷,人民出版社1984年版,第503页。
② 《卢森堡文选》下卷,人民出版社1990年版,第342页。

能够更好地推动革命往前发展，但是，他们不能削弱乃至取代无产阶级群众本身，使社会主义运动从无产阶级群众主导的运动变成无产阶级政党及其领袖主导的运动，无产阶级群众反而成为整个运动的配角或旁观者。这显然是有违社会主义运动性质的。

同时，无产阶级群众自己的解放归根结底是建立在无产阶级群众自身的成熟及其发展基础上的。没有无产阶级群众的成熟和发展，他们的解放既是不可能的，也是无法真正实现的。无产阶级群众要获得真正的成熟和发展，还必须广泛参与社会主义运动实践并在实践中提高自身的能力和水平。这也是卢森堡强调社会主义社会必须坚持和发展民主、自由以及完善的公共生活的根本原因，也是她批评列宁有关无产阶级专政的理解而自己将无产阶级专政理解为无产阶级民主的内在原因。因为在卢森堡看来，资产阶级的阶级统治不需要对全体人民群众进行政治训练和教育，就算有这种需要，也不会超过某种有限的程度，而对于无产阶级专政来说，这种训练和教育却是生存的要素，是空气，没有它无产阶级专政就不能存在。①卢森堡显然是希望无产阶级群众通过社会主义民主制能够广泛地参与各项事业和活动，从而能够在参与中实现自我训练和教育，以便自身能够成熟到实现真正意义上的当家作主和自我解放。

总之，这四个命题共同表征了卢森堡政治哲学的一根主线，即始终将无产阶级如何实现自我解放作为其思考和思想的中心。综观卢森堡的整个政治思想，无论是她对修正主义主张的批判，还是她对资本积累规律的研究，又或者是她跟考茨基等人在群众大罢工等问题上的激烈交锋，以及她跟列宁在民族主义、党的组织原则、帝国主义和社会主义民主等问题上的分歧，其思想深处无不折射着卢森堡对无产阶级的解放必须是无产阶级的自我解放这一根本原则的坚守，而这个原则无疑又跟近代以来西方思想传统中人的自我决定这一更为根本的原则紧密相关。从

---

① 《卢森堡文选》下卷，人民出版社1990年版，第500页。

这个意义上说，作为走向无产阶级自我解放的政治哲学，卢森堡的政治哲学不仅集中体现了马克思主义的精神实质，也在某种程度上继承和发展了近代以来的西方政治哲学。

第一章

卢森堡的资本主义社会思想

19世纪末,资本主义社会出现了许多新的变化。如何认识资本主义社会及其新变化、如何认识这些新变化对无产阶级运动的影响就成为当时国际社会主义运动重大的理论和现实问题。在第二国际内部,伯恩施坦率先从理论上对资本主义社会及其新变化进行了系统的分析和阐释,并以此为依据主张对马克思的相关理论和德国社会民主党的实践策略进行修正。对此,卢森堡进行了有针对性的阐发和批判,并在马克思相关理论的基础上系统地阐述了她对资本主义社会及其新变化的认识和判断。这些认识和判断从根本上又构成了卢森堡的无产阶级革命等政治哲学思想的基础,是其政治哲学思想的重要组成部分。

第一节 资本主义社会的新变化及其实质

卢森堡并不否定资本主义社会发生了新变化,比如资本主义的生产更具社会化、资本主义的政治更加民主等,然而,问题的关键是新变化到底说明了什么?它们对于无产阶级运动到底有什么样的影响?对这些问题的阐发集中体现在卢森堡对伯恩施坦相关主张的反思和批判上。

一 资本主义生产的社会化及其实质

著名历史学家艾瑞克·霍布斯鲍姆在其所著的《资本的年代:1848~1875》中写道:"自由主义的胜利时代开始于革命的失败,结束于漫长的经济萧条。"① 其意是指：自由资本主义在1848年欧洲革命失败后迎来了一段相对平稳和快速的发展，但是在1873年这场被马克思称为"就其时间之长、规模之大的强烈程度来说"是英国有史以来所经历过的最大一次危机中结束了。② 紧接着是资本主义社会发展进入一个具有新的特征的时代。对于这些新特征，法国当代社会主义者米歇尔·博德将其概括为四个方面，即第二代工业技术和工业的创建，工人运动的确立和取得相应成就，资本的集中和金融资本的出现，殖民化的新高潮和世界规模的扩张。③ 资本主义经济从企业自由竞争、政府局限于守夜人角色到大型工业公司形成卡特尔、托拉斯等垄断集团，政府积极干预经济政策，合作社如雨后春笋般在多国兴起等转变。这些转变的影响是如此的巨大，以至于当时一些人感叹道：个人主义的时代已于1870年结束，集体主义的时代来临了。④

开始于1873年经济危机的这场转变，应该说，无论是马克思，还是恩格斯，他们都敏锐地感觉到并在一定程度上进行了分析。比如马克思在1879年4月10日给俄国民粹派代表人物丹尼尔逊的信中就清醒地认识到，在当时英、美、法等工业发达的资本主义国家中蓬勃发展的铁路，作为"实业之冠"将对资本积累形成重大影响。他说："铁路首先是作为'实业之冠'出现在那些现代化工业最发达的国家英国、美国、比利时和法国等等。我把它叫做'实业之冠'，不仅是因为它终于（同远洋轮船和电报一起）成了和现代生产资料相适应的交通联络工具，而且也因为它是巨大的股份公司的基础，同时形成了从股份银行开始的其他各种股份公司的一个新的起点。总之，它给资本的积累以一种从未预

---

① ［英］艾瑞克·霍布斯鲍姆：《资本的年代：1848~1875》，张晓华等译，江苏人民出版社1999年版，第416页。
② 《马克思恩格斯全集》第34卷，人民出版社1972年版，第438页。
③ ［法］米歇尔·博德：《资本主义史1500—1980》，吴艾美等译，东方出版社1986年版，第148—149页。
④ ［英］艾瑞克·霍布斯鲍姆：《资本的年代：1848~1875》，张晓华等译，江苏人民出版社1999年版，第417页。

料到的推动力，而且也加速了和大大扩大了借贷资本的世界性活动，从而使整个世界陷入财政欺骗和相互借贷——资本主义形式的'国际'博爱——的罗网之中。"① 马克思去世后，恩格斯更是紧跟时代步伐，对资本主义社会出现的新变化洞若观火。在1891年德国社会民主党纲领草案批判中，恩格斯就谈到由单个企业家所经营的那种私人生产愈来愈成为例外了，代之而起的是股份公司经营的资本主义生产。这种生产不仅不再是私人生产，而且"如果我们从股份公司进而来看那支配着和垄断着整个工业部门的托拉斯，那么，那里不仅没有了私人生产，而且也没有了无计划性"②。诸如此类的论述在马克思主义创始人那里还有很多。这些无疑都说明资本主义社会在马克思主义创始人在世的时候就已经发生转变，而他们也对这种转变有所感知和认识，只不过到了他们去世尤其是恩格斯在1895年去世后，这种转变是如此明显和对社会各个方面形成如此大的影响，以致无产阶级运动需要对这种转变做出科学的认识和判断，并基于此发展出符合时代要求的无产阶级革命理论。

所以，伯恩施坦在恩格斯去世仅仅一年后即1896年10月就开始公开质疑马克思主义创始人的理论，对德国社会民主党《爱尔福特纲领》③中他自己起草的实践部分提出公开的"修正"，这绝不是偶然的。因为正如伯恩施坦自己所言："教条的革命主义在骨子里恰好同反动的极端派的教条主义一样保守，这并非奇谈怪论，而是一件经常见到的事实。两者都同样抵死不肯承认违反它们的'原理'的那些发展。如果事实的呼声太响亮，无法直截了当地加以反驳，它们就把这些事实归因于各种各样的偶然情况，唯独不归于它的真实的、适当的原因。"④ 也

---

① 《马克思恩格斯全集》第34卷，人民出版社1972年版，第347页。
② 《马克思恩格斯选集》第4卷，人民出版社2012年版，第290页。
③ 《爱尔福特纲领》是德国社会民主党在德国于1890年取消《反社会党人法》后制定的第一部党纲。考茨基和伯恩施坦起草了初稿，其中考茨基负责起草纲领的第一部分即理论部分，伯恩施坦负责起草纲领的第二部分即实践部分。纲领在恩格斯修改后于1891年爱尔福特代表大会上通过。
④ 《伯恩施坦文选》，殷叙彝编，人民出版社2008年版，第58页。

就是说，伯恩施坦正是以资本主义社会在现实中发生了根本变化为依据对马克思主义创始人的理论提出了疑问和修正。伯恩施坦之所以能够公开质疑马克思、恩格斯的理论和党的革命策略，这当然跟他个人在国际无产阶级运动中的资深地位直接相关，但是，他的这一行为也的确说明了两个根本问题，即资本主义社会到底发生了什么样的变化以及这种变化对于无产阶级运动到底有什么样的影响。换言之，这两个问题是当时国际无产阶级运动中任何一个革命理论家都必须思考和回答的。其中，第一个问题构成了第二个问题的时代和现实基础。对第一个问题的认识不一样，势必也会导致对第二个问题的回答的不一样。反之，对第二个问题的回答，其背后往往蕴含着对第一个问题的认识和判断。

那么，伯恩施坦又是如何看待资本主义社会在 19 世纪后半叶开始发生的这种转变的呢？

伯恩施坦分析资本主义社会新变化的直接目的在于否定资本主义经济的崩溃。在他看来，资本主义生产发生的新变化不仅否定了马克思关于资本主义经济崩溃的认识和判断，而且本身蕴含着走向社会主义的可能。在《崩溃论和殖民政策》《社会主义的前提和社会民主党的任务》等著作中，伯恩施坦用了大量的统计数据和材料去说明中小企业并没有随着大型企业的扩张而消亡，而是走向了跟大型企业的共存，中产阶级即有产者人数不是绝对地减少了，而是绝对且相对地增加了，以及信用制度、股份公司、垄断企业的发展及其对资本主义生产的影响等。在伯恩施坦看来，这些变化不仅使资本主义社会结构发生了重要变化，无产阶级难以形成革命主体和力量，也使得资本主义生产更加社会化，能够有效地消除自由竞争带来的资本主义生产危机及其崩溃。用他的话来说就是"世界市场的巨大的地域扩展同消息传递和运输交通所需时间的异常缩短并在一起，是否已经使抵消各种扰乱的可能性如此增加，欧洲工业国家的大为增加的财富同现代信用制度的灵活性以及工业卡特尔的兴起并在一起，是否已经使地方性或局部性扰乱对于一般营业情况的反作用力如此减少，以致至少在较长时期内可以把像从前那种类型的普遍营业危机看成根本不可能发生的了"①。

面对伯恩施坦列举的资本主义生产发生的上述变化，卢森堡并没有简单地予以否认，因为问题的关键不在于这些变化是不是客观存在，而在于如何看待这些变化及其意义。比如，伯恩施坦认为，信用制度、企业主的联合和改善的交通工具能够使资本主义经济避免危机。但是，卢森堡却并不这样认为。她认为，信用在资本主义经济中有多种职能，其中最重要的就是增加生产力的扩张能力，即信用作为商业信用加速了资本回到生产的时间，加速了生产过程的整个循环。因此，信用不仅无法消除危机，还会把原本受束缚的力量释放出来，加剧生产方式和交换方式、生产方式和占有方式以及财产关系和生产关系、生产的社会性和生产的私有性之间的矛盾，并使之发展到极端。"信用把资本主义世界的一切主要矛盾复制出来，把它们引向荒谬绝伦的地步，它也暴露出资本主义世界本身的不足，加快了它走向自己灭亡（崩溃）的速度。"② 因此，在伯恩施坦看到信用对于资本主义生产具有积极作用的一面时，卢森堡却看到了信用对于资本主义生产具有更大破坏性的一面。

同样的实例也出现在卢森堡如何看待企业主联合组织及其意义这个问题上。当时一些企业组建卡特尔和签订贸易协议。企业主一致协商确定生产水平，协调投资以及在彼此之间划分市场并且确定价格。在德国和美国，这类企业主联合组织数量比较多，涵盖煤炭、冶金、铁路、石油等行业。③ 所以，伯恩施坦认为，这种企业主联合是对资本主义生产的调整，可以结束生产无政府状态和防止生产过剩。卢森堡对这种主张显然是不认可的。因为在她看来，要消除资本主义生产过剩的危机，就必须消除资本主义竞争本身。而卡特尔等企业主联合组织的性质就排除了这种可能，卡特尔无法形成对所有生产领域的垄断，它还必须与其他

---

① 《伯恩施坦文选》，殷叙彝编，人民出版社2008年版，第212页。
② 《卢森堡文选》上卷，人民出版社1984年版，第81页。
③ [法] 米歇尔·博德：《资本主义史1500—1980》，吴艾美等译，东方出版社1986年版，第171页。

卡特尔组织进行更加激烈的竞争，从而形成更大的资本主义生产的无政府状态。"整个说来，卡特尔同信用一样，也是一定的发展阶段，它们归根结底只能使资本主义世界的无政府状态更为加剧，使它的一切内在矛盾暴露出来并趋于成熟。它们使生产方式和交换方式之间矛盾尖锐化，因为它们把生产者和消费者之间的斗争推到了极端。其次它们使生产方式和占有方式之间的矛盾尖锐化，因为它们使组织起来的资本的优势力量同工人阶级对立起来，因而使资本和劳动之间的对立以最尖锐的方式加剧起来。"① 不仅如此，在卢森堡看来，卡特尔等组织的国际竞争还会加剧资本主义国家与各民族、资本主义国家之间的矛盾，从而使资本主义危机蔓延至整个世界，加剧资本主义国家之间的对抗。

由此可见，卢森堡不是要否定资本主义生产出现了新变化，关键是这些新变化是不是像伯恩施坦所认为的那样，能够解决资本主义生产方式的内在矛盾，能够克服资本主义生产方式的危机，能够使得社会主义革命变得多余，以及能够对马克思的资本主义危机理论形成否定等。显然，卢森堡并不这样认为，原因就在于相比于伯恩施坦来说，卢森堡在方法上、立场上以及对马克思相关理论的理解上都要比前者更富辩证性、更立足于无产阶级立场以及更深刻。

首先，就方法来说，在卢森堡看来，伯恩施坦之所以对资本主义生产方式新变化形成错误的认识和判断，最重要的原因就是他看待这些新变化的方式方法，也就是说，伯恩施坦看问题的方式完全是静止的、孤立的和片面的，把这些新变化与资本主义生产体系割裂开来，或者说，站在单个资本家的视角去分析资本主义生产的新变化，从而无法立足于资本主义体系从总体上去看待问题。正如卢森堡批判伯恩施坦"把它所研究的一切经济生活现象，不是放在它们对整个资本主义发展的有机部分去理解，不是放在它们同整个资本主义的经济机构的关联上去理解，而是把它们从这些联系中割裂开来，当作独立的存在，当作一部死机器

---

① 《卢森堡文选》上卷，人民出版社1984年版，第84页。

的拆散的零件"①。比如，伯恩施坦曾经引用英国和德国股份公司发展的统计材料，试图说明资本主义中小企业没有在与大企业的竞争中破产，反而通过股份制获得了很大的发展，随着股东人数的增加，资本家不是减少了，而是增多了。对此，卢森堡认为，股份公司的增加只是意味着资本主义在形式上生产社会化了，股份制把许多货币资本联合成一个生产资本和经济单位，使生产和资本所有权分离，这只是资本主义生产方式的变化，而不是资本主义生产方式的扬弃，股份公司仍然站在资本主义的地基上，为资本主义生产方式所支配。至于股东的增加是不是就意味着资本家数量的增加这个问题，卢森堡更是痛斥伯恩施坦对马克思主义政治经济学的理解暴露出"惊人的混乱"。因为在卢森堡看来，伯恩施坦把资本家不是看成一个生产的范畴，而是看成一个所有权的范畴，不是看成一个经济单位，而是看成一个纳税单位，而他所理解的资本，也不是一个生产整体，而是一个简单的货币财产。如此一来，伯恩施坦就把资本家这个概念从生产关系领域搬进财产关系领域中，从而"把社会主义从生产范围搬进财产关系范围，从资本和劳动的关系搬进贫与富的关系中去了"②，即以贫富关系来取代阶级关系。反之，伴随股份制发展的股东的数量的增加，充其量只是说明"资本家"这个范畴在资本主义经济的框框里变成了社会范畴，资本家也社会化了。

应该说，在卢森堡的著作中，有关如何辩证地去分析和看待资本主义生产方式的新变化的事例比比皆是。在以"经济和社会政治评论"为总标题的系列文章中，卢森堡对资本主义生产发生的变化做了大量的分析，包括运用大量的统计数据去说明问题。当然，在运用统计数据去说明问题的时候，卢森堡仍然强调了辩证方法的重要性。因为当统计数据缺乏科学的方法去分析时，基于数据得出的结论仍可能是错误的。比如当时德国学者奥托·维德费尔特在其所著的《1720—1890年柏林工业发展史统计研究》一书中统计了每个独立的工商业者雇佣的工人的平

---

① 《卢森堡文选》上卷，人民出版社1984年版，第107页。
② 《卢森堡文选》上卷，人民出版社1984年版，第113页。

均人数，然后跟柏林居民平分到这些企业的人数做对比，以此得出柏林的手工业受到大工业的排挤和打压的结论。卢森堡认为，绝不能像作者这样，"机械地根据企业数量的统计得出这个观点"，因为中小企业的社会史，"从本质来看，绝不能用统计数字来表示"。①

其次，就立场来说，卢森堡对于资本主义生产方式的新变化不是从如何缓和资本主义社会矛盾和维护资本主义社会制度的角度去认识和分析，而是从资本主义生产方式的矛盾的对立和发展中去看待问题。卢森堡认为，这也是她跟伯恩施坦形成分歧的另一个重要原因。卢森堡承认，伯恩施坦在理论上也是以马克思有关资本主义社会的阶级矛盾理论为出发点，可是问题就在于，他不愿意让这种矛盾发展到完全成熟，从而通过革命的突变在矛盾的尖端消灭矛盾，而是希望缓和资本主义社会的阶级矛盾，以便折断矛盾的尖端，维护资本主义社会秩序。所以，卢森堡批判道："伯恩施坦的策略根本不是建立在资本主义矛盾的进一步发展和尖锐化上面，而是建立在矛盾的缓和上面。"② 也就是说，卢森堡立足于无产阶级最终解放的立场，主张无产阶级在阶级斗争中实现彻底的解放，而伯恩施坦则站在小资产阶级立场，幻想通过缓和阶级矛盾去获取一时的眼前利益。

最后，就马克思相关理论的理解来说，卢森堡不仅注重吸收和运用马克思主义创始人的具体结论和论断，更注重透过这些结论和论断去吸收马克思主义创始人分析问题的方式方法，以掌握这些方法作为衡量是否真正掌握马克思主义的标准。也因此，卢森堡对马克思相关理论的理解相比伯恩施坦来说就显得更加深刻。比如，当伯恩施坦以资本主义世界近20年没有发生普遍的商业危机为依据来论证资本主义适应论时，可以说，他是既没弄清楚资本主义危机的根源和内部结构，也误解了马克思有关资本主义的危机理论。反之，卢森堡通过对1825年以来资本主义世界历次比较大的经济危机的考察后，深入到了资本主义危机的内

---

① 《罗莎·卢森堡全集》第1卷，胡晓琛等译，人民出版社2021年版，第422—423页。
② 《卢森堡文选》上卷，人民出版社1984年版，第106页。

部结构，对马克思揭示的资本主义危机规律有了更深刻的认识。卢森堡认为，把十年周期作为马克思关于资本主义经济危机的固定图式，这既是对资本主义经济危机发生规律的误解，也是对马克思关于资本主义经济危机理论的误解。马克思关于资本主义经济危机的贡献不在于告诉人们资本主义经济危机什么时候、以什么形式出现，而在于揭示"一切危机的内在结构和它们的深刻的一般原因"①。只要资本主义危机的内在结构和一般原因没有发生变化，资本主义危机就不可能得到克服，至于说这种危机到底是十年爆发一次，还是二十年爆发一次，这并不是最根本的。

总之，无论是在跟伯恩施坦的论战中，还是在她单独对资本主义生产方式的新变化所做的分析中，卢森堡并不否认资本主义生产方式发生了新变化这个现象，甚至在一定程度上也认为这种新变化体现了资本主义生产方式的社会化的进一步发展，但关键是资本主义社会内部出现的这种生产社会化充其量只是在资本主义生产关系范围内的发展，无法突破资本主义生产关系的范围，更不是像伯恩施坦所理解的那样，是向社会主义的过渡。正如卢森堡所言："既然它们使生产的社会性保持在它的资本主义形式上，那么反过来说，它们也就使社会化了的生产向社会主义过渡在同样程度上成为多余的了。因此，这些现象的表现为社会主义制度的出发点和前提，只是从概念上说是如此，而不是从历史上说是如此。也就是说，根据我们关于社会主义的概念，我们知道这些现象是同社会主义有连带关系的，但是事实上它们不仅不会带来社会主义革命，反而把社会主义革命变成多余的了。"② 也就是说，资本主义生产方式在其制度内的社会化发展，不是使社会主义离得更近了，而是在一定程度上缓和了资本主义社会内部矛盾，使资本主义社会更具迷惑性了，从而使得社会主义离得更远了，无产阶级试图从根本上获得解放的目标也变得越来越远了。

---

① 《卢森堡文选》上卷，人民出版社1984年版，第86页。
② 《卢森堡文选》上卷，人民出版社1984年版，第78页。

二 资本主义政治的民主化及其实质

资本主义社会发展到19世纪70年代，不仅在经济上逐渐发生变化，同时在政治领域也在不断发生变化。当时，法国、德国、瑞士、丹麦已经实行了建立在广大投票权基础上的选举制度。老牌资本主义国家英国实行的"改革法案"几乎将选民人数增加了四倍，由占20岁以上男子的8%增加到29%。比利时、挪威的选民人数也都达到30%以上，甚至在美国部分州，还赋予了妇女一定的投票权。以落实普选权为核心的政治民主化进程成为不可遏制的发展趋势，而绝大多数的资本主义国家都不得不顺应这种趋势。①

普选权的逐步落实既是欧洲无产阶级运动兴起和不断斗争的产物，同时也进一步推动了无产阶级力量的壮大，使得无产阶级可以凭借人数上和组织上的优势进一步影响和制约资本主义国家政治。当时，各主要资本主义国家相继通过若干"社会法"。在英国，1875年的"雇主和雇工法"取代了之前的"主仆法"，不仅授予工人非暴力罢工的合法权利，而且承认工会的合法地位。在德国，俾斯麦公布了关于人身保险（1883年）、事故保险（1884年）、老年救济（1884年）和60岁退休（1889年）等法令，虽然其直接目的是限制工人提出的种种要求，但客观上也从法律上保障了工人阶级的相关权益。法国则在1884年、1893年、1898年相继通过了给予结社自由、卫生和安全、工伤事故法令，其中关于工作日长度的法令更是在1874年、1892年和1900年三度进行修改。②

具体到德国社会民主党，俾斯麦在1866年开始实行普选权，倍倍尔在1867年通过普选成为议会中第一个工人议员。尽管俾斯麦于1878

---

① ［英］艾瑞克·霍布斯鲍姆：《帝国的年代：1875～1914》，贾士蘅译，江苏人民出版社1999年版，第100—101页。

② ［法］米歇尔·博德：《资本主义史1500—1980》，吴艾美等译，东方出版社1986年版，第165—166页。

年主导通过的《反社会党人法》对德国社会民主党的参选设置了重重障碍，但是从1887年到1890年，德国社会民主党的选票仍然增加了近两倍，从得票率的10.1%上升到19.7%。① 在1893年《反社会党人法》废止后的第一次帝国国会选举中，德国社会民主党获得了23.3%的选票和一百七十八万六千选民的支持，之后直到第一次世界大战，德国社会民主党在1898年、1903年、1907年和1912年的历次大选中获得支持的人数都在不断增加，1912年更是得票34.8%，获得四百多万选民支持。②

资本主义社会政治民主化的发展对于无产阶级的斗争策略形成了直接的影响。在1895年为马克思的《1848年至1850年的法兰西阶级斗争》一书写的《导言》中，恩格斯已经很明确地指出了这一点，即"斗争的条件毕竟已经发生了根本的变化"。③ 也因此，恩格斯强调要充分利用资本主义社会政治民主化这一点即"合法手段"来发展无产阶级力量，尤其是运用普选权和议会斗争来做好宣传、坚定信心、衡量力量、抨击反动政府等，来获得比"用不合法手段和用颠覆的办法"获得的成就多得多的成就。甚至由此，恩格斯还反复强调像1848年革命那样的巷战已经很难取得胜利。当然，恩格斯并没因此放弃革命的权利。因为"革命权是唯一的真正'历史权利'——是所有现代国家无一例外都以它为基础建立起来的唯一权利"。④

应该说，资本主义社会出现的政治民主化客观上促使了社会主义运动中修正主义的出现，即社会主义运动中一些人越来越寄希望于通过和平的民主的方式走上社会主义道路。伯恩施坦只是从理论上对这些人的思想和主张进行了集中表达。在伯恩施坦及其支持者看来，工人阶级通过工会组织及其政治斗争已经取得了很大的成就，特别是在以普选为基

---

① Rosemary H. T. O'Kane, *Rosa Luxemburg in Action*, Routledge, 2015, p.10.
② [德] 苏珊·米勒等：《德国社会民主党简史 (1848—1983)》，刘敬钦等译，求实出版社1984年版，第47页。
③ 《马克思恩格斯选集》第4卷，人民出版社2012年版，第390页。
④ 《马克思恩格斯选集》第4卷，人民出版社2012年版，第395页。

础的议会民主制下,工人阶级更是有可能通过民主选举和平地上台执政,通过立法限制资本所有者的权力,将其一步一步降到管理者的地位。而资本主义国家为了缓和阶级矛盾通过的一些"社会法",也被伯恩施坦及其支持者视为是资本主义国家走向社会化、资本主义国家职能发生转变的依据。他们希望通过工会、社会改良和国家的政治民主化来逐步实现社会主义。用伯恩施坦的话来说就是:民主是手段,同时又是目的。它是争取社会主义的手段,它又是实现社会主义的形式。"民主制的选举权使它的持有者潜在地成为共同体的合伙者,而这一潜在的合伙长久下去一定会导致事实上的合伙。"①

卢森堡并不否定资本主义政治正在走向民主化。当1898年她从苏黎世来到柏林时,参加的第一个政治活动就是接受德国社会民主党执委会的指派到上西里西亚从事国会竞选活动,并很好地完成了任务。因此,卢森堡不是不清楚资本主义国家的政治及其变化,问题是如何看待这种民主化:这种民主化是不是改变了资本主义国家的实质,是不是意味着无产阶级可以通过议会民主制和平地走上社会主义道路,从而使得无产阶级革命变得多余?

在对伯恩施坦及其支持者的批判中,卢森堡对这些问题几乎一一做了回应。比如关于资本主义民主问题。卢森堡首先从历史上尤其是德、法、俄三国的历史发展来说明,资本主义并不一定带来民主,只有当资本主义需要民主时,它才会实行民主。民主也不是到了资本主义时期才出现,人类社会很早就出现了民主制。所以,卢森堡得出结论道:"在资本主义发展和民主之间不可能建立内在的绝对的联系。无论什么时候,政治形式都是国内外政治因素的总和的结果,在政治范围内,可以有一切层次,从专制君主到最民主的共和国。"② 反之,只有无产阶级才是"资产阶级民主形式的唯一战士和捍卫者",而资产阶级自由派出于害怕无产阶级往往会走向反动,倒向封建反动势力怀抱中。"社会主

---

① 《伯恩施坦文选》,殷叙彝编,人民出版社2008年版,第270页。
② 《卢森堡文选》上卷,人民出版社1984年版,第125—126页。

义工人运动今天恰恰是而且能够是民主制的唯一支柱,不是社会主义运动的命运取决于资产阶级民主制,倒是民主制发展的命运取决于社会主义运动",① 社会主义运动与民主才是真正一致的。至于伯恩施坦及其支持者将资本主义国家的议会民主制视为过渡到社会主义的途径,卢森堡主要是抓住资本主义民主的阶级性,强调民主制从形式上看只不过是用来在国家组织中表现整个社会的利益的,但是,从内容上看,它所表现的仍然只是资本主义社会即资本主义利益起决定作用的社会。所以,卢森堡说,议会民主制"就形式说是民主组织,就内容说变成了统治阶级利益的工具。这一点极其明显地表现在下述事实上:只要民主制一有否定阶级性质、变成事实上的人民利益工具的倾向,民主形式本身就会被资产阶级和它的国家代表所牺牲"②。

卢森堡压根就不相信无产阶级通过议会民主制能够和平地走上社会主义道路。因为此时的资本主义国家机器虽然职能上发生了一些变化,包括不断扩大国家的作用范围,不断赋予国家新的职能,特别是经济生活方面使国家的干预和监督成为必不可少的东西,即资产阶级国家在向社会主义国家发展,但是,资产阶级国家作为资产阶级统治工具这一本质属性没有发生变化,它仍然跟之前的阶级国家一样,必须建立在暴力基础之上——它的军事组织就充分说明了这一点。即便是发生的这种民主化变化,那也是因为这种变化是符合资本主义国家利益的,即仅仅是"因为这些利益和社会发展同整个统治阶级的一般利益是相符合的",从而"只有在这个限度内,国家才能担负这样的职能"③。一旦社会发展同统治阶级的利益发生冲突,国家则总是站在统治阶级这一边,即"它的阶级性质总是迫使它把它的活动重点和力量手段放在只对资产阶级的阶级利益有用而对社会只有消极意义的领域"④。也就是说,卢森

---

① 《卢森堡文选》上卷,人民出版社 1984 年版,第 128 页。
② 《卢森堡文选》上卷,人民出版社 1984 年版,第 100 页。
③ 《卢森堡文选》上卷,人民出版社 1984 年版,第 97 页。
④ 《卢森堡文选》上卷,人民出版社 1984 年版,第 99—100 页。

堡继承了马克思主义创始人的有关思想，即资产阶级国家需要承担起双重功能，既要维护资产阶级统治的整体利益，又要为了更好地维护资产阶级统治而不得不履行一些必要的社会的公共的职能。不过，卢森堡结合 19 世纪后半叶资本主义国家发展情况，更加清楚地认识到资本主义国家这两种功能存在彼此分离、矛盾日益尖锐化的趋势。

同时，卢森堡批判伯恩施坦及其支持者主张通过议会民主制走向社会主义道路，从根本上说，还因为她很清楚地认识到，无产阶级受奴役和剥削的命运归根结底不是来自资本主义的政治法律关系，而是来自物质生产领域中生产资料的缺乏，或者说，剥削这个事实本身就不是依据一种法律规定，而是依据纯粹的经济事实。所以，卢森堡自问自答道：资产阶级社会区别于以前的阶级社会即古代和中世纪社会的特征是什么呢？这正在于"现在的统治不是以'既得权利'为依据，而是以实际经济关系为依据，雇佣劳动制度不是一个权利关系，而是一个纯粹的经济关系"①。也就是说，资本主义经济关系本身就是一种支配关系和权利关系。在资本主义法律和制度中，根本找不到阶级统治的法律规定，反而它表现出来的还是法律平等和自由。这种情况又怎么"通过合法道路"逐步予以废除呢？这些关系既不是资本主义的法律带来的，也不是从这些法律中获得形式的。

不仅如此，卢森堡还发现资本主义生产关系和资本主义上层建筑，特别是政治权利和财产权之间正朝着不同方向发展。一方面，就如伯恩施坦及其支持者所看到的，资本主义生产过程越来越社会化，国家对这个生产过程的干预和监督越来越广泛，但另一方面——在卢森堡看来，这也是伯恩施坦及其支持者没有认识到的——资本主义私有制却越来越牢固和不可侵犯，国家监督越来越为排他的阶级利益所渗透。"资本主义社会的生产关系越来越走向社会主义，而它的政治关系和权利关系则相反，它们在资本主义社会和社会主义社会之间筑起了一堵越来越高的

---

① 《卢森堡文选》上卷，人民出版社 1984 年版，第 131 页。

墙。这堵墙靠社会改良和民主的发展是打不通的,相反,它会因此更高更牢固。"① 要推倒这堵墙,只有靠革命的铁锤即无产阶级通过暴力夺取政权。

第二节 资本主义社会的资本积累和对外扩张

如果说卢森堡跟伯恩施坦及其支持者就资本主义社会新变化及其意义发生的争论只是表现了她对资本主义社会具体问题的看法,那么,卢森堡对资本主义社会资本积累问题的研究和论述就体现了她对资本主义社会更为系统和更为根本的认识。在卢森堡看来,资本主义社会的资本积累问题不仅是关系到资本主义社会生死存亡的根本问题,而且这个问题直接关系到当时党内有关资本主义社会是否正走向崩溃、能不能对资本主义社会进行改良以及资本主义对外殖民掠夺、军国主义、帝国主义等系列重大的现实问题和争论。

一 资本主义社会的资本积累

卢森堡和马克思一样,都反对将资本主义社会视为一种永恒的社会,而是将其视为有其起源、产生、发展和灭亡过程的社会。资本主义社会的灭亡就如其产生一样,具有必然性,其根源不在于外部,而在于内部矛盾的不可克服性,即资本主义社会的资本积累的界限。应该说,卢森堡的这个认识既来自马克思,又跟后者有所不同。

马克思在《资本论》第二卷第三篇中曾探讨了社会总资本的再生产和流通问题,目的在于探寻资本主义社会要顺利实行再生产需要满足什么样的条件。马克思曾经运用抽象力将社会简化为两大部类和两大阶级,即提供生产资料的第一部类(Ⅰ)和提供生活资料的第二部类(Ⅱ),以及资本家阶级和工人阶级(其他阶层从属于这两个阶级),然

---

① 《卢森堡文选》上卷,人民出版社 1984 年版,第 101 页。

后探寻这两大部类如果要顺利实行再生产，二者之间需要满足什么样的条件，最后得出的结论是 Iv + Im 和 IIc 交换，二者之间需要存在一定比例关系。

同时，资本主义生产是一种扩大再生产，即剩余价值除了消费一部分外，其余会被用于扩大再生产。满足扩大再生产的条件是第一部类的生产资料必须在价值上大于两部类不变资本之和即 I（c + v + m）> Ic + IIc，从而必然有一部分生产资料要用于扩大再生产，第二部类的消费品必须少于两部类的可变资本和剩余价值的总和即 II（c + v + m）< I（v + m）+ II（v + m），从而必然有一部分收入要用于积累。马克思在用公式来说明积累问题时举了两个例子①，卢森堡对这两个例子进行了"仔细的研究"。因为她认为，这些数学方程式写在纸上很容易，看似可以没有阻碍地、无限地继续下去。但是现实中积累又是如何呢？能否也像写在纸上的方程式一样，可以无限地进行下去呢？"换言之，现在已经到了寻求积累的具体的社会条件的时候了。"②

卢森堡认为，在资本主义条件下，第二部类就它的积累决定于现有的追加生产资料而言，是依赖于第一部类的。反过来看，第一部类的积累又决定于第二部类可供追加劳动力用的相应数量的追加消费品。然而，不能由此得出结论说，只要这两个条件都被遵守了，两部类的积累就必然会像马克思的图式所显示的，自动地年复一年地进行。两部类可能有积累的愿望，但是光有积累的愿望，加上积累的技术前提，在资本主义商品生产经济中是不够的。为了保证积累事实上能够实现和生产事实上能够扩大，需要另外一个条件，即对商品的有支付能力的需求也必须不断增长。换言之，卢森堡实际上依据资本主义社会积累的现实条件对马克思运用抽象力得出的资本主义再生产公式进行了批评。其中，最关键的问题就是马克思在公式中假设技术不发生变化，但事实上资本有

---

① 《马克思恩格斯文集》第 6 卷，人民出版社 2009 年版，第 574—586 页。
② ［德］卢森堡：《资本积累论》，彭尘舜、吴纪先译，生活·读书·新知三联书店 1959 年版，第 76 页。

机构成是在不断提高的，即同可变资本相比，不变资本的价值在增加，这样一来，第二部类就会出现一种生产剩余，这种剩余是无法在资本主义体系内被吸收的。要全部实现这种剩余价值，就必须在两个阶级的体系外寻找市场，即"积累只能恰恰按照第一和第二部类以外的需求增长而前进"①。也就是说，全部剩余价值要实现，不能单纯依赖工人和资本家阶级，还必须依赖那种非资本主义生产方式的社会阶层或社会结构。

具体来说，一是资本主义生产供给超过自身需要（工人和资本家）以上的生活资料，其购买者是非资本主义的阶层和非资本主义的国家。这样，第二部类就可以在资本主义以外的社会阶层，实现更多的生产物。由于他们自己的资本积累，增大了对国内第一部类生产物的需要，从而帮助第一部类实现剩余价值和增大资本积累。二是资本主义生产提供超越自己所需要的生产资料，并从非资本主义国家中找到购买者。在这里，资本主义生产的第一部类，就在资本主义以外的社会中，实现了它的生产物。由此发生的第一部类递增的扩大，在资本主义生产占统治的国家中，相应地引起了第二部类的扩大，因为第二部类要以生活资料供给第一部类中日益增加的工人。② 概言之，资本主义要顺利地实现积累，实现剩余价值的资本化，就必须依存于非资本主义的社会阶层和社会结构形态即"第三市场"。没有这个市场，资本主义生产体系就会崩溃，因为缺乏一种实现全部剩余价值所必需的有效需求，而这是继续进行资本积累的必要条件。③

当然，这个"第三市场"并不一定就是外国或海外市场。资本主义经济发展到近百年前，在资本主义国家内部就可以找到这种市场。从

---

① ［德］卢森堡：《资本积累论》，彭尘舜、吴纪先译，生活·读书·新知三联书店1959年版，第93页。

② ［德］卢森堡：《资本积累论》，彭尘舜、吴纪先译，生活·读书·新知三联书店1959年版，第276—278页。

③ ［英］肯尼思·J. 塔巴克：《〈帝国主义与资本积累〉英文版编者绪言》，柴金如等译，黑龙江人民出版社1982年版，第30页。

历史发展来看，发端于西欧的资本主义，最初是处在产生它的封建环境之中，然后是处于农业和商业的简单商品生产的体系之中。这二者可以看成资本主义在其国家内部进行的扩张。如果单纯从这个角度来看，则资本积累是一个纯粹的经济过程，其最重要的阶段是资本家和工资劳动者之间的交易。但是，除此之外，资本积累还有另一方面，涉及资本主义与非资本主义的生产方式之间的关系，即从逐水草而居以狩猎或畜牧为业的原始共产主义的部落，一直到农业与手工业的商品生产，它们都是资本主义扩张的外部环境。对于非资本主义国家或地区，资本积累的主要方法就是殖民政策、国际借款制度、势力范围和战争。在这里则是赤裸裸地暴露出公开的暴力、欺诈、压迫和掠夺。所以，卢森堡把资本主义的发展看成是资本主义生产关系不断地侵蚀和毁灭各种非资本主义经济并将其强行纳入资本主义生产体系的过程。这个过程可以划分为三个阶段即资本对自然经济的斗争，资本对商品经济的斗争，资本在世界舞台上为争夺现存的积累条件而斗争。①

可以说，资本的每一种斗争，都充满了资本主义生产方式的野蛮和对世界各地区的人民的残酷剥削和压迫。"'从头到足每个毛孔都渗透着血和污物'，这不仅在资本诞生时如此，而且资本主义在世界上每一步的进展中，也都是如此。"② 卢森堡在《国民经济学入门》等著作中花了大量的篇幅去分析美洲、非洲、印度、澳洲乃至东欧原始共产主义社会的存在和衰落，一方面是为了驳斥资产阶级学者将私有制永恒化的谎言，揭示公有制的存在要远远早于私有制的事实，但另一方面，通过对这些原始共产主义社会解体的分析尤其是分析这些原始共产主义社会是如何在西方殖民者的侵略和西欧资本主义生产方式的扩张中瓦解和衰落的血淋淋的过程，也痛斥了资本主义生产方式的野蛮和灭绝人性。比

---

① [德] 卢森堡：《资本积累论》，彭尘舜、吴纪先译，生活·读书·新知三联书店1959年版，第291页。

② [德] 卢森堡：《资本积累论》，彭尘舜、吴纪先译，生活·读书·新知三联书店1959年版，第365页。

如西班牙殖民者对印第安人的屠杀、欧洲殖民者维持上百年之久的黑奴贸易、英国对印度的掠夺等,"欧洲文明的侵入,在各方面给原始社会组织以致命的打击。正是这些最早的征服者欧洲人,他们不仅压迫土人,从经济上剥削土人,而且抢夺土人的重要生产资料——土地。因此,欧洲资本主义就从原始社会秩序中剥夺了它的基础"①。而脱离了生产资料的被征服居民,在欧洲资本家看来,就只是劳动力而已。作为一种劳动力,当它对资本的目的有用时,就加以奴役;反之,就加以消灭。这正是资本主义生产方式的野蛮体现之一。

除此之外,卢森堡在分析资本对商品经济的斗争时,一方面分析了资本主义生产方式在扩张时对以农民为代表的小生产者的掠夺,另一方面也揭示了资本主义生产方式在扩张过程中逐渐形成自身的意识形态以及这种意识形态是如何掩盖问题的实质,从而使得这种意识形态取得普遍形式。在这里,卢森堡对亚当·斯密等古典政治经济学家做了分析,认为他们"只揭示了真理的一半",但却"始终坚信一切东西都是商品、一切东西都是为交换而生产的,近代资本主义社会制度是与人类同时生存于世界上的唯一可能的永恒的社会制度"②。

应该说,卢森堡这种看似偏离主题的做法与她在《资本积累论》第二编花十五章的篇幅——内容几乎占全书的一半——去详细地分析资本积累问题在资产阶级经济学家之间的三次争论是一样的,其目的都不是单纯地谈论经济理论,而是试图通过对古典政治经济学家和资产阶级经济学家相关理论的思想史分析来揭示资本主义意识形态及其错误,同时彰显马克思主义经济学理论的科学性。也就是说,卢森堡从来不是简单地进行经济理论和经济思想史的阐释,而是把这种理论和思想史阐释视为揭露资本主义意识形态和对无产阶级进行阶级意识教育的手段。

---

① [德]卢森堡:《国民经济学入门》,彭尘舜译,生活·读书·新知三联书店1962年版,第178页。
② [德]卢森堡:《国民经济学入门》,彭尘舜译,生活·读书·新知三联书店1962年版,第210页。

在《回到亚当·斯密去》这篇貌似阐发经济思想史的文章中，卢森堡一方面为古典政治经济学做了辩护，其原因也仅仅在于古典政治经济学抓住了资本主义社会的一些特征，诸如世界主义、个人主义、经济私利是一切行动的唯一基础等，从而代表着对资本主义社会内部规律的探寻，这也是古典政治经济学相比历史学派来说进步的地方。但是另一方面，卢森堡也明确指出，古典政治经济学的问题就在于把这些特征视为标准和永恒的特征，从而又丧失了对资本主义社会的进一步认识。也就是说，古典政治经济学是一个矛盾的体系，体现了资本主义社会的矛盾。只有马克思才是对这一矛盾的最后解决，是古典政治经济学完成了向它的对立面的转化。所以，卢森堡针对当时党内外有人主张回到古典政治经济学的呼声回击道："哲学上回到康德去！经济学上回到亚当·斯密去！拼命回到已经被克服的观点去——这是资产阶级在思想上和社会上已经陷入绝境的明确无误的征兆。但是无论在科学中还是在社会的实际发展中都是不会发生倒退的。"① 进言之，经济史不是单纯的经济史，它本身就是资本主义社会发展及其内部矛盾的理论体现，让广大无产阶级群众了解和掌握经济史，就是让他们了解和掌握资本主义社会运行规律及其内部矛盾，让他们自觉地进行无产阶级斗争。

更何况，在《资本积累论》中有关俄国经济学家司徒卢威等人的争论，更是具有直接的政治意义。因为这些争论直接涉及如何看待俄国农村公社的命运、如何看待俄国资本主义的发展以及最后如何看待俄国无产阶级运动的前途和命运。从这个意义上说，卢森堡在这里和列宁直接对俄国民粹派、合法马克思主义等错误思想展开斗争，实际上是殊途同归，都意在为俄国无产阶级运动扫清理论迷雾和提供科学的理论指导。卢森堡研究经济问题，实质上仍然是为了无产阶级革命服务。这是卢森堡作为经济学家不同于一般意义上的其他经济学家的关键所在。不理解这一点，也就不可能真正掌握卢森堡的经济学理论及其实质。这一

---

① 《卢森堡文选》上卷，人民出版社1984年版，第241页。

点在卢森堡对帝国主义及其相关问题的分析上体现得更加明显。

二 资本主义的对外殖民和帝国主义阶段

卢森堡的《资本积累论》有一个副标题"从经济上阐释帝国主义"。可见,卢森堡对资本积累的研究从一开始就不是单纯的经济问题研究,尽管这不是说她对这个问题的研究没有经济学价值[①],更不是说她不具备经济学家的专业素养。卢森堡作为当时欧洲屈指可数的获得相关博士学位的女性经济学家,其专业素养是不容置疑的。可问题是,当卢森堡在获得博士学位并于1898年全面加入德国社会民主党和积极投身国际无产阶级运动时,以伯恩施坦为代表的修正主义者却对资本主义社会唱起了赞歌且抨击马克思关于资本主义必然灭亡的论断。卢森堡虽然在对修正主义的批判中在一定程度上恢复了马克思主义的声誉和维护了马克思的相关论断,但是,资本主义是不是如马克思所分析的那样必然走向灭亡却始终是一个问题,尤其是面对资本主义社会70年代以来发生的新变化,这种灭亡趋势到底有没有发生改变是急需马克思主义者进行澄清和科学证明。在1911年致友人的信中,卢森堡给自己提出了这样的任务即"我想寻找帝国主义的根源,我一直都在查找这方面的经济学材料……这将是对帝国主义及其矛盾做出的严格的科学解释"[②]。毫无疑问,《资本积累论》及其相关的经济学论著正是她朝这一方向做出的努力及其成果。

如前所述,卢森堡将资本主义看成一个有其产生、发展和灭亡过程的社会形态,从资本积累的发展历史来看,资本主义社会经历了对自然经济、对简单商品经济和在世界舞台上为争夺现存的积累条件而斗争的阶段。在卢森堡看来,当前资本主义就处于第三个阶段即在世界舞台上

---

① 参见 Edited by Riccardo Bellofiore, *Rosa Luxemburg and the Critique of Political Economy*, New York, Routlede, 2009。

② J. P. Nettl, *Rosa Luxemburg*, Volume II, New York, Oxford University Press, 1966, p. 530.

为争夺现存的积累条件而斗争的阶段。在这个阶段，各资本主义国家对外积极地推行殖民主义，对内则奉行军国主义，从而使得各个资本主义国家之间的对抗达到了极端，纷纷推行帝国主义政策。所以，卢森堡说："殖民政策发展的本身，如同它的产生一样，深深植根于资本主义生产的基础之中；它将不可避免地伴随着资本主义的继续进展而进展。"[1] 也就是说，卢森堡认为资本主义国家对外殖民，根本原因是资本积累需要其他非资本主义国家和地区的"第三市场"，本质上是西欧资本主义国家对非资本主义国家和地区的掠夺，事关资本主义的生死存亡。这样一来，无产阶级反对殖民主义斗争就不仅仅是一种道义问题，而是具有实实在在的意义。

这跟伯恩施坦及其支持者的主张形成了鲜明对比。因为后者虽然出于对社会主义原则的珍视，也反对一切殖民沙文主义以及一般地反对一切沙文主义，但同时又宣称不走极端，即"社会民主党将反对对未开化民族或野蛮民族施加暴行和进行欺骗性的掠夺，但是社会民主党也将放弃对于把这些民族纳入文明化制度范围的任何反抗，认为这是不合宜的，同样也将放弃对扩大市场的任何原则性的反对，认为这是空想的"[2]。也就是说，伯恩施坦及其支持者实际上是从欧洲文明中心论出发，将西方的殖民活动视为一种高级文明对低级文明的征服，从而不仅贬低殖民地人民反抗斗争的意义，而且由于仅仅把无产阶级反对殖民主义活动视为社会主义原则要求的道义问题，从而也大大贬低了西方国家无产阶级反对殖民主义的直接的现实的政治意义。

同理，卢森堡对军国主义和帝国主义的认识也是从资本积累这一关涉资本主义生死存亡的内在需要角度加以分析的。在《资本积累论》中，卢森堡甚至专门辟了一章，题目就叫"作为资本积累领域的军国主义"。在她看来，军国主义是伴随资本积累的每一个历史阶段的，是资本主义对非资本主义进行扩展的必要手段。在原始积累时期，军国主义

---

[1] 《卢森堡文选》下卷，人民出版社1990年版，第176页。
[2] 《伯恩施坦文选》，殷叙彝编，人民出版社2008年版，第68页。

就是征服新世界的手段。其后，军国主义更是被用来奴役近代的殖民地，破坏原始社会的社会组织借以占有它们的生产资料，在社会结构不利于商品贸易的国家里强制进行商品贸易，以及在殖民地用强迫土著居民为工资而劳动的方法把他们变成无产者等。因此，在历史上，军国主义"起着资本主义意义上的革命作用"①，是资本主义发展不可缺少的因素。

但是，到了今天，由于世界被瓜分完毕，很难再有新的地盘为资本主义扩展了。无论是在欧洲或世界其他部分，手持武器互相对抗的，不再是资本主义国家和自然经济国家之间的斗争，而恰恰是由于资本主义发展达到同样高的水平而迫使发生冲突的那些国家，即冲突双方变成了资本主义国家本身。它们之间的冲突被移植到了殖民地。

卢森堡认为，资产阶级之所以疯狂地推行军国主义，是因为军国主义对于资产阶级来说已经成为不可缺少的东西，具体来说就是，资产阶级需要借助军国主义与其他国家或民族的资产阶级进行竞争和斗争，同时，军国主义还是金融资本或工业资本最重要的投资形式，即资产阶级大肆发展军工企业，并利用军事上的发展来镇压国内劳动人民的反抗和维护其统治。关于后一点，卢森堡甚至花了大段篇幅去论述和分析。她认为，军国主义还有一个重要的任务，就是从纯粹经济观点来看，它也是实现剩余价值的一个卓越的手段，即它本身就是资本积累的一个领域。然后，卢森堡就详细地分析了军国主义如何以间接税和高额保护关税为基础，而后者恰恰是由工人阶级和农民阶级支付的，以及军国主义如何形成新的需求，用之于军需品的生产等。其结论就是"军国主义是以间接税为基础，向两方面发生作用。即通过牺牲工人阶级的正常的生活条件，它保证一方面资本能够维持常备军，即资本主义统治的工具，另一方面它能取得资本进一步积累的广大领域"②。卢森堡这样做，其中

---

① 《卢森堡文选》上卷，人民出版社1984年版，第98页。
② [德]卢森堡：《资本积累论》，彭尘舜、吴纪先译，生活·读书·新知三联书店1959年版，第374页。

一个重要原因就是广大无产阶级群众缺乏对军国主义危害的认识，看不到军国主义与无产阶级运动之间的内在联系，尤其是一些修正主义者更是主张社会民主党可以为了"人民的自由"投票赞成普鲁士政府的军事要求，即所谓"用大炮换取自由"的补偿政策。这些都使得卢森堡不得不对军国主义的危害及其与无产阶级运动之间的关系进行分析和揭示，以便反击修正主义主张的荒谬和教育广大无产阶级群众认清问题的实质。

当军国主义在资本主义国家中因竞赛而普遍高涨时，资本主义国家之间的冲突就将变得不可避免。卢森堡相信，这种冲突一旦爆发，将是致命的，将"给一切资本主义国家的经济生活带来深刻的震动和变革"，①而军国主义也将从资本主义发展的一个动力变成资本主义的疾病，资本主义扩张也将进入一个新阶段即帝国主义阶段。

对帝国主义的认识，卢森堡曾有一个深化的过程。在1911年批驳伯恩施坦时，卢森堡虽然已经认识到，帝国主义是资本主义发展的合法产儿，其最深刻的本质和核心内容，"就是继续不断地将一切非资本主义国家和人民撕成碎块，让资本主义逐渐吞食和消化"②。然而，此时卢森堡更多的还是将帝国主义视为资本主义国家的一种政策，跟军国主义紧密相连。不过，到了《资本积累论》这本揭示帝国主义经济根源的著作中，卢森堡已经将帝国主义视为资本主义发展的一个阶段。当然，这里的"阶段"跟列宁将帝国主义视为资本主义发展的一个阶段还不一样。因为后者是从资本主义生产这个角度来看的，而前者则始终是从资本积累即资本主义对外扩张这个角度来分析的。

因此，资本积累是帝国主义的经济根源，而帝国主义则是"用来表达在争夺尚未被侵占的非资本主义环境的竞争中所进行的资本积累"的"政治名词"。③ 也就是说，帝国主义不是指一般意义上的资本主义争夺

---

① 《卢森堡文选》上卷，人民出版社1984年版，第99页。
② 《卢森堡文选》下卷，人民出版社1990年版，第305页。
③ ［德］卢森堡：《资本积累论》，彭尘舜、吴纪先译，生活·读书·新知三联书店1959年，第359页。

尚未被侵占的非资本主义环境的阶段，而是特指资本主义对非资本主义环境进行争夺的最后阶段或者说当前阶段。关于这一点，卢森堡在反击奥地利工人领袖奥托·鲍威尔时进行了清晰说明。后者当时主要从人口增长这个角度解释资本积累，认为资本积累甚至在孤立的资本主义社会里也是可能的，只要它不超越工人人口的增长。这样，后者其实把帝国主义解释为是寻找新劳动力的资本主义。卢森堡批判了这个观点，强调帝国主义是资本主义扩张的现代阶段，尽管扩张始终伴随着资本主义的全部历史。"现代帝国主义并不象鲍威尔的模式里所说的，是资本扩张的序幕；恰恰相反，它只是资本扩展的历史进程的最后篇章：它是资本主义国家之间为攫取地球上最后剩下来的非资本主义地区进行的世界性竞争普遍激化的时期。"① 应该说，卢森堡在这里得出了跟列宁若干年后在《帝国主义是资本主义的最高阶段》一书中同样的结论，即帝国主义是资本主义发展的最后一个阶段，尽管其内在的逻辑就像他们对帝国主义的理解一样，也存在根本分歧。

在卢森堡看来，帝国主义是资本主义国家为在全世界范围内争夺最后的非资本主义区域，以实现资本积累的最后阶段。在这个阶段，资本主义通过扩张已经建造了一个世界市场，把世界经济紧密地联系在一起。因此，帝国主义"不是这个或那个国家的产物，它是资本的世界性发展成熟到一定程度的产物，它从来就是一种国际现象。它是一个不可分割的整体，只有通过它的各种相互关系才能认识这一整体，而且任何一个国家都不能摆脱这一整体"②。也就是说，帝国主义客观上使得各个国家和地区被纳入这种世界经济体系并形成紧密的联系。这一点对于无产阶级运动来说具有至关重要的意义，因为它为"社会主义奠定了历史基础"③。社会主义运动真正地具有了国际主义性质，在这种情况下，

---

① ［德］卢森堡：《资本积累——一个反批判》，参见肯尼思·丁·塔巴克编《帝国主义与资本积累》，柴金如等译，黑龙江人民出版社1982年版，第160页。
② 《卢森堡文选》下卷，人民出版社1990年版，第441页。
③ ［德］卢森堡：《资本积累——一个反批判》，参见肯尼思·丁·塔巴克编《帝国主义与资本积累》，柴金如等译，黑龙江人民出版社1982年版，第156—157页。

民族解放运动和社会主义运动更多的是一种竞争乃至对立关系，而不再像马克思生前那样是一种共同反抗压迫和奴役的合作关系，争取民族解放的目标就要让位于争取阶级解放的目标并且民族解放只有置于阶级解放中才能获得真正实现，一国的阶级斗争跟整个国际的无产阶级斗争紧密相连，全世界无产阶级必须团结起来共同面对帝国主义的压迫和奴役。卢森堡的帝国主义思想构成了其国际主义立场的思想依据，而国际主义立场正是卢森堡思想的鲜明特征之一。

同时，由于帝国主义是资本主义国家为在全世界范围内争夺最后的非资本主义区域的最后阶段，谁丧失了对非资本主义区域的控制，谁就失去了资本积累的外部条件，谁就必然走向灭亡。这势必会加剧帝国主义在其对非资本主义世界的侵略中，以及在相互竞争的资本主义国家间所发生的日益严重的冲突中，变得愈来愈无法无天，愈来愈蛮横粗暴。各资本主义国家之间的矛盾也变得越来越不可调和，其斗争注定是极其惨烈的，以致整个人类文明都置于它的威胁之下。所以，卢森堡认为，帝国主义越是横暴地、残忍地和彻底地摧毁非资本主义文化，它也就越迅速地挖掉资本积累自己的立足之地。帝国主义既是延长资本主义寿命的历史方法，也是带领资本主义走向迅速结束的一个可靠手段。帝国主义表面上看起来是资本主义的发展，实质却预示着资本主义走向自我灭亡，即使"资本主义最后阶段成为一个灾难的时期"①，即便这场灾难什么时候、以什么形式、在哪里最先出现目前还无法确定。

第三节　资本主义社会走向灭亡

跟列宁一样，卢森堡相信，当资本主义的资本积累发展到帝国主义阶段，资本主义也就走向了历史的终结。尤其是 1914 年第一次世界大战的爆发，在使卢森堡震惊的同时也更加坚定了自己先前对资本主义的

---

① ［德］卢森堡：《资本积累论》，彭尘舜、吴纪先译，生活·读书·新知三联书店 1959 年版，第 359 页。

分析和判断，即帝国主义将把资本主义社会带向灭亡，之后迎来的到底是文明毁灭后的野蛮状况还是社会主义社会，则取决于无产阶级的国际联合及其革命行动。

一　资本主义社会的危机及其爆发

应该说，卢森堡很早就已经预见到资本主义社会的危机。这种预见不仅来自她在批判修正主义主张时对资本主义社会本质的深刻认识，也来自她自身对资本主义社会经济根源即资本积累的系统研究，更来自她对国际社会主义运动不断发展壮大的信心。

如前所述，卢森堡并没有被伯恩施坦及其支持者的修正主义观点所迷惑，反之，在批判中，她一再强调，伯恩施坦及其支持者列举的诸如信用、卡特尔、民主等这些资本主义社会新发展并没有消除资本主义的危机，而是在一定程度上加剧了危机，使得资本主义的灭亡变得更加不可避免。

比如关于信用问题，卢森堡在分析信用引起资本主义生产关系发生种种变化后就揭示出，信用既无法排除危机，也无法减轻危机，恰恰相反，它对于危机的形成倒是一个特别有力的因素，其得出的结论就是"信用把资本主义世界的一切主要矛盾复制出来，把它们引向荒谬绝伦的地步，（它也暴露出资本主义世界本身的不足）加快了它走向自己灭亡（崩溃）的速度"[①]。

同样，关于卡特尔等垄断组织问题，卢森堡也是认为卡特尔等垄断组织无法像伯恩施坦及其支持者认为的那样可以消除资本主义社会的生产无计划性和无序性，而是认为这种垄断组织的出现不仅无法消除竞争和由此形成的生产无序性，还会加剧国内外的竞争，使"资本主义世界的无政府状态更为加剧，使它的一切内在矛盾暴露出来并趋于成熟"[②]。具体来说就是，卡特尔等垄断组织由于使生产方式和交换方式之间的矛

[①]　《卢森堡文选》上卷，人民出版社1984年版，第81页。
[②]　《卢森堡文选》上卷，人民出版社1984年版，第83—84页。

盾尖锐化，从而把生产者和消费者之间的斗争推向了极端，由于使生产方式和占有方式之间的矛盾尖锐化，从而使组织起来的资本的优势力量同工人阶级对立起来，使资本和劳动之间的对立以最尖锐的方式加剧起来，由于使资本主义世界经济的国际性和资本主义国家的民族性之间的矛盾尖锐化，从而使得普遍的关税战争成为必然，使各个资本主义国家之间的对抗达到极端。

当然，关注和研究资本主义社会及其动态并立足无产阶级立场对它们进行分析和评论，是卢森堡成为马克思主义者以来始终坚持的重要工作。她对资本主义社会危机的认识和判断不只是理论分析的产物，也是其对资本主义社会进行实证研究后的结论。无论是在她的博士论文《波兰的工业发展》中，还是在她不时地对资本主义国家的经济和政治进行分析和评论中，都能看到她对具体材料和统计数据的大量运用和分析。比如在博士论文《波兰的工业发展》中，卢森堡就引用了《波兰王国统计》《关于贸易与财政的外交领事报告》《波兰王国的生产力》《波兰王国的比较统计》等近百种资料和数据，而且这些资料和数据就像当年马克思撰写《资本论》引用的资料和数据那样，基本都是来自权威的报告，其准确性是不容置疑的。

而在她以"经济和社会政治评论"为题针对资本主义社会经济和政治进行分析和评论的系列文章中，运用大量的材料和数据进行分析，也是比比皆是。比如一篇论述贫困化问题的文章——卢森堡选择这样的主题，一方面自然是因为伯恩施坦及其支持者以19世纪后期主要资本主义国家由于持续发展和繁荣带来的工人生活水平的提高而对马克思有关资本主义社会贫困理论提出疑问，另一方面则是因为贫困问题是资本主义社会的弊病之一且内在于资本主义生产方式之中，是无法被克服的——卢森堡选择这样的问题来分析，直接目的是反击伯恩施坦及其支持者的观点，间接目的则是说明资本主义内在矛盾及其危机的不可避免性。在分析这样的问题时，卢森堡不仅进行了理论的分析，指出马克思有关资本主义社会贫困的理论"绝不涉及整个无产阶级，但总是会或多或少地影响一部分无产阶级",而且运用了巴黎这座当时拥有200万人口的世界都市的例子,用具体的数据去说明贫困人口的数量确实巨大,"要比人们通常在理论上或凭社会表面观察所想象的大得多",其结论就是"一种制度如果将大城市成千上万、资本主义大国数以百万计的工人的彻底贫困化作为正常的存在条件,那就无可辩驳地证明,这种制度是不正常的、疯狂的,它与社会的继续存在是不相容的"①。

所以,卢森堡对资本主义社会危机的判断既有理论的演绎,也有实证的分析。这里的关键就是卢森堡始终透过现象看本质,将资本主义的危机和其生产结构及其内部矛盾的发展联系起来。只要资本主义生产结构及其内在矛盾没有发生实质的变化,那么,资本主义社会的其他方面的变化——无论这种变化是发生在经济领域,还是政治领域,资本主义社会的危机都是无法消除的。资本主义社会其他方面发生的变化充其量只能缓解一下危机,却无法克服和消除这种危机。然而就伯恩施坦及其支持者提出的这些变化来看,在卢森堡的眼中,甚至连缓解资本主义的危机都说不上,更多的反而是大大加剧了资本主义的危机。

但是,这不是说伯恩施坦及其支持者的观点对卢森堡认识资本主义危机就没有任何益处。从另一个角度来看,前者的修正主义观点也促使后者不断地深化对资本主义危机的认识和研究,以至于卢森堡最终从资本积累这个经济根源去认识和揭示资本主义危机乃至灭亡的必然性。

如前所述,卢森堡的资本积累理论来自马克思但又不同于后者。其中心思想就是将资本主义的生死存亡系于资本积累过程中的外部实现问题,如此一来,从这一理论中就可以得出以下几个有关资本主义危机的认识和判断:一、资本主义的存在和发展是跟其资本积累的顺利实现紧密相关的。从这个意义上说,资本主义的危机归根结底可以看成是资本积累在实现过程中遇到的种种困难。二、资本主义的危机从历史发展角度来看,由于资本主义在其早期发展中还有着大量的未被资本主义化的

---

① 《罗莎·卢森堡全集》第1卷,胡晓琛等译,人民出版社2021年版,第442—443页。

外部环境（包括国内环境）可以依赖和掠夺，因此，资本主义危机在其早期凸显得并不明显。但是，随着资本主义的进一步发展，未被资本主义化的外部环境越来越少，而资本积累的量也越来越大从而意味着需要实现的外部环境也越来越广阔，二者的矛盾会加剧资本主义危机。

三、随着资本主义国家对全世界各个地区和国家的殖民和掠夺，尤其是通过侵略战争将中国这样一个体量巨大的非资本主义区域纳入外部环境①，世界各个地区的非资本主义环境被瓜分完毕，各主要资本主义国家面临着争夺外部环境的激烈竞争。这一方面意味着随着资本主义国家为规模越来越庞大的资本积累的实现而寻找的外部环境越来越稀缺，资本积累的实现面临着难以为继的问题，就如卢森堡在《资本积累论》中最后说到的："资本主义是第一个具有传播力的经济形态，它具有囊括全球，驱逐其他一切经济形态，以及不容许敌对形态与自己并存的倾向。但是，同时它也是第一个自己不能单独存在的经济形态，它需要其他经济形态作为传导体和滋生的场所。虽然它力求变为世界普遍的形态，并正由于此，变为世界普遍形态也是它的趋向，然而它必然要崩溃，因为它由于内在原因不可能成为世界普遍的生产方式。"② 世界上非资本主义区域被资本主义国家瓜分完毕之际、非资本主义经济形态被资本主义经济形态消灭殆尽之时，就是资本积累无法顺利实现从而资本主义崩溃之日。另一方面，各资本主义国家为了延缓生命，必然不惜一切代价争夺这最后的外部环境，从而不仅加剧了国内的阶级矛盾和其他各种矛盾，更使得各资本主义国家积极地穷兵黩武、斗得死去活来，不自觉地加速了资本主义灭亡的到来。

尤其是当时以德国社会民主党为代表和以第二国际为平台的国际社会主义运动的蓬勃发展和无产阶级力量的不断壮大，使得卢森堡更加坚

---

① 卢森堡在 1900 年德国社会民主党美因兹代表大会上针对八国联军侵华问题发表了意见，认为"中国战争是世界政策新纪元的第一个把所有的文明国家卷进去的事件"，参见《卢森堡文选》上卷，人民出版社 1984 年版，第 271 页。

② [德]卢森堡：《资本积累论》，彭尘舜、吴纪先译，生活・读书・新知三联书店 1959 年版，第 376 页。

信，资本主义危机的爆发将最终演变成无产阶级推翻资产阶级统治的社会主义革命。因为资本主义危机的爆发不仅来自资本主义运行的内部规律及其必然性，也来自国际社会主义运动的发展和无产阶级力量的壮大。而自从1898年正式加入德国社会民主党以来，尽管卢森堡对党内机会主义思想的蔓延进行了严厉批判以及对党的领导层以组织形式限制无产阶级群众自发的革命行动表达了严重不满，同时她本人由于坚持革命立场也不时地遭到党内机会主义者的攻击，但是她对德国社会民主党这个当时世界上党员最多、影响最大的社会主义政党却始终抱有一种信任感和引以为傲的自豪感。因为在卢森堡的眼中，德国社会民主党就等同于德国社会主义运动，离开德国社会民主党就等同于隔绝于德国社会主义运动，等同于远离德国无产阶级群众。① 所以，这使得卢森堡很自然地认为德国社会民主党作为最先进的社会主义政党，应该在坚持马克思主义创始人思想原则方面，在团结和带领国际无产阶级进行反抗资本主义的斗争方面，在国内领导无产阶级革命方面等扮演着领导者的角色。直到"一战"爆发前，卢森堡也确实相信德国社会民主党正在起着这样的带头示范作用。

同时，在第二国际的推动下，各国的社会主义运动也如火如荼地得到了发展，各国社会主义政党和工会的力量不断壮大。截至1912年末，第二国际各社会主义政党共拥有三百三十多万党员，工会成员达到一千多万，合作社有七百三十一万五千社员。这一切仿佛都预示着社会主义运动必将取得胜利。② 在撰写于"一战"前夕的一篇纪念五一劳动节的文章中，卢森堡对以德国社会民主党为代表的国际社会主义运动的迅猛发展发出了由衷的感叹，即"德国的党和德国的工会已有数百万成员；在一切资本主义国家中，强大的、组织起来的党和壮大的工会站在斗争

---

① J. P. Nettl, *Rosa Luxemburg*, Volume II, New York, Oxford University Press, 1966, p. 656.

② ［苏］П. И. 祖波克主编：《第二国际史》第二卷，南开大学外文系译，人民出版社1984年版，第485页。

着的无产阶级的最前列"①。也因此，卢森堡坚信，只要向广大人民群众广泛揭示清楚帝国主义战争的本质和危害，发动工人群众进行大罢工，联合和团结各国无产阶级共同反对帝国主义等，不仅能延缓行将爆发的世界大战，而且即便战争不可避免地爆发了，无产阶级也能在这场战争中利用资本主义的经济和政治危机推翻资本主义统治。② 这也是卢森堡在战前积极地投身于向广大人民群众进行反战宣传的根本原因，同时也是党内社会沙文主义者和德国政府惧怕卢森堡的反战宣传而在战争爆发后就尽快将其逮捕并长时间拘役的直接原因。

然而，当世界大战在1914年爆发——虽然卢森堡在战争爆发很久前就已经预见了这场战争的不可避免性，同时也积极推动国际无产阶级联合起来反对这场战争以及主张利用这场战争来进行无产阶级革命，可是当战争真的来临，面对德国社会民主党背叛无产阶级事业转而支持这场战争时——卢森堡还是震惊了，其精神几乎崩溃。③ 卢森堡的震惊与其说是对帝国主义战争爆发的反应，不如说是对德国社会民主党以及随后各个资本主义国家的社会主义政党背叛无产阶级事业走向社会沙文主义的反应。因为卢森堡坚信，这场战争将把欧洲文明带向野蛮，无论是哪一个帝国主义国家胜利，都将导致文明的毁灭，唯一能够拯救并避免人类文明陷入毁灭的就是社会主义政党团结和带领各自的无产阶级群众进行革命，而德国社会民主党议会党团对战争的支持，不仅意味着德国社会民主党对社会主义运动的背叛，也意味着德国社会民主党能够运用其自身的组织优势为帝国主义战争服务。就如卢森堡在1915年的《国际的重建》一文所表达的那样，"同法国相比，德国的教育和组织越是好，越有闻名的纪律，工会及其工人报刊越是扩大，德国社会民主党对于战争的帮助也就越比

---

① 《卢森堡文选》下卷，人民出版社1990年版，第360页。
② Paul Frölich, *Rosa Luxemburg: Her Life and Work*, New York, Monthly Review Press, 1972, pp. 168–169.
③ J. P. Nettl, *Rosa Luxemburg*, Volume II, New York, Oxford University Press, 1966, p. 609.

法国社会民主党有效"①。也就是说，这场帝国主义战争爆发后，人类命运到底走向何处，是走向野蛮还是走上社会主义道路，这是国际社会主义运动必须面对的迫切问题。

二 资本主义社会的归宿：野蛮状态或社会主义社会

"一战"爆发后，卢森堡坚信资产阶级在它们的阶级统治和资本主义的基础上不可能找到摆脱世界大战的后果的任何出路。如果听任大战不受阻碍地发展下去，人类文明将彻底毁灭，留下的将是人烟稀少、土地荒芜、人种退化和一大片墓地。她借用恩格斯的说法将此称为欧洲文明向"野蛮状态的倒退"。② 因此，在卢森堡看来，人类当时只有两种选择：要么是帝国主义胜利和所有文明的毁灭，要么是国际无产阶级反对帝国主义的斗争行动取得社会主义胜利。而决定这一点的只能是有阶级觉悟的无产阶级。也就是说，卢森堡认为，资本主义的发展必然会导致帝国主义之间的战争，而帝国主义战争是否一定会带来社会主义，这却不是一个必然的结果，而是充满了变数，甚至在当时各社会主义政党纷纷背叛无产阶级事业，广大无产阶级群众在各自政党和工会的社会沙文主义的宣传下和资产阶级政府的民族主义和爱国主义口号的感染下转而支持帝国主义战争，使得操着各种语言的几百万无产者兄弟互相残杀时，社会主义不仅不是必然的，反而变得越来越虚无缥缈，代之而来的更有可能是野蛮状态。

显然，卢森堡对资本主义社会命运和社会主义社会前途的回答既不同于伯恩施坦等修正主义者，也不同于考茨基等所谓正统的马克思主义者，而是体现了她对人类社会历史及其发展的某种理解。

在伯恩施坦及其支持者看来，马克思主义创始人在《共产党宣言》中提出的"两个必然"是不科学的，资本主义社会的灭亡不是必然的，社会主义社会的到来也不是必然的。伯恩施坦认为，马克思主义创始人

---

① 《卢森堡文选》下卷，人民出版社1990年版，第371页。
② 《卢森堡文选》下卷，人民出版社1990年版，第398页。

在分析人类社会历史时，虽然没有忽视非经济因素对历史进程的影响，但这里的问题在于程度，即承认思想意识的诸因素对人类社会历史的影响的大小。伯恩施坦批评马克思主义创始人在他们后期著作中对这些非经济因素重视不够。反之，他强调要重视这些非经济因素对人类社会历史发展的影响，尤其是伦理因素的影响。如果说经济和技术因素使得人类社会历史呈现出自然必然性，那么，包括伦理因素在内的非经济因素就使得"前者的自然必然性"对于人类社会历史的"决定性影响愈来愈小了"[1]。也就是说，在伦理等非经济因素的影响下，人类社会历史并不具有"铁的规律性"，充其量只能说是一种"趋势"。

同时，伯恩施坦认为，无论我们是把社会主义理解为一种状态、学说，还是理解为一场运动，社会主义总是同一种"理想主义的因素"联结在一起或者就是"这一理想本身"。因此，它是一种应当发生的东西，或者是朝着应当发生的东西前进的运动。伯恩施坦之所以有这样一种看法，是因为他认为作为科学的社会主义必须诉诸认识，而作为运动的社会主义必须把利益作为自己最主要的动机，无论是认识还是利益，都不可避免地包含着主观的因素，受到道德等因素的影响。更何况，任何关于未来的科学都会带有一种思辨的理想主义的因素，包含着一部分科学上没有得到证实的东西或者科学上无法证实的东西。"由于社会主义把这样一种未来图景当作目的，由于它在一定程度上使自己在目前的行动取决于对这一目的的考虑，社会主义就势必相应地包含着一部分空想主义。"[2] 如此一来，伯恩施坦就将社会主义的到来不是视为人类社会历史"内在必然性"的结果，而是视为人们追求的理想目标，否定了社会主义到来的必然性。

跟伯恩施坦的主张相反，作为正统马克思主义者的考茨基对人类社

---

[1] 《伯恩施坦文选》，殷叙彝编，人民出版社2008年版，第148页。
[2] 《伯恩施坦文选》，殷叙彝编，人民出版社2008年版，第387页。

会历史的理解具有浓厚的达尔文主义倾向。① 他虽然反对将马克思主义理论理解成"经济决定论"或"技术决定论",甚至明确反对将经济必然性等同于听天由命,但是又往往将人性和动物本能、人类社会的规律和自然界的规律混为一谈,强调人的活动对外部环境的依赖以及人类社会历史发展的"铁的规律性"。由此引出的结论就是资本主义的灭亡和社会主义的到来都是必然的不以人的意志为转移的,人的认识及其行为反而成为人类社会历史发展中无足轻重的因素。比如在《取得政权的道路》这篇当时影响广泛的著作中,考茨基一方面认为理论不仅增强无产阶级的实力,还提高无产阶级对自己的力量的自觉,仿佛无产阶级通过理论的作用能够积极参与人类社会历史创造一样。可是另一方面,他又强调无产阶级的力量不可以按照我们的意思随意加强,"无产阶级的力量,在资本主义社会的任何一种状态下,都决定于社会的经济状况,是不能够随意加强的"②。表面上看,这好像是考茨基为了回应来自修正主义者和革命左派从人类社会历史的两个方向即主观方面和客观方面发起的挑战而做出的综合,但就整体来看,所谓"取得政权的道路"更多的不是强调无产阶级在革命方面所具有的主动性和能动性,而是更多地强调革命所需要的外在的各种条件及其限制,将无产阶级革命变成了消极被动的等待。这也是卢森堡不满于考茨基并导致二人分道扬镳的重要原因。

因为在卢森堡看来,资本主义的灭亡是必然的。这是她在《资本积累论》中就已经证明了的结论。可是,这并不意味着无产阶级就无事可干坐等资本主义的灭亡——而当时的修正主义者恰恰持这样的主张,因而他们虽然敌视卢森堡但却对她得出的这个结论普遍持欢迎态度。对此,卢森堡在《资本积累论》中有一个往往容易被人忽视的说法。她在谈到世界资本积累引起的系列危机后,立马补充道:"但在正式到达

---

① 唐永、张明:《论考茨基思想中的达尔文主义及其影响》,《复旦学报》(社会科学版) 2018 年第 2 期。

② 《考茨基文选》,王学东编,人民出版社 2008 年版,第 226 页。

这个资本自己创造的经济绝境之前，国际工人阶级起来反抗资本的统治已成为一件必要的事情了。"①

也就是说，卢森堡在《资本积累论》中从逻辑上证明了资本主义必将随着资本积累的难以为继而灭亡，可是在现实斗争中，资本主义并不需要等到资本积累无法进行下去的那一天才灭亡。因为资本积累在为延续自身生命的扩张和斗争中会激化各种矛盾尤其是无产阶级和资产阶级的矛盾。这些矛盾的爆发会提前结束资产阶级的统治，特别是无产阶级反抗资产阶级的有意识的斗争还会在推动资本主义灭亡的同时迎来社会主义。正如卢森堡所言："社会主义的胜利并不是命中注定要从天而降的。这一胜利只能通过新旧力量之间长长一系列重大的较量才会取得，而在这些较量中，社会民主党领导下的国际无产阶级学习并试图掌握他们自己的命运，把握社会生活的方向盘，从一个被本身的历史踢来踢去的缺乏意志的皮球发展成为历史的具有明确目标的驾驶员。"② 无产阶级反抗资产阶级的有意识的斗争不仅是促使资本主义灭亡的不可或缺的因素，更是促使社会主义到来的必要条件。无论是资本主义的灭亡还是社会主义的到来，其历史必然性都需要通过无产阶级这一历史主体的主动作为来实现。没有历史主体的参与和积极作为，历史必然性是无法实现的。

正是在这一点上，卢森堡的社会历史观不仅不同于伯恩斯坦及其支持者，因为后者过于凸显主观因素在人类社会历史中的作用从而忽视了人类社会历史发展的客观必然性，也不同于考茨基等正统马克思主义者，因为后者过于凸显客观条件和环境在人类社会历史中的作用从而忽视了人类社会历史发展中的主观能动性。对于卢森堡而言，人类社会历史具有不以人的意志为转移的客观性和必然性，但是这种客观性和必然性不是脱离人的意识和行动而独立存在的神秘东西，它就体现在人的意

---

① [德]卢森堡：《资本积累论》，彭尘舜、吴纪先译，生活·读书·新知三联书店1959年版，第376页。

② 《卢森堡文选》下卷，人民出版社1990年版，第398页。

识和行动之中，或者说，正是通过人的意识及其行动体现出其客观性和必然性。人的意识及其行动本身就是人类历史的组成部分。卢森堡曾针对考茨基批判道：无产阶级是否采取行动虽取决于当时社会发展的成熟程度，但社会却不是超然于无产阶级而自行向前发展的。"无产阶级既是社会发展的动力和原因，同样也是它的产物和结果。无产阶级的行动本身是它要参与决定的历史的一个部分。"①

可以说，卢森堡是第二国际中真正掌握马克思"历史不过是追求着自己目的的人的活动而已"② 这一精神实质的马克思主义者，因为当时的第二国际弥漫着将马克思的社会历史观做机械的历史决定论理解的浓厚氛围。卢森堡当时虽然也受到这个氛围的影响，因而在文章中也经常使用"历史的必然性""客观必然性""内在规律""客观规律"等词，但是其深厚的辩证法素养③又总是让她在分析和阐释问题时能够避免像考茨基等人那样陷入片面的机械的历史决定论，从而使得问题的分析和阐释充满辩证性。马克思《路易·波拿巴的雾月十八日》中有一句话：人们自己创造自己的历史，但是他们并不是随心所欲地创造，并不是在他们自己选定的条件下创造，而是在直接碰到的、既定的、从过去承继下来的条件下创造。④ 卢森堡在文章中经常引用这句话，但是却往往将这句话颠倒过来，认为"人不能随心所欲地创造自己的历史，但是，人们是自己创造自己的历史的"⑤，以此强调人类社会历史是一种主客体统一的辩证发展过程。

然而，后来的很多学者却往往忽视了卢森堡思想中的这种辩证性，以至于将她以《资本积累论》为代表的经济学著作和以《群众罢工、

---

① 《卢森堡文选》下卷，人民出版社1990年版，第398页。
② 《马克思恩格斯文集》第1卷，人民出版社2009年版，第295页。
③ 伯恩施坦曾坦言，卢森堡的文章在方法上可以说是批判他的众多文章中的最好的著作。在1899年回应卢森堡的批判时，他再次强调，不是考茨基——他没有卢森堡那样的辩证能力，而是卢森堡反击了他，只有后者才具有这种能力。参见 Lelio Basso, *Rosa Luxemburg, A Reappraisal*, Translated by Douglas Parmëe, New York, Praeger, 1975, p. 139.
④ 《马克思恩格斯选集》第1卷，人民出版社2012年版，第669页。
⑤ 《卢森堡文选》下卷，人民出版社1990年版，第398页。

党和工会》为代表的政治学著作及其大量的政治演讲割裂并对立起来，认为经济学著作中的卢森堡是一个历史宿命论者，而政治学著作和演讲中的卢森堡则又旗帜鲜明地反对这种宿命论，反而强调工人阶级的主动作为的重要性。于是，经济学著作中的卢森堡和政治学著作中的卢森堡形成了矛盾。为了解决这个矛盾，一些人认为，卢森堡思想中存在着一种转向，即从早期强调历史的客观必然性转向后来强调无产阶级对历史的主动参与性。还有些人则认为，卢森堡的经济学著作和她的政治学著作是相互独立的，在思想上不具有相关性等。①

当然，也有些学者虽然没有试着从历史是主客体辩证发展过程这一精神实质去分析和解决这个问题，但是他们却触及了人类社会历史发展是充满各种矛盾且在各种矛盾中发展的这一辩证法实质，从而对这个问题的分析和解释更具合理性。其代表人物就是英国学者诺曼·杰拉斯和意大利学者莱利奥·巴索。两人都反对将卢森堡的经济学著作和政治学著作割裂甚至对立起来，也反对简单地将卢森堡这种思想上的不同称为是"策略性的"。两人都深入到了卢森堡的社会历史观层面，认识到卢森堡并没有将人类社会历史发展理解成是直线的，而是充满了各种矛盾。杰拉斯认为，卢森堡判定资本主义的崩溃是必然的，但社会主义的到来却不是必然的。资本主义崩溃后的状态是野蛮状态，而不是社会主义。社会主义是需要无产阶级去争取和建设的。② 之所以如此，是因为"资本主义发展整体所具有的深层的且无法避免的矛盾本质"③，也就是说，资本主义内部蕴含着向野蛮主义和社会主义两种不同发展方向的矛盾。正是这种矛盾使得无产阶级的斗争对于历史的发展方向具有至关重要的意义。这样，杰拉斯就触及了问题的实质即人类社会历史发展的辩证过程，尽管他没有对此做进一步的展开。而意大利学者巴索则立足于

---

① 诺曼·杰拉斯对这个问题做了比较好的梳理，并提出了自己对这个问题的看法和分析。参见 Norman Geras, *The Legacy of Rosa Luxemburg*, London, NLB, 1976, pp. 13 – 42。

② Norman Geras, *The Legacy of Rosa Luxemburg*, London, NLB, 1976, p. 31.

③ Norman Geras, *The Legacy of Rosa Luxemburg*, London, NLB, 1976, p. 39.

卢卡奇的总体方法对卢森堡的社会历史理论进行了辩证分析。

巴索认为，总体方法是卢森堡在分析任何现象和事件时都会运用的方法，从马克思到卢卡奇都在使用这个方法。巴索坚决反对将卢森堡的经济学著作和政治学著作割裂并对立起来。因为他认为，卢森堡有一个关于人类社会历史发展的总体观点，不仅卢森堡的经济思想、政治思想跟这个总体思想紧密相关，她的其他任何思想也跟这个总体思想紧密相关。具体到卢森堡思想中的这个矛盾问题，巴索跟杰拉斯一样，也认为资本主义社会蕴含着辩证的矛盾即蕴含着"矛盾的不同的必然性"，历史的辩证法就是在这种矛盾中发生的，即"世界上存在的任何一种必然性都会产生其对立面"①。资本主义的崩溃并不意味着社会主义的到来，资本主义社会蕴含的矛盾使其崩溃后既可能走向野蛮主义，也可能走向社会主义，社会主义不是必然的。

总之，卢森堡坚信资本主义的崩溃是必然的，尤其是当她看到攻击她《资本积累论》的那些人后来纷纷倒向本国政府支持帝国主义战争，她更坚定了这个观点，但同时，她也坚信资本主义的灭亡和社会主义的到来必须由广大无产阶级群众自己去争取和创造，而不是坐等天上掉下来。所以，从始至终卢森堡都将利用资本主义的危机和崩溃发起无产阶级革命作为她的核心工作②，尤其是第一次世界大战的爆发，使得无产阶级革命变得更加紧迫和必要。

---

① Lelio Basso, *Rosa Luxemburg, A Reappraisal*, Translated by Douglas Parmëe, New York, Praeger, 1975, p. 35.
② 巴索认为，围绕卢森堡整个理论和实践工作的核心问题就是社会主义革命。参见 Lelio Basso, *Rosa Luxemburg, A Reappraisal*, Translated by Douglas Parmëe, New York, Praeger, 1975, p. 9。

第 二 章

卢森堡的无产阶级革命思想

在第二国际中,卢森堡主张以建立无产阶级专政为目的的无产阶级革命,坚决反对伯恩施坦及其支持者以议会斗争、工会斗争等资本主义社会秩序内的合法斗争取代无产阶级革命的企图,旗帜鲜明地将夺取政权作为优先解决的问题。同时,对于如何在西欧这样发达的资本主义国家和俄国这样相对比较落后的资本主义国家进行无产阶级革命,她既不同于西欧社会主义政党的领袖和第二国际的理论家,又跟以列宁为代表的俄国马克思主义革命者存在较大分歧。这种不同和分歧不仅跟她对德国社会民主党过于组织化的批判、对资本主义社会的认识、无产阶级自发性的判断、国际社会主义运动的发展等紧密相关,而且与她的整个政治哲学思想紧密相关。卢森堡的无产阶级革命思想既是她的政治哲学思想的重要体现,又是其不可或缺的重要组成部分。

第一节 无产阶级革命的中心问题是夺取政权

在伯恩施坦及其支持者乐观地认为通过和平和民主的方式就能建立社会主义从而反对旨在夺取政权的无产阶级暴力革命时,卢森堡坚决主张必须团结和带领广大无产阶级群众进行革命以夺取政权。夺取政权既是无产阶级运动的最终目的,又赋予了整个无产阶级运动以社会主义性质,它是决定无产阶级政党实行何种策略的基本原则,是整个革命的中心问题。

一　夺取政权赋予工人运动以社会主义性质

马克思主义创始人在《共产党宣言》中曾经明确提到工人革命的第一步就是使无产阶级上升为统治阶级，即无产阶级革命的首要目标就是夺取政权，然后才是运用自己的政治统治对资本主义社会进行社会主义改造。① 之后，无论是对1848年欧洲革命经验的总结——马克思在此基础上明确提出了"无产阶级专政"这个概念以及打碎旧的国家机器的思想，还是对巴黎公社的分析和对德国工人政党纲领的批判，马克思主义创始人都在不断强调夺取政权以建立无产阶级专政的必要性和重要性。

马克思去世后，恩格斯结合资本主义社会的新变化强调无产阶级革命策略需要随着形势的发展而有所调整，但是，恩格斯本人并没有放弃夺取政权以建立无产阶级专政的思想。这一点也反映在恩格斯于1895年去世前夕给马克思的《1848年至1850年的法兰西阶级斗争》一书撰写的导言中。《导言》中，恩格斯对工人阶级利用普选权进行"崭新的斗争方式"表示了肯定，同时强调"斗争的条件毕竟已经发生了根本的变化"从而不主张轻易地进行"巷战"，但是，这不是说恩格斯就像后来伯恩施坦和考茨基等人主张的那样，要放弃旨在夺取政权的无产阶级革命。恩格斯不仅明确地肯定将来还会有"巷战"，还明确说道："须知革命权是唯一的真正'历史权利'——是所有现代国家无一例外都以它为基础建立起来的唯一权利。"②

所以，在《导言》中，与其说恩格斯放弃了他和马克思自1848年以来就主张的夺取政权以建立无产阶级专政思想，还不如说恩格斯是结合了资本主义社会新变化对无产阶级革命策略提出了新建议，目的也是防止无产阶级力量还不够足够强大时就被统治阶级诱使到跟敌人的"决

---

① 《马克思恩格斯选集》第1卷，人民出版社2012年版，第421页。
② 《马克思恩格斯选集》第4卷，人民出版社2012年版，第395页。

战"中去，从而给无产阶级革命带来不必要的重大损失。恩格斯认为当时的统治阶级是有这个动机的，因为随着普选权和民主政治的发展，无产阶级正在利用统治阶级提供的这些合法手段不断发展壮大自己，统治阶级正在变得不知所措以至于"只能运用秩序党式的颠覆，即非破坏法律不可的颠覆"① 来维护统治。

可问题是，在伯恩施坦及其支持者看来，资本主义社会的新变化不只是要求无产阶级政党在革命策略上发生变化，而是意味着无产阶级不需要通过夺取政权就能和平地实现社会主义。这一点不仅体现在他们对恩格斯晚年相关思想的理解上，也体现在他们对德国社会民主党爱尔福特纲领的阐释上。在考茨基负责起草的纲领的理论部分，考茨基虽然表明了无产阶级革命的最高纲领即把资本主义生产资料私有制变为社会所有制和实现无产者和整个人类的解放，同时也强调了工人阶级反对资产阶级剥削的斗争必然是一场政治斗争，社会民主党的任务就是使无产阶级革命成为"有觉悟的和统一的斗争"，但是，囿于德国社会民主党合法斗争的需要，纲领在理论部分始终没有明确提出夺取政权以建立无产阶级专政这一马克思主义创始人强调的无产阶级革命的"第一步"。而伯恩施坦负责起草的纲领的第二部分即实践要求部分，虽然列出了包括普选权、平等受教育权、妇女权利、累进税制等十项一般要求和针对工人阶级的较为具体的诸如 8 小时工作制、结社权等十项要求，可是这些要求从根本上看，仍然没有超出资产阶级民主派诉求。② 社会主义者可以接受，资产阶级民主派同样可以接受。或者说，这些要求只要在资本主义社会秩序内就能解决，压根就不需要进行社会主义革命来解决。这样一来，在德国社会民主党纲领中的两个部分之间，或者进一步地说，在无产阶级运动的最高纲领和最低纲领之间，如何从实践部分或者说最低纲领的民主主义诉求上升为社会主义性质的革命诉求就成为一个重大问题。围绕着这个重大问题，卢森堡跟伯恩施坦及其支持者发生了激烈

---

① 《马克思恩格斯选集》第 4 卷，人民出版社 2012 年版，第 397 页。
② 《德国社会民主党纲领汇编》，张世鹏译，北京大学出版社 2005 年版，第 20—23 页。

冲突。

　　正如第一章所分析的，伯恩施坦认为，资本主义社会发生了新变化，这些变化使得无产阶级通过工会斗争、议会斗争等方式就能实现社会主义，压根就不需要进行无产阶级革命。他认为，现在去谈论资本主义社会崩溃和无产阶级革命是没有意义的。也因此，伯恩施坦说道："我对于人们通常所理解的'社会主义的最终目的'非常缺乏爱好和兴趣。这个目的无论是什么，对我来说都是毫不足道的，运动就是一切。所谓运动，我所指的既是社会的总运动，即社会进步，也是为促成这一进步而进行的政治上和经济上的宣传和组织工作。"① 早在1891年爱尔福特代表大会上倍倍尔批判福尔马尔时就曾明确指出党的最终目的就是推翻资本主义建立社会主义社会，即卢森堡说的"夺取政权"②。伯恩施坦的上述说法实际上是否定了无产阶级革命的必要性，把社会主义看成是通过在资本主义秩序内一点一点取得进步就能实现的。同时，像海涅等伯恩施坦的支持者虽然没有如后者那样公开否定党的最终目的，但是在实际的讨论和发言中却将最终目的视为一个纯粹的理论问题或学术问题，跟日常的实际斗争没有直接关系。也就是说，海涅等人要把党的最终目的和党的日常斗争割裂开来，使前者只具有理论的意义，从而将党的日常斗争从党的最终目的的制约中摆脱出来。

　　对于伯恩施坦及其支持者的这些主张，卢森堡当然不认可。她认为，工人阶级在日常生活中开展的各类活动，包括工会斗争、争取社会改良的斗争和争取资本主义国家民主化的斗争本身并不具有社会主义性质或者说"阶级斗争性质"。比如关于工会斗争的问题，卢森堡在批判伯恩施坦把工会斗争视为无产阶级争取实现社会主义手段时阐述得很清楚。她认为，工会的作用就在于使无产阶级能够随时为了自己的利益利用市场的行情。工会斗争最多只能让资产阶级的剥削限制在当时"正常"的界限内，而不可能消除这种剥削。况且工会斗争也不可能对商品

---

① 《伯恩施坦文选》，殷叙彝编，人民出版社2008年版，第68页。
② 《卢森堡文选》上卷，人民出版社1984年版，第42页。

生产形成影响。如果要影响生产，必然要求工会和企业主联合起来共同反对消费者，这本身就是反动的。而如果从技术和劳动的对立来说，工会斗争影响商品生产只会使它反对技术革新，从而成为提高生产力的反对者。所以，"工会的活动主要限于进行工资斗争和缩短劳动时间，也就是说，仅仅限于根据市场状况来调节资本主义剥削。至于影响生产过程，按照事物的本质来看，这仍然是工会不可能做到的"[1]。而关于改良或争取民主化的斗争，在卢森堡看来更是谈不上社会主义性质。因为当年资产阶级在反对封建贵族统治时就是打着民主和自由的旗号进行的，争取民主和自由不是无产阶级的专利，反而是资产阶级之前就提出和倡导的。简言之，工会斗争也好，争取民主化斗争也好，这些都不能被视为是社会主义性质的斗争，充其量只能算是资本主义内部的改良斗争。

更何况，资本主义社会内部除了无产阶级争取自身解放的社会主义斗争外，资本主义社会还存在各式各样其他的斗争，比如争取民族解放的斗争，争取妇女解放的斗争，小资产阶级争取民主的斗争等。这些斗争会推动资本主义社会不断地发展和自我改良。从历史进步的角度看，这些斗争无论是在历史上还是当时也都有一定的必要性和积极意义，即便是对于无产阶级来说，这些斗争因为推动着资本主义社会的自我改良从而客观上为无产阶级的斗争提供了便利，因而同样具有一定的积极意义。但即便如此，这些斗争也不能说是社会主义性质的斗争，诸如民族解放斗争在一定时期内甚至还跟无产阶级斗争形成激烈冲突，成为阻碍无产阶级斗争的因素。

所以，问题就在于到底什么样的斗争才具有社会主义性质？工会斗争等日常斗争如何才能具有社会主义性质，或者说，如何才能从民主主义改良性质的斗争转变为社会主义性质的阶级斗争？对此，卢森堡认为，只有旨在夺取政权的最终目的才是社会主义的，因为夺取政权本身

---

[1] 《卢森堡文选》上卷，人民出版社1984年版，第92页。

就意味着无产阶级推翻旧有统治获得自我解放,并且这是"在建立一个未来社会之前必须先解决的问题"。① 不仅如此,最终目的还是决定什么是社会主义性质的斗争的"唯一的决定性要素"。因为只有它才能"把社会民主主义运动同资产阶级民主主义和资产阶级激进主义区别开来""把整个工人运动从用以挽救资本主义制度的无谓的修补工作变成反对这个制度的、为废除这个制度而进行的阶级斗争"。②

也就是说,在卢森堡看来,最终目的不仅是唯一具有社会主义性质的斗争,而且诸如工会斗争等日常斗争要从民主主义改良性质的斗争转变为社会主义性质的阶级斗争,也必须跟最终目的联系起来。就如卢森堡在批判伯恩施坦及其支持者的观点时自问自答的那样,"那么在日常斗争中使我们成为社会主义政党的东西是什么呢?这只能是这三种形式的日常斗争同最终目的的关系。只有最终目的才构成我们社会主义斗争的精神和内容,并使这一斗争成为阶级斗争"③。这意味着,当日常斗争作为孤立的斗争时,日常斗争就不具有社会主义性质,只有将日常斗争和最终目的联系起来,即日常斗争由于不是孤立的斗争,而是朝着夺取政权这一最终目的而前进的斗争时,它们才具有社会主义性质。日常斗争的性质不是取决于自身,而是取决于它们跟最终目的的关系,或者说,正是夺取政权这一最终目的赋予了工会斗争等日常斗争以社会主义性质。

这样一来,最终目的的问题不仅不是一个抽象的、与实际斗争脱节的理论问题,而且是最实际的问题。所以,卢森堡才会说"对于我们这样一个革命的政党、无产阶级的政党来说,没有比关于最终目的的问题更加实际的问题了"④。最终目的也不再像是伯恩施坦及其支持者所主张的那样,只是一个束之高阁的与日常斗争无关的理论问题,而是作为

---

① 《卢森堡文选》上卷,人民出版社1984年版,第42页。
② 《卢森堡文选》上卷,人民出版社1984年版,第71页。
③ 《卢森堡文选》上卷,人民出版社1984年版,第42页。
④ 《卢森堡文选》上卷,人民出版社1984年版,第41页。

无产阶级运动的方向和目的直接决定着日常斗争的开展；党的最高纲领和最低纲领、理论部分和实践部分也不再是理论与实践相脱离、互不相关的，而是构成了一个统一整体，理论与实践重新统一起来，全党再次统一在马克思主义精神基础上。

卢森堡关于日常斗争和最终目的关系的分析无疑表明，在她眼中，实现无产阶级革命不是一次性就能完成的任务，而是需要不断积累力量为无产阶级革命准备主客观条件的过程。这个过程是由无数个日常斗争组成的，但这些斗争本身不是孤立的互不相关的，而是朝着这个过程的终点即夺取政权迈进。这个终点就犹如照明灯，给通往终点的道路指明了方向，制约和约束着这个过程中每一个日常斗争。反过来说，日常斗争不是为了斗争而斗争，而是为了实现最终目的即夺取政权而准备条件，因而日常斗争也不再是简单的孤立的斗争，而是具有了最终目的的意义。最终目的作为终点不是像千年王国那样突然在某个时刻降临于世，而是就存在于日常的斗争中。从这个意义上说，它既是最终目的，也是日常斗争。卢森堡在这里再次熟练地运用了她从马克思主义创始人那里学到的辩证思维方法，即把社会主义的实现看成是一个历史过程，这个过程的终点是由马克思主义创始人在对唯物史观的阐发和对资本主义的分析和批判中揭示出来的"两个必然"——这是伯恩施坦及其支持者竭力否定的论断，但却是卢森堡在《资本积累论》中极力维护和证明的结论。"两个必然"思想构成了卢森堡关于日常斗争和最终目的关系的潜在逻辑。缺乏对这一逻辑的正确理解，就会像美国学者迪克·霍华德那样，将历史目的论导入卢森堡有关日常斗争和最终目的关系的分析中，从而错误地将卢森堡或者更进一步地说将马克思的历史总体方法置于历史目的论基础上。

后者在其编选的《卢森堡政治文选》一书的《导言》中虽然认识到卢森堡在分析政治问题时深受马克思辩证法的影响，而马克思辩证法的关键就是"无产阶级运动或者说社会主义的最终目的是必然的"这一思想，可是他却认为这一思想提供了一种目的论，因而才能"将当下理解为一种生成的过程"。如果没有这种目的论做支撑，则历史会表现为一系列不相关的随机的事实，资本主义社会也将从根本上被视为是永恒的和不变的，社会分析也将被简化为经验的和归纳的方法，而这一方法是无法将资本主义作为一个总体来研究的。不只如此，如果没有这种目的论做支撑，无产阶级看起来将仅仅是其在具体环境下的样子，即一个个产业工人只是被外在的必然性所会聚，却缺乏真正的社会的和政治的联系。① 简言之，正是目的论使得无产阶级运动和资本主义社会成为一个总体，从而使得卢森堡关于日常斗争和最终目的的论述得以成立。

应该说，这些说法不仅忽视了卢森堡关于日常斗争和最终目的关系的思想跟马克思的"两个必然"思想之间的关系，还错误地理解了卢森堡和马克思的历史总体方法。这个观点的实质是认为，马克思的历史唯物主义需要以目的论为内在根据才能成立，"两个必然"是马克思预先就设定好的用来分析资本主义和解释社会主义的"目的"的。可是，只要想想当年马克思在《政治经济学批判·序言》中是如何谈到他把总的导言压下来以便防止"预先说出正要证明的结论"等话就能清楚地看到，马克思关于"两个必然"的论断并不需要以所谓历史目的论作为先验依据，它们是马克思长期科学研究尤其是其政治经济学研究得出的科学结论，具有逻辑的必然性。而无产阶级运动就是要将这种逻辑的必然性以社会主义意识的形式灌输给广大无产阶级群众，从而使无产阶级运动从不自觉的斗争转向自觉的阶级斗争，推动人类社会历史在主客体辩证统一中发展。

二　夺取政权才是目的

第二国际中，包括德国社会民主党在内的大多数无产阶级政党都没有经历过暴力革命，也不清楚如何才能通过无产阶级革命夺取政权。相反，这些政党长期以来都是在资本主义社会秩序内从事无产阶级运动，

---

① Edited by Dick Howard, *Selected Political Writings of Rosa Luxemburg*, New York, Monthly Review Press, 1971, pp. 11 - 12.

并将争取提高工人阶级的工资水平和各项权益作为斗争目标。所以，当时的国际社会主义运动就出现这样一个矛盾的现象：一方面，工人阶级在各自政党的领导下不断地取得包括经济和政治权益在内的各种进步，工人阶级的组织性和力量越来越强大，可是另一方面，工人阶级及其政党的各种斗争和活动却越来越跟资本主义社会秩序相融合，越来越依赖包括议会斗争在内的合法斗争，工人阶级力量的壮大并没有使得旨在夺取政权的无产阶级革命变得越来越近，反而是变得越来越远，以至于在伯恩施坦及其支持者看来，变得完全没有必要。也就是说，就当时整个国际社会主义运动来说，如何打破对包括议会斗争在内的各类合法斗争的迷恋、将无产阶级的活动引导到旨在夺取政权的无产阶级革命中来，这是当时国际社会主义运动中的一个迫切的重大的现实问题。

毫无疑问，卢森堡是第二国际中比较早认识到这个问题并从马克思主义革命立场进行回答的马克思主义者。她对伯恩施坦及其支持者的改良主张进行严厉批判，其目的不是要否定工会斗争、议会斗争等合法斗争的必要性，也不是要否定对资本主义社会进行改良的重要性，而是坚决反对伯恩施坦及其支持者将无产阶级斗争仅仅局限于工会斗争、议会斗争等合法斗争，将无产阶级运动的目的仅仅局限于对资本主义社会的改良，从而放弃以夺取政权为目的的无产阶级革命。正如卢森堡批判伯恩施坦所说的，后者的"全部理论归结起来实际上无非是劝大家放弃社会民主党的最终目的即社会主义革命，而反过来把社会改良从阶级斗争的一个手段变成阶级斗争的目的"[①]。社会改良只是手段，旨在夺取政权的社会革命才是目的。

当然，这不是说卢森堡就排斥社会改良，要将社会改良和社会革命对立起来。恰恰相反，她认为二者具有"不可分割的联系"，改良和革命是阶级社会发展中的不同要素，是相互制约和相互补充的。她反对那种将改良看成是好的，而把革命看成是坏的修正主义观点，认为改良在

---

① 《卢森堡文选》上卷，人民出版社1984年版，第71页。

一定的历史阶段是合理的,因为它有助于上升的阶级巩固力量,是为革命做准备。为此,卢森堡特意列举了资产阶级当年推翻封建贵族统治正是从改良开始的这个例子,即"在资产阶级社会的历史上,合法的改良总是为上升阶级的逐步巩固服务的,直到它感到已经成熟到足以夺取政权,推翻整个现存的权利体系,建立新的体系为止"①。但是,改良和革命毕竟存在本质的不同,就像南极和北极、资产阶级和无产阶级一样互相排斥。改良归根结底是在现有秩序下的活动,"不是要建立一个新的社会制度,而只是要在旧制度中作些量的变动",② 不以夺取政权为目的。而革命则是阶级在政治方面的创造行为,其全部秘密正在于由单纯的量变为新质,具体地说,在于从一个历史时期、一个社会制度过渡到另一个历史时期、另一个社会制度。要夺取政权就必须进行革命。这一点尤其适用无产阶级运动。

在这里,卢森堡不仅严厉批判了那种将合法改良理解为放宽了范围的革命,把革命理解为压窄了范围的改良,从而试图将改良和革命混为一谈的修正主义观点,还揭示了伯恩施坦及其支持者鼓吹的"经济权力说"的荒谬性。这种学说主张工人阶级必须首先在目前的社会制度范围内夺取经济权力,然后才能进行政治革命。也就是说,伯恩施坦及其支持者照搬照抄历史上那些剥削阶级内部改朝换代的经验和做法——处于上升地位的阶级总是先在旧有社会秩序内获得经济权力然后进行政治革命以取得政权——主张无产阶级也应该遵循这样的革命路径,以便为他们的改良主义辩护。

卢森堡认为,伯恩施坦及其支持者的这种"经济权力说"完全是他们将法国大革命那一套简单地套用到无产阶级革命中的产物,并不适合无产阶级。因为无产阶级的阶级斗争同之前的阶级斗争存在巨大的本质差别,"同以往的阶级斗争相反,无产阶级进行自己的阶级斗争不是为了建立一种阶级统治,而是为了消灭一切阶级统治"。无产阶级并没

---

① 《卢森堡文选》上卷,人民出版社1984年版,第129页。
② 《卢森堡文选》上卷,人民出版社1984年版,第131页。

有像历史上其他阶级那样建立新的所有制形式，它只是发展了资本主义经济所建立的资本主义所有制，即将其转为社会所有以适应更高的生产力水平的发展。因此，"如果以为无产阶级在现在的资产阶级社会中能够获得经济权力，那是一种幻想。它只能夺取政权，然后才能废除资本主义所有制"①。这样，卢森堡实际上就揭示了一个重要的马克思主义政治哲学原理，即无产阶级革命的路径跟历史上其他处于上升阶段的阶级的革命有着本质区别，这个区别就是无产阶级无法也不能像其他处于上升阶段的阶级那样总是在旧有社会秩序内获得经济权力，然后从经济基础到上层建筑进行变革，政治革命仅仅是这一变革过程中的一环，而无产阶级则必须先进行政治革命夺取政权，然后才能利用政权进行经济基础的变革以便建立起适合上层建筑需要的生产关系和经济关系。换言之，无产阶级革命能且只能是政治革命，夺取政权是无产阶级运动的最终目的。这一点不仅适用于诸如俄国这样相对比较落后的国家和地区，也适用于西欧等发达的资本主义国家和地区。更何况，资产阶级的统治不是以"既得权利"为依据，而是以实际经济关系为依据，雇佣劳动制度不是一个权利关系，而是一个经济支配关系。社会改良无法打碎这种通过经济支配关系筑起来的高墙，只有无产阶级革命才能像铁锤一样推倒这样的高墙，夺取政权，为把"社会从资本主义制度变成社会主义制度这样的巨大变革"②创造条件。

总之，对于卢森堡来说，夺取政权才是目的。这一点对于无产阶级斗争至关重要，它不仅赋予工会斗争、议会斗争等日常斗争以社会主义性质，还是无产阶级运动和社会主义之间的桥梁，更是决定社会主义政党应该采取什么样的斗争策略的基本原则。在当时的第二国际，伯恩施坦及其支持者的一个突出特征就是将党的斗争策略和原则混为一谈，或者用恩格斯当年批判机会主义的说法就是"为了眼前暂时的利益而忘记根本大计，只图一时的成就而不顾后果，为了运动的现在而牺牲运动的

---

① 《卢森堡文选》上卷，人民出版社1984年版，第218页。
② 《卢森堡文选》上卷，人民出版社1984年版，第137页。

未来"。① 因此，卢森堡强调策略和原则之间的关系，并将如何有助于无产阶级夺取政权作为决定社会主义政党采取什么样的策略的基本原则。这里以当时在第二国际引起巨大争议的米勒兰入阁事件为例，因为卢森堡曾经为此撰写了大量的文章，集中体现了她的策略思想及其背后的原则立场。

1899年6月，法国社会党人亚·米勒兰以社会党领导人的身份，参加资产阶级内阁，出任工商部长。这一举动在第二国际迅速引起巨大争议。伯恩施坦及其支持者认为，一个社会主义者参加政府致力于实行有利于无产阶级利益的社会改良，就像参加议会一样，都算是为无产阶级事业服务。对此，首先需要明确的是卢森堡不是在一般意义上反对米勒兰参加资产阶级政府，就像她不是在一般意义上反对社会改良一样，她反对的只是米勒兰这次具体的入阁行为以及修正主义者将这种入阁行为拔高为社会主义政党反抗资产阶级统治的新方法。

首先，就修正主义者将参加资产阶级政府和参加资产阶级议会混为一谈来说，卢森堡认为，这二者之间是存在本质区别的。在议会中，社会主义政党可以提出自己的要求，即便要求无法获得议会通过，他们采取的立场起码还是社会主义立场，而且要求被议会否决这一结果还能教育广大无产阶级群众，使他们认清资产阶级议会的实质和局限，促使他们更加积极主动地参与旨在夺取政权的无产阶级革命。可是，社会主义者参加资产阶级政府，这又能做什么呢？情况只能是如下两种：要么继续坚持社会主义立场并提出相应要求，对政府的所作所为进行批评或反对，"不当一个政府的积极成员"。这种情况显然是无法持久的，势必导致社会主义成员被逐出资产阶级政府。因为社会主义成员作为个人参加资产阶级政府，其所作所为不是他能单独决定的，资产阶级政府也不可能由于他参加内阁而做出实质让步。现代资产阶级国家就像一部齿轮机，其各个部分在所有方面都互相联结在一起，彼此决定和调整它们的

---

① 《马克思恩格斯选集》第4卷，人民出版社2012年版，第294页。

运动。米勒兰的出发点也许是好的,可是"只要在国家中占统治地位的不是工人阶级的利益,而是资本的利益,那么,一个社会党人部长也是受到政府和议会中的资产阶级多数的表决的约束的"①,根本不会像修正主义者鼓吹的那样能够实行有利于无产阶级利益的改良。

如此一来,参加资产阶级政府的社会主义成员只能做另一个选择,即放弃社会主义立场,寻求与资产阶级政府合作,服从政府意志,放弃批评和反对的权利,尽心履行资产阶级政府部门的必要职能。社会主义者改造资产阶级政府的使命没有完成,反而自己成为资产阶级政府改造的对象,从一个社会主义者变成了一个资产阶级政府部长。这就说明,资产阶级政府的性质本身就排除了社会主义者试图通过它来进行社会主义斗争的任何可能。"内阁不是一个从事无产阶级的阶级斗争的政党的活动阵地。一个资产阶级政府的性质不取决于它的成员的个人特点,而是由它在资产阶级社会中的基本职能决定的。"② 一个或几个社会主义者参加政府,丝毫不会让资产阶级政府变成社会主义政府,也丝毫不改变资产阶级统治这一实质,其提出的社会改良措施也不会是无产阶级性质的,最多只能算是资产阶级的工人政策。可是,由于社会主义者参加了资产阶级政府,其一举一动反而因为种种顾虑而受到各种限制,社会主义政党也无法像之前那样基于社会主义立场对政府和统治阶级进行积极的揭露和批判,从而丧失了对广大无产阶级群众进行政治教育的机会,特别是米勒兰参加的内阁还包括当年屠杀巴黎公社起义群众的反动军官,这样的"合作"更难以教育广大无产阶级群众。所以,卢森堡说:"社会党入阁的第一个结果就是放弃社会民主党的一般活动及其议会互动的最高任务:对群众进行政治教育和训练。"③

显然,卢森堡反对米勒兰入阁但又支持社会主义政党在议会中进行斗争,表面上看好像是矛盾的,其问题的关键就在于资产阶级议会可以

---

① 《卢森堡文选》上卷,人民出版社1984年版,第331—332页。
② 《卢森堡文选》上卷,人民出版社1984年版,第228页。
③ 《卢森堡文选》上卷,人民出版社1984年版,第310页。

成为社会主义政党发表反对意见的场所而资产阶级政府作为行动机构却不能。因此，社会主义政党可以利用资产阶级议会来宣传自己的主张和提出自己的要求，并揭露和批判资产阶级统治及其实质，以便起到团结和教育广大无产阶级群众的作用，为旨在夺取政权的无产阶级革命做好准备。为此，卢森堡不仅明确指出社会主义政党必须在资产阶级议会中采取原则上的反对派立场，即必须对政府的政策进行系统的批判——由于受制于当时选举制度的不公平，社会主义政党即便获得更多选票或更多人数的支持，这些选票或人数优势仍无法转化为议会席位的优势从而导致社会主义政党在议会中始终处于少数地位，这也意味着社会主义政党在议会中不可能凭一己之力通过任何一个有利于无产阶级利益的法案——以此来揭露资产阶级统治及其实质以便教育群众，还提出了如何将议会斗争导向夺取政权的革命策略"三步走"方案，即首先无产阶级提出最进步的要求，从而成为资产阶级政党的竞争者，并通过选民的压力推动这些政党前进；其次，向全国揭露政府并通过舆论来影响政府；最后，通过在议会内外进行的批评把愈来愈多的群众团结在自己周围，使之成为革命中夺取政权的重要力量。①

那么，这是否意味着卢森堡就像当年倍倍尔提出的"不给这个制度一个人和一文钱"那样完全反对社会主义成员参加资产阶级政府呢？卢森堡反对社会主义成员参加资产阶级政府，是因为政府作为行动机关不仅无助于社会主义成员发挥应有的积极作用，反而还会限制和约束社会主义政党的行动，简言之，不利于无产阶级革命行动。可是，如果情况有利于无产阶级革命行动，那又怎样呢？对此，卢森堡曾经在答复法国社会党人领袖饶勒斯征询时强调，只有"为了同时夺取政府并把它变成占统治地位的工人阶级的政府"时②，社会主义政党才可以参加政府。也就是说，当资产阶级统治面临严重危机，资产阶级政府无法独立支撑局面只能求助于社会主义政党的支持从而大大增加夺取政权的可能和机

---

① 《卢森堡文选》上卷，人民出版社1984年版，第309页。
② 《卢森堡文选》上卷，人民出版社1984年版，第185页。

会时，社会主义政党才可以参加政府，其目的不是维持资产阶级政府及其秩序，而是夺取政权建立社会主义制度。可以说，是否有利于夺取政权是卢森堡判断社会主义政党是否需要参加资产阶级政府的唯一考量。由此，卢森堡也跟考茨基形成了显著不同。因为后者虽然也反对社会主义成员参加资产阶级政府，但是又允许有例外，至于这种"例外"到底指什么，后者却没有做进一步的阐释，实际上为修正主义行为提供了方便之门。而卢森堡的主张同时也说明，无产阶级革命不一定意味着暴力夺取政权。当资产阶级政权摇摇欲坠时，如果社会主义政党利用参与政府的机会夺取政权，无产阶级革命也可以文明地进行。当然，能否如此，这不取决于无产阶级，而是取决于反动势力的残酷程度。[①]

第二节　无产阶级革命需要主客观条件

卢森堡强调旨在夺取政权的无产阶级革命是无产阶级斗争的最终目的，同时它又是无产阶级运动和社会主义的桥梁，具有至关重要的地位。但是，无产阶级革命本身却不像布朗基主义主张的那样可以随时随地地制造，也不像伯恩施坦和考茨基等人主张的那样需要等到各方面条件的成熟。无产阶级革命的发生既是社会矛盾发展到一定程度的产物，也是长期以来无产阶级群众受教育和受训练的结果，体现了广大无产阶级群众的主动性和创造性。

一　无产阶级革命不能人为制造

马克思主义创始人对无产阶级革命有着系列论述，这个论述是跟他们的历史唯物主义思想紧密相关的。从唯物史观来看，任何一个社会都存在生产力和生产关系、经济基础和上层建筑的矛盾，这些矛盾会通过社会关系尤其是阶级关系表现出来。当生产关系无法适应生产力的发

[①] 《卢森堡文选》上卷，人民出版社1984年版，第221页。

展，生产关系成为阻碍生产力进一步发展的桎梏时，生产力和生产关系以及由此带来的经济基础和上层建筑之间的矛盾就会变得尖锐且不可调和，这个时候，社会关系中的矛盾尤其是阶级矛盾也会变得更加尖锐，革命就会来临。也就是说，在唯物史观中，革命是通过阶级斗争表现出来的，或者说，是阶级斗争的激烈形式，但其背后的根源则是生产力和生产关系、经济基础和上层建筑的矛盾。用恩格斯的话来说就是："一切历史上的斗争，无论是在政治、宗教、哲学的领域中进行的，还是在其他意识形态领域中进行的，实际上只是或多或少明显地表现了各社会阶级的斗争，而这些阶级的存在以及它们之间的冲突，又为它们的经济状况的发展程度、它们的生产的性质和方式以及由生产所决定的交换的性质和方式所制约。这个规律对于历史，同能量转化定律对于自然科学具有同样的意义。"① 那么，具体到无产阶级革命，其本质也是无产阶级和资产阶级之间斗争的表现形式，根源于资本主义生产关系和生产力之间的矛盾及其发展。所以，在马克思主义创始人的革命思想中，无产阶级革命本身就是资本主义社会发展到一定阶段的产物，不能为人们随心所欲地制造。

应该说，在这一点上，卢森堡关于无产阶级革命的思想是直接承继马克思主义创始人的，只不过她把这个思想具体运用到了其直接参与的波兰、俄国和德国的无产阶级革命实践中，不仅用来批判波兰和俄国革命中的布朗基主义倾向，也用来反击伯恩施坦和考茨基等人在革命问题上的消极立场，更用来为其倡导的无产阶级革命自发性进行辩护。其背后蕴含着卢森堡对无产阶级革命性质、无产阶级革命时机以及广大无产阶级革命群众心理等问题的深刻认识。

首先，卢森堡强调无产阶级革命不能随心所欲地被制造是为了批判波兰和俄国革命中的布朗基主义倾向，强调无产阶级革命必须是无产阶级群众广泛参与的革命。

---

① 《马克思恩格斯文集》第 2 卷，人民出版社 2009 年版，第 469 页。

卢森堡出生的俄占波兰和俄国,由于资本主义发展不充分,沙皇奉行专制主义,社会主义运动从一开始就跟西欧的社会主义运动存在显著的不同。在西欧,社会主义运动开始于空想社会主义,其阶级基础是在法国大革命中扮演激进和民主色彩的领导阶级即小资产阶级。后来,马克思主义创始人将社会主义思想与工人运动结合在一起,形成科学社会主义运动。而在俄占波兰和俄国,以农民为代表的小资产阶级还不成熟,资产阶级则由于依附于封建贵族而缺乏西欧资产阶级那样的革命性,宣传和介绍社会主义思想并将其与工人运动结合在一起的任务就落到了一些进步的知识分子身上。"对无产阶级群众进行启蒙、训练和组织的工作在所有其他国家都是在革命以前由资产阶级的阶级、政党和政治理论家承担的,而在俄国,这个工作却成了知识分子的专有任务。不过,他们不是思想上的资产阶级知识分子,而是革命的、社会主义的知识分子。"① 这些知识分子在探寻俄国革命的道路上由于工人阶级力量的弱小、小资产阶级的落后、封建专制统治的残酷等原因都在不同程度上受到了布朗基主义的影响,其代表就是民意党人的革命主张以及深受民意党人影响的"第一无产阶级党"的革命主张。

对此,早在1893年第一次参加国际代表大会发表报告时,卢森堡就已经指出了,即"俄国的革命政党'民意党'的英勇斗争必然会对我们的运动产生影响……由此产生的结果是,'无产阶级党'的实际行动和策略同正式的纲领发生了矛盾,表现出空想的、密谋的布朗基主义"②。所以,无论是在卢森堡出生的俄占波兰地区,还是俄国本土,社会主义运动中都存在着一定程度的布朗基主义倾向。有意思的是,在1898年德国社会民主党斯图加特代表大会上,伯恩施坦的支持者福尔马尔由于卢森堡明确地将夺取政权作为无产阶级革命的最终目的也被前者称为布朗基主义者。几年后,卢森堡在跟列宁有关组织问题的争论

---

① 《卢森堡文选》下卷,人民出版社1990年版,第5页。
② 《卢森堡文选》上卷,人民出版社1984年版,第2—3页。

中,同样将列宁的组织原则称为"布朗基密谋集团的运动的组织原则"。① 这些无疑表明,波兰和俄国的社会主义运动中不仅存在布朗基主义倾向,西欧国家社会主义政党的那些领袖也是这样看待波兰和俄国社会主义运动的,甚至以此作为东西欧无产阶级革命道路的显著区别。也正因此,卢森堡始终对波兰和俄国社会主义运动中的布朗基主义倾向保持着某种警惕,同时又抨击了伯恩施坦及其支持者试图将马克思主义和布朗基主义有关政治暴力的思想混为一谈的做法。

在卢森堡看来,布朗基主义是把法国大革命期间雅各宾派的策略运用到社会主义运动中从而迷恋政治暴力的作用。布朗基主义认为,政治暴力是脱离整个社会发展和阶级斗争的社会革命工具,任何一个掌握它的人在任何时候都可以使用它。这也是为何波兰早期社会主义政党"第一无产阶级"在策略上采用布朗基主义的原因。"第一无产阶级"和俄国本土的民意党都认为沙皇政府是脱离群众基础的"悬在空中"的政府,与俄国的社会经济基础即农村公社相对立,只要除掉了沙皇或者政府中某些有权势的大臣,社会就会混乱,政府就会倒台。可事实证明,社会主义运动采取布朗基主义策略根本行不通,"第一无产阶级"和民意党领导的革命运动都走进了革命道路的死胡同,直至部分人员和新一代革命者在马克思主义指导下走上新的革命道路,社会主义运动才蓬勃发展起来。

卢森堡认为,马克思主义也主张通过政治暴力去夺取政权,但这种对政治暴力的主张跟布朗基主义对政治暴力的理解存在根本的区别。因为在马克思主义这里,"政治暴力在革命时期起的仅仅是一种可以说是引导因素的作用,这种因素促使社会的内部发展(它在政治上表现为阶级斗争)的各种结果得以变为现实"②。用马克思和恩格斯的话来说,就是政治暴力在革命时期起的是"助产婆"作用,加速旧社会母体已经成熟的果实即新社会的落地并减轻其分娩的痛苦。由此,卢森堡得出

---

① 《卢森堡文选》上卷,人民出版社1984年版,第504页。
② 《卢森堡文选》上卷,人民出版社1984年版,第436页。

结论道:"借助政治力量进行深入的社会变革只能发生在一定的社会发展阶段,同时作为革命工具的政治暴力只能掌握在该历史时期代表革命的那个社会阶级手中才能起作用,而正是这个阶级成熟到持久掌握政权乃是革命本身的正确性和可能性的唯一合法证据和证明。"① 也就是说,革命不像布朗基主义主张的那样,可以随便发生和随便掌握在哪一个阶级手中,革命不是人为制造的。

除此之外,在卢森堡对列宁组织原则的批评中,她认为布朗基主义还有两个鲜明特点:一是迷信少数人的密谋,把群众视为观众,不关心群众的日常斗争;二是随意制订革命计划,事先规定好细节。二者之间当然具有内在的联系,因为当把革命看成是少数人可以密谋的活动时,革命自然也就成为少数人随意制订的计划。在这里,卢森堡坚持马克思主义创始人在《共产党宣言》中的精神,即"过去的一切运动都是少数人的,或者为少数人谋利益的运动。无产阶级的运动是绝大多数人的,为绝大多数人谋利益的独立的运动"②。无产阶级革命不能像布朗基主义主张的那样,只是把广大无产阶级群众当成观众,好像跟他们无关一样,随便由少数几个密谋者去组织和策划。无产阶级革命必须是工人阶级群众广泛参与并居于主导地位的革命,要"工人阶级自己夺取政权"而不是要"少数密谋者以工人阶级的名义夺取政权"。③

其次,卢森堡强调无产阶级革命不能随心所欲地被制造是为了反击伯恩施坦和考茨基等人在革命问题上的消极立场,强调革命时机和无产阶级革命自发性的重要性。

事实上,在第二国际和德国社会民主党内,除了伯恩施坦及其支持者主张的资本主义可以和平地过渡到社会主义从而否定无产阶级革命必要性这样的修正主义观点外,还有一些社会主义政党和工会的领导人虽然没有像修正主义者那样反对无产阶级革命,但是却对无产阶级革命采

---

① 《卢森堡文选》上卷,人民出版社1984年版,第436页。
② 《马克思恩格斯文集》第2卷,人民出版社2009年版,第42页。
③ 《卢森堡文选》上卷,人民出版社1984年版,第43页。

取消极的立场，以条件不成熟等为借口反对无产阶级革命。考茨基从理论上对这些观点做了很好的说明。一方面，他不否定无产阶级革命和夺取政权，反而他还认为随着资本主义社会危机的爆发无产阶级革命正在临近。而另一方面，为了抗衡以卢森堡为代表的左派对革命的诉求，他又提出所谓"击破战略"和"疲劳战略"之分，将无产阶级革命划分为两个阶段，即一个是到巴黎公社为止，无产阶级革命以街头战斗和暴力革命为主的"击破战略"，另一个是巴黎公社以后，无产阶级革命转向议会斗争，通过在议会中不断地进行斗争，逐渐削弱统治阶级的阵地并使之"疲劳不堪"的"疲劳战略"。考茨基认为，德国社会民主党当前的发展和取得的成就应该归功于这种"疲劳战略"，党现在没有必要抛弃"疲劳战略"而转到采用群众罢工这种"击破战略"上去。

要知道，在当时，卢森堡是积极倡导群众大罢工的，并将其视为超越议会斗争和将无产阶级群众组织起来进行革命的有效手段。群众大罢工在马克思和恩格斯在世的时候往往被视为无政府主义斗争策略而遭到批评，之后这一策略在社会主义运动中也长期遭到否定。但是，卢森堡从1905年俄国革命群众大罢工的斗争中敏锐地认识到这一斗争形式已经不是马克思主义创始人当年批评的那样了，而是在新时期具有了积极的革命意义。它不仅有助于打破长期以来社会主义运动中部分人对议会斗争的迷恋，还能将广大无产阶级群众组织起来进行更有效的革命，取得包括议会斗争在内的其他斗争都无法取得的成果，开创革命新局面。①

诚然，群众大罢工本身不是夺取政权的手段，但是，群众大罢工由于能够充分调动起广大无产阶级群众的革命本能，发挥无产阶级群众的积极性、主动性和创造性，在实践中打破所谓经济斗争和政治斗争、党和工会的界限，从而能够更有效地使无产阶级群众及其政党成熟起来，为夺取政权做好准备。因为无产阶级的成熟"不是可以从小册子和传单中得到的，只有从活生生的政治学校里，只有通过斗争并且在斗争中

---

① 参见周懋庸《1910年卢森堡和考茨基关于群众罢工和建立共和国的争论》，《国际共运史研究资料》1986年第3期。

间，在不断前进的革命过程中才能获得"①。也就是说，在卢森堡看来，群众大罢工尽管不是夺取政权的直接手段，却是当时最革命、最有利于夺取政权的斗争方式。

可问题是，当时的德国社会民主党和工会领袖普遍沉迷于议会斗争，将俄国革命中涌现出来的群众大罢工这一斗争方式视为俄国落后状况的反映，反对将这一革命策略运用到德国的斗争实践中。即便在卢森堡等人的争取下，党代表大会勉强同意使用这一策略，也仅仅是将其作为一种防御性策略备而不用，或者是以有益多一些还是有害多一些来决定。而工会领导人则是以缺乏可以支撑大罢工的贮备金、德国工人力量弱小等为由要求德国社会民主党在大罢工问题上必须取得工会的同意，实际是要求党在组织罢工问题上服从工会的领导，从而扭曲了党和工会在社会主义运动中的地位和关系。

考茨基正是为了平衡卢森堡等革命左派和工会领袖之间的意见提出所谓"疲劳战略"，表面上对双方观点都进行了批评，可实质上却走向了革命消极立场，陷入"唯议会主义"。为此，考茨基甚至对群众大罢工进行了详细的分类，从理论上将罢工分为示威性罢工、威逼性罢工、经济罢工、政治罢工等，说什么"如果宣传得不够明确，群众就可能领会错我们的意图，把我们想举行的示威性罢工出乎意料地搞成不适宜的'威逼性罢工'"等。②也就是说，在考茨基看来，群众大罢工是一个事先可以计划好的，即什么时候举行什么样的罢工，党和工会可以提前做好准备按照计划来进行。

这恰恰是卢森堡坚决反对的。因为她和考茨基虽然都认为，诸如群众罢工这样的革命要发生，必须具备一定的社会历史条件，或者说"是在一定的时刻以历史的必然性从社会状况中产生出来的历史现象"③，可卢森堡又没有像后者那样，机械地将形成革命的客观条件和主观条件

---

① 《卢森堡文选》下卷，人民出版社1990年版，第52页。
② 《卢森堡文选》下卷，人民出版社1990年版，第220页。
③ 《卢森堡文选》下卷，人民出版社1990年版，第39页。

对立起来从而片面地强调革命的客观条件而对其主观条件视而不见。尤其是当卢森堡从1905年俄国革命涌现出来的群众大罢工中看到广大无产阶级群众的自发性和主动性时,她对考茨基的主张更是大为不满。正如她对1896年彼得堡总罢工特点所做的总结那样——卢森堡认为这次总罢工包含了以后罢工的主要因素:运动的起因完全是偶然的,甚至是次要的,它的爆发也是自发的;起初是纯粹经济性的工资斗争,但政府的态度和社会民主党的鼓动使其具有重要政治意义;罢工被镇压,但次年又爆发了,并取得胜利。①

概言之,俄国革命中出现的群众大罢工并没有如考茨基等人所认为的那样需要提前准备好各种条件,仿佛条件都要备好,革命才能发生,又或者条件一旦备好,只要一声令下,革命就会发生——卢森堡将这种主张称为"随心所欲地制造革命"。1905年俄国革命的经验反而表明,群众大罢工的爆发具有偶然性和不确定性,其发展也远远超出任何人的想象和计划。革命发生既需要客观的条件,也需要主观的条件,而且一旦发生,自有其内在的发展规律,根本不是任何人或政党可以计划和设想的。德国现在缺乏的不是革命的客观条件,而是党和工会由于强大的组织性从而对无产阶级群众自发形成的革命性形成了抑制。

二 无产阶级革命的主观条件

卢森堡对无产阶级革命的理解虽然深受马克思主义创始人相关思想的影响,即总是立足于社会阶级矛盾及其发展来分析和理解革命,反对布朗基主义式的人为制造革命,但是,她又没有像考茨基那样只是把革命机械地理解成是生产力和生产关系矛盾的直接反映,从而完全忽视革命的主观因素。恰恰相反,在德国社会民主党甚至在整个第二国际内,卢森堡都是对无产阶级革命的主观条件强调最多的理论家,以至于考茨

---

① 《卢森堡文选》下卷,人民出版社1990年版,第44页。

基将她的无产阶级革命主张称为"主观主义"①。因为她很清楚,社会主义的到来不仅取决于资本主义的崩溃和生产的社会化,还取决于无产阶级的阶级觉悟这一她称为"即将到来的变革的积极因素"。②

众所周知,马克思主义创始人不仅从生产关系角度分析了什么是无产阶级、无产阶级在资本主义生产体系中的地位以及无产阶级和资产阶级和介于二者间的其他阶级之间的关系,还从阶级意识角度强调了无产阶级的阶级意识对于其阶级斗争以及履行自身使命具有的极其重要的意义。这种意义简单地说就是如何使无产阶级从一个自在的存在上升为自觉的存在,即明确意识到自己的阶级地位和阶级使命。当无产阶级缺乏阶级意识时,无产阶级就会像马克思当年评论法国革命中的小农一样,"彼此间只存在地域的联系,他们利益的同一性并不使他们彼此间形成共同关系,形成全国性的联系,形成政治组织,就这一点而言,他们又不是一个阶级。因此,他们不能以自己的名义来保护自己的阶级利益……他们不能代表自己,一定要别人来代表他们"③。也就是说,当无产阶级缺乏阶级意识时,无产阶级就只能作为个人或地域性群体存在,而不可能作为阶级存在,更不可能去完成历史赋予它的解放自身和解放人类的使命。

对此,卢森堡和第二国际中其他理论家也都清楚。伯恩施坦在他的修正主义著作《社会主义的前提和社会民主党的任务》一书中花了相当大的篇幅,不仅质疑处于雇佣地位的工人具有统一的阶级意识,也否定普通的工人群众具有解放整个阶级和人类的阶级觉悟和道德水平,甚至还直接批评《共产党宣言》中赋予无产阶级以崇高地位的观点是一种"空想主义",其目的就是想从阶级意识角度否定无产阶级及其历史使命。用伯恩施坦的话来说就是"工人们是什么样子,我们就必须把他

---

① [德]汉·尤·门德:《考茨基的中派主义观点》,溪人译,《国际共运史研究》1988年第3期。

② 《卢森堡文选》上卷,人民出版社1984年版,第76页。

③ 《马克思恩格斯文集》第2卷,人民出版社2009年版,第567页。

们看成什么样子。他们既没有像《共产党宣言》所预见的那样普遍地赤贫化，也不是像他们的臣仆要我们相信的那样地不受偏见和弱点的束缚。他们有着他们在其中生活的经济和社会条件的德性和罪恶。无论这些条件或是它们的影响都不是一天之间就可以消除的"①。而考茨基以及后来列宁根据他的相关思想提出的"外部灌输论"，其本质也是要解决在落后国家和地区如何有效地提高工人阶级的阶级意识这个问题。总之，无产阶级的阶级意识的发展状况不仅直接决定着无产阶级作为阶级存在的现实力量，而且是决定无产阶级革命能否取得成功以及取得多大成功的最根本的主观因素。

在卢森堡看来，无产阶级的阶级意识之所以难以形成，归根结底跟无产阶级运动的特点直接相关，即"这个运动的全部特点在于，这里是世界历史上由人民群众自己并且违反统治阶级的意志而实现自己的意志，而这个意志必须超越现今社会的界限，在现今社会的来世去实现。而培养这种意志又只能在同现存制度不断斗争中，在现存制度的框框里进行"②。也就是说，无产阶级运动最根本的特点就是它要超越既定的社会存在去实现一种新的可能社会，而偏偏去实现这种新社会的无产阶级本身又是既定社会即资本主义社会的产物且深受其社会存在及其意识的制约，这就注定了无产阶级不仅需要跟既定的资本主义社会及其意识形态做斗争，还要跟这种社会存在及其意识形态施加到自身的影响做斗争，即"在不断地克服无政府主义和机会主义的极端偏向的过程中进行的"。③

所以，卢森堡认为，在资本主义条件下，要发展出相应的无产阶级的阶级意识，资本主义社会及其意识形态固然是需要克服的阻碍，但是它们施加到无产阶级身上的影响即各种改良主义和机会主义观点更是需要克服的障碍。因为后者"表面上看来它们好象每天都被那些事实所证

---

① 《伯恩施坦文选》，殷叙彝编，人民出版社2008年版，第332页。
② 《卢森堡文选》上卷，人民出版社1984年版，第146页。
③ 《卢森堡文选》上卷，人民出版社1984年版，第148页。

实",从而更具迷惑性和危害性。① 而要破除这些障碍,就只能同现存的制度不断地进行斗争。在这里,卢森堡吸取了《共产党宣言》中的一个重要观点。这个观点认为,无产阶级反对资产阶级的斗争是和它的存在同时开始的,无产阶级在它发展的各个不同阶段都伴随着它的各种斗争,而"一切阶级斗争都是政治斗争"。② 也就是说,卢森堡认为,教育无产阶级使其发展出相应的阶级意识的最好方式就是斗争,特别是政治斗争,其他斗争只有跟政治斗争紧密联系起来,才具有这种作用。当然,卢森堡说的"政治斗争"就是指夺取国家政权的斗争,即"一场为反对作为一个阶级的整个资产阶级而夺取国家统治的斗争"③。

因此,卢森堡在1905年俄国革命前,她更多的是强调要将议会斗争、工会斗争等日常斗争跟夺取政权的政治斗争联系起来,以此来教育广大无产阶级群众。卢森堡在很多地方反复强调工会斗争、议会斗争等日常斗争有助于无产阶级群众的教育,甚至将工会斗争称为是对广大群众进行阶级斗争教育的"最好手段"④。但是,这些说法主要是针对伯恩施坦及其支持者将工会斗争和议会斗争作为和平过渡到社会主义的改良主义主张而言的,而不是就工会斗争和议会斗争等日常斗争本身而言的。日常斗争本身很难说就是教育无产阶级的"最好手段",它既可能对无产阶级的阶级意识起到教育作用,也可能对其起到反作用。就如卢森堡在批判伯恩施坦时所言:"按照普通的观点,工会斗争和政治斗争的社会主义意义就是为了实现社会主义,把无产阶级即社会主义革命的主观因素准备好。按照伯恩斯坦的观点,它们的社会主义意义在于,工会斗争和政治斗争可以逐步限制资本主义剥削本身,去掉资本主义社会的资本主义性质,赋予它社会主义性质,一句话,在客观的意义上实现社会主义变革。"⑤ 这里的"工会斗争和政治斗争"指的就是日常状态

---

① 《卢森堡文选》上卷,人民出版社1984年版,第48页。
② 《马克思恩格斯选集》第1卷,人民出版社2012年版,第408—409页。
③ 《卢森堡文选》下卷,人民出版社1990年版,第27页。
④ 《卢森堡文选》上卷,人民出版社1984年版,第219页。
⑤ 《卢森堡文选》上卷,人民出版社1984年版,第102页。

下争取工人各项权益的斗争。卢森堡这里的意思很明确：当这些斗争如伯恩施坦等人主张的那样，只是单独存在从而不跟旨在夺取政权的政治斗争相连时，这样的日常斗争虽然能够将工人组织起来，但却由于缺乏社会主义性质并不足以教育广大无产阶级群众，反而容易将无产阶级群众引导到改良主义道路上去；只有将议会斗争等日常斗争跟夺取政权的政治斗争相连时，议会斗争等日常斗争才具有社会主义性质，其活动才具有教育广大无产阶级群众和提高他们阶级意识的作用。

所以，卢森堡同时也一再强调，社会主义绝不是"在任何环境下自发地"从工人阶级的日常斗争中产生出来的，它的产生是"资本主义矛盾日益尖锐化的结果，也是工人阶级认识到绝对必须用革命手段来消灭这些矛盾的结果"。① 这里所谓"革命手段"指的就是夺取政权的政治革命，而"不是在任何环境下"则是指工会斗争和议会斗争等日常斗争只有服务于夺取政权的政治斗争才能起到为社会主义革命准备"主观因素"的作用。反之，不仅起不到这样的作用，还会陷入改良主义中去。

1905 年俄国革命爆发后，卢森堡不仅从俄国无产阶级群众大罢工中看到了他们的革命积极性、主动性和创造性，坚定了对广大无产阶级群众具有的"革命本能"的信心，更是认识到这种斗争方式对于推动和促进广大无产阶级群众的阶级意识的发展、提高他们的政治觉悟和斗争水平具有至关重要的意义。之所以如此，一方面是跟群众大罢工自身具有的特点直接相关，另一方面也跟卢森堡自身具有的革命教育理念等认识紧密相关。

首先，就群众大罢工的特点来说。在卢森堡看来，群众大罢工是无产阶级群众从工厂、行业、地区等狭隘部门走出来，摆脱各种孤立状态，直接走上街头跟反动阶级进行面对面的斗争。这种斗争不是一次单一行动，可能持续数年，也不是有条不紊、有计划地进行。它们时而变为经济斗争，时而变为巷战，时而自行收缩等，示威性罢工、斗争性罢

---

① 《卢森堡文选》上卷，人民出版社 1984 年版，第 105 页。

工、经济罢工、政治罢工、有组织的罢工、自发性罢工等交织在一起。"群众罢工这一斗争方式的可行性，它的影响力，发生罢工的时刻，都是不断地变化的。它能在革命似乎已经陷入绝境时突然开辟新的、广阔的革命前景；当人们满有把握地指靠它时，它却遭到了失败。它有时象宽阔的海涛一样汹涌澎湃地荡及全国，有时又分成无数涓涓细流，形成一片广阔的水网；它时而象一股清泉从地下喷涌而出，时而又完全渗入地下。政治罢工与经济罢工，群众罢工与局部罢工，示威性罢工与斗争性罢工，各个行业与各个城市的总罢工，和平的工资斗争与巷战、街垒战——所有这些形式的罢工是互相混杂地、互相并列地、互相交叉地进行的，它们象涨满河水的大川相互波及；这是由许多现象组成的汪洋大海，它永远都在运动着，变化着。"① 群众大罢工就像一幅打开的革命画卷，不仅暴露了统治阶级在群众大罢工中的敌对立场和反动本质，彰显了统治阶级在面临无产阶级群众斗争时的"阶级团结"——这些显然是无产阶级群众在议会斗争、工会斗争等和平斗争状况下无法轻易认识和看清楚的，还使得广大无产阶级群众在大罢工中切身体会到彼此作为阶级成员的利益的一致性、阶级团结的重要性以及无产阶级团结起来后的强大力量，更使得广大无产阶级群众能够打破经济斗争和政治斗争、议会斗争和暴力革命的隔阂，能够自觉地投身到争取更高目标的斗争中，增强斗争技巧、革命意志力和牺牲精神等。概言之，在群众大罢工这个革命熔炉中，广大无产阶级群众能够学到很多其他斗争无法提供的正反经验和知识，能够更直观地触及阶级斗争的实质和整体面貌，是一次真正的无产阶级革命的实习和预演，能够将无产阶级从"理论的、潜在的阶级觉悟"状态提升到"实际的、积极的阶级觉悟"状态，完成一次质的蜕变。从某种意义上说，1918 年德国革命之所以失败，一个重要原因就是德国无产阶级运动缺乏俄国 1905 年这样的群众大罢工的洗礼，以至德国相当部分的无产阶级群众没有发展和培育出相应的革

---

① 《卢森堡文选》下卷，人民出版社 1990 年版，第 64 页。

命觉悟和技能。①

其次，就卢森堡的革命教育理念等认识来说，卢森堡始终坚信，无产阶级群众只有通过大罢工这种"活生生的政治学校"，通过"斗争并且在斗争中间"，才能真正地快速地成熟起来。"也只有在斗争中，在革命自身的进程中，通过事件的活生生的教育，通过与无产阶级的冲突以及彼此之间的冲突，通过相互之间不断的摩擦，这些阶层和政党才能形成和逐渐成熟起来。"② 应该说，卢森堡在这里表现出了自身特殊的革命教育理念，这种理念跟当时第二国际其他理论家以及列宁等俄国革命者的理念存在明显的不同。如果说第二国际其他理论家和列宁等俄国革命者主要把这个问题看成是如何将科学社会主义理论灌输给广大无产阶级群众使之明确自身的阶级使命和任务，从而将这个问题归结为无产阶级外部教育的认识问题的话，那么，卢森堡则主要把这个问题理解成是广大无产阶级群众如何通过革命行动本身来实现自我学习和自我提升，从而将这个问题归结为无产阶级自我教育的行动问题，其本质就是无产阶级在革命行动中实现自我教育。③

卢森堡的这种教育理念当然跟她长期奋战在与第二国际和德国社会民主党内各种修正主义与机会主义斗争一线相关。因为后者几乎无一例外地对广大无产阶级群众的阶级觉悟持轻视乃至否定的态度——伯恩施坦否定无产阶级阶级意识的观点在当时的第二国际内并不鲜见，也坚决反对无产阶级群众的自发性。反之，修正主义和机会主义强调工会和党的组织力和领导力，推崇工会和党对无产阶级群众进行从上到下的教育引导能力。

但是，如果由此将卢森堡的这种教育理念仅仅理解为反对修正主义和机会主义主张的"一时的策略"，这显然又是不够的。因为卢森堡的

---

① [美] 路特·费舍:《斯大林和德国共产主义运动——国家党的起源的研究》，上册，何式谷译，商务印书馆1964年版，第73—112页。
② 《卢森堡文选》下卷，人民出版社1990年版，第52—53页。
③ 注：这一点也是西方一些学者执迷于将卢森堡的政治哲学与汉娜·阿伦特的行动哲学联系起来解读，形成"以阿解卢"研究思路的根本原因。这方面的代表著作参见 Ernst Vollrath, *Rosa Luxemburg's Theory of Revolution*, Social Research, Spring 1973; 40, 1.

这种主张不是偶尔之兴趣，也不是一时之策略，而是贯穿其革命的一生。即便是在1919年导致卢森堡遇害的德国一月革命中，她也始终在强调行动及其行动对于无产阶级教育的意义，即"群众正是必须在斗争本身中学会斗争，学会行动。现在人们感到：柏林的工人阶级已经在很大程度上学会了行动，他们渴望果断的行动、明确的形势和有力的措施"①。卢森堡不是不知道从外面给无产阶级群众灌输马克思主义理论的重要性。从某种意义上说，她的一生都在从事着各种宣传和写作，尤其是她在德国社会民主党的党校还曾直接给不同行业的工人群众讲授政治经济学等马克思主义理论知识，其目的也是希望通过自己的授课、宣传和著作从外部帮助无产阶级群众提高自身的阶级意识。既然如此，卢森堡为何还那么强调行动对于教育无产阶级群众的意义呢？甚至将此视为提升广大无产阶级群众阶级意识的根本途径呢？

这里的关键就是卢森堡始终坚信，无产阶级群众只能在实际的阶级斗争中获得最大的教育和成长，她将此称为"无产阶级阶级斗争的基本的历史法则"，即"无产阶级只有在斗争中考验自己，通过失败，通过斗争带来的种种风云变幻检验自己，才能聚集自己的力量，为最后的胜利增强自己的力量。一切战斗到底的伟大斗争，不论结局是胜利还是失败，它在短短的时间里在阶级教育和历史经验方面所起的作用，比风平浪静时的千百篇宣传文章和千百次大会要大得多"②。所谓行动出真知，即便是在行动中遇到挫折和失败，从这种挫折和失败中学到的东西也要远远大于单纯的宣传和大会论辩。③

---

① 《卢森堡文选》下卷，人民出版社1990年版，第563页。
② 《卢森堡文选》下卷，人民出版社1990年版，第342页。
③ 注：卢森堡的这种说法当然仍然离不开她对德国社会民主党迷恋于议会斗争等合法斗争的批判这个大背景，但是就这个说法本身而言，"实践出真知"这一命题却有其合理性和真理性，尤其是失败的实践比单纯的宣传鼓动更具收获这一点也不无道理。对此，加拿大学者米歇利斯做了很好的阐释。他认为卢森堡革命思想的核心理念就是把革命视为是不断地从失败中学习的过程且这一点构成了她跟伯恩施坦等修正主义者和列宁等俄国革命者争论的焦点。参见 Loralea Michaelis, *Rosa Luxemburg on disappointment and the politics of commitment*, European Journal of Political Theory, 10（2）。

更何况，卢森堡对无产阶级的"革命本能"和"革命智慧"的坚信以及她始终将无产阶级革命理解为广大无产阶级群众参与且占主导的群众革命，这些也都构成了她将群众大罢工视为教育无产阶级群众根本途径的深层逻辑。卢森堡在批判德国社会民主党和工会试图以自身的组织性来抑制无产阶级群众自发的革命性时反复强调"德国无产者大众具有健康的革命本能和活跃的智慧"①。这里"健康的革命本能"就是指广大无产阶级群众由于生活在资本主义生产关系下时时刻刻地都能感受到他作为雇佣工人跟雇佣他的资本家之间的不可调和的矛盾以及整个社会对其个人命运带来的种种不公等，简言之，就是个人跟资本家、个人跟社会的疏离和对立，反映了个人对其生活的客观条件的直接反映。②而所谓"活跃的智慧"则主要指无产阶级群众具有丰富的创造力，这跟无产阶级革命本身就是一项创造性活动相一致，即卢森堡说的"革命是一个富于创造性的时期"。③因此，对于卢森堡来说，无产阶级群众不是一张白纸，也不是任人打扮的小姑娘，而是本身就具有极其重要的革命本能和革命智慧，只不过在资本主义生产关系的物化条件下，无产阶级群众无法直接摆脱资本主义生产关系施加在自己身上的物质的和精神的不利影响以致缺乏相应的阶级意识。无产阶级群众需要的不是党和工会的领袖们像先知一样，高高在上、颐指气使地教导他们做什么和怎么做，而是党和工会在群众大罢工中发挥好协调、组织、指明形势和斗争方向的作用，将无产阶级群众从其狭隘的处境和认知中解放出来，激发其革命本能，发挥其革命智慧，使无产阶级革命成为真正的无产阶级

---

① 《卢森堡文选》下卷，人民出版社1990年版，第40页。
② Alex Levant, *Rethinking Spontaneity Beyond Classical Marxism: Re-reading Luxemburg through Benjamin, Gramsci and Thompson*, Critique. Vol. 40, No. 3, August 2012。拉克劳等人之所以认为卢森堡的群众革命自发性思想蕴含着无产阶级身份认同的"两难困境"，其重要原因就是对卢森堡有关无产阶级的"阶级本能"和"革命本能"思想视而不见，从而没有认识到他们所谓"罗莎·卢森堡的两难困境"在卢森堡这里是不成问题的。因为她始终坚信着无产阶级群众的革命本能和阶级本能。参见〔英〕恩斯特·拉克劳、查特尔·墨菲《领导权与社会主义的策略》，尹树广、鉴传今译，黑龙江人民出版社2003年版。
③ 《卢森堡文选》下卷，人民出版社1990年版，第135页。

群众可以主导的革命，同时也使无产阶级群众从这场革命中不断地学习和吸取教训，推动自身更快地成长起来以便为夺取政权做好准备。

第三节 无产阶级革命是总体的持续的革命

在卢森堡看来，无产阶级革命不是一次革命事件，而是一个革命过程。这个过程的最终目的是夺取政权，而通向这个最终目的的过程中却是工会斗争、议会斗争、经济斗争、政治斗争、群众自发性大罢工、党和工会的组织和协调、暴力革命等各种革命因素的发展和汇集，即它是一个总体革命。它是资本主义逐渐走向崩溃的过程，也是无产阶级认识到这一点并着力推动无产阶级持续革命的过程。所谓持续的革命过程，就是指无产阶级需要不断地推动革命，先进行民主革命，推翻封建贵族的统治及其秩序，然后进行无产阶级革命，建立无产阶级专政。同时，各国无产阶级需要克服民族、地域等局限联合起来，共同反对帝国主义扩张和殖民掠夺，建立国际无产阶级革命大联合。

一 无产阶级革命是总体的革命

在卢森堡这里，资产阶级对无产阶级的统治是一个体系或者说总体。构成这个统治总体基础的首先就是生产关系中形成的经济关系即占有生产资料的资本家雇佣一无所有的无产者。这种雇佣关系是一种纯粹的经济关系但同时也是一种隐藏在经济关系背后的权力支配关系，即"强迫无产者接受资本奴役的，不是法律，而是贫困，是缺乏生产资料"[①]。其次是构成这个统治总体的国家机器及其各种附属物。资本主义国家的职能虽然在19世纪末发生了一些改变，强化了作为社会管理者的公共职能，但其作为资产阶级统治工具的阶级属性和本质并没有发生改变，反而资本主义国家机器越来越像一部齿轮机，"它的各个部分

---

① 《卢森堡文选》上卷，人民出版社1984年版，第132页。

在所有方面都互相联结在一起，彼此决定和调整它们的运动"①，使资产阶级统治更具隐蔽性和更加巩固。最后是构成这个统治总体的资本主义意识形态。资本主义意识形态是伴随着资本主义生产方式在封建秩序内的兴起而产生的，在反对封建贵族统治的过程中曾经具有积极的进步意义，并且对早期无产阶级具有重要的启蒙和教育作用，但是，这种意识形态将资本主义生产方式及其社会存在永恒化，将反映资本主义生产关系的自由、平等、公平等思想价值观念普遍化，从而用政治法律关系上的平等和自由来掩盖经济关系领域中的剥削这一事实。

因此，资产阶级的统治是一个总体，而无产阶级革命就是要从各个方面展开斗争，不断瓦解和动摇这种统治秩序，并最终在政治革命中夺取政权。其中也包括积极地运用资本主义国家的民主因素来进行斗争。卢森堡认为，资本主义国家机器是一个齿轮机，而使整个齿轮机转动起来的直接传动装置就是资产阶级议会。资产阶级议会虽然本质上是资产阶级国家机器的一部分，以维护资产阶级统治为目的，但资产阶级议会由于调和内部利益矛盾和缓和社会阶级矛盾的需要又不得不以一定的民主制为基础。所以，卢森堡认为，"对于正在上升的工人阶级来说，议会政治是不可缺少的实施阶级斗争的最有力手段之一。把资产阶级议会政治从资产阶级中解救出来，并运用它去反对资产阶级，这是社会民主党当前最迫切的政治任务之一"②。尤其是在诸如德国、俄国等这样保留着浓厚的封建等级因素的资本主义国家中，民主制度本身也不完善，无产阶级更需要积极地争取民主制，利用它来推动无产阶级的发展。当然，卢森堡的这些主张跟伯恩施坦及其支持者的主张存在本质的区别，前者是痴迷于议会政治和将民主作为资本主义过渡到社会主义的措施，后者则仅仅将议会政治和民主作为教育和训练无产阶级的手段，并不幻

---

① 《卢森堡文选》上卷，人民出版社 1984 年版，第 336 页。

② 参见 Social Democracy and Parliamentarism, https：//www.marxists.org/archive/luxemburg/1904/06/05.htm。

想通过它们就能推动资本主义和平地过渡到社会主义。①

　　除此之外，在无产阶级反对资产阶级统治的各种斗争中，无产阶级不仅需要正确处理好工会斗争、议会斗争等日常斗争跟夺取政权的革命之间的关系，注重对广大无产阶级群众进行教育和训练，提高广大无产阶级群众的阶级意识，还要正确处理合法斗争和暴力革命、经济斗争和政治斗争、群众自发性和党的领导等系列关系，使得各种斗争能够相互配合、形成合力，以无产阶级的总体革命来推翻资产阶级的总体统治。由于前面已经详细论述过日常斗争跟革命之间的关系，这里着重分析卢森堡是如何看待合法斗争和暴力革命、经济斗争和政治斗争、群众自发性和党的领导之间的关系的。

　　首先，就合法斗争和暴力革命的关系来说，伯恩施坦及其支持者往往把马克思主义的暴力革命学说跟布朗基主义混为一谈，甚至将暴力革命称为"恐怖主义"。② 卢森堡当然不认可这种观点。在她看来，暴力革命根源于现代社会的阶级性质，即资产阶级对无产阶级的统治是基于经济领域的剥削和政治领域的压迫，或者说，资产阶级和无产阶级之间存在不可调和的矛盾，无产阶级不是在创造暴力革命，而只是在遵循"阶级斗争的历史发展规定法则"。③ 更何况，资产阶级当年在夺取封建贵族政权的时候，也丝毫没少使用暴力手段。现在，资产阶级已经取得统治地位和合法地位，合法性日益增加，暴力仿佛已经过时了。但是，暴力不仅没有随着资产阶级"合法性"的增加而丧失作用，反而成为资产阶级统治的基础，其军事组织就是例证。所以，卢森堡总结道："暴力显然绝没有由于'合法性'而被取消，不如说它是合法性的真正的庇护人，确切些说是它的基础，这无论对资产阶级方面还是对无产阶级方面来说都是如此。"④ 而向无产阶级提供的资产阶级合法性，本身

---

① 《卢森堡文选》上卷，人民出版社1984年版，第134页。
② 《伯恩施坦文选》，殷叙彝编，人民出版社2008年版，第168页。
③ 《卢森堡文选》上卷，人民出版社1984年版，第391页。
④ 《卢森堡文选》上卷，人民出版社1984年版，第394页。

只是来源于经济基础的资产阶级政权的一定的表现形式,实质仍是"统治阶级的暴力"且"这一暴力从一开始就被提高为必须遵守的准则"。①可这些在资产阶级法学家和伯恩施坦及其支持者那里却刚好被颠倒了。因为他们认为法律及其制度是正义的独立自主的创造物,国家的强制性暴力仅仅是法律的一个后果即法律的制裁行为,丝毫没有认识到合法性是各个时期相互进行斗争的阶级之间力量对比的产物,是不断发生变化的。

因此,卢森堡坚决反对割裂合法斗争和暴力革命,主张将合法斗争和暴力革命结合起来。这与当时德国社会民主党领导层普遍痴迷于议会选举和议会斗争从而放弃暴力革命的主张形成鲜明对比。在卢森堡看来,暴力革命现在是而且永远是工人阶级的最后手段,无产阶级必须以暴力革命为后盾来开展斗争,并且或因为直接的暴力革命,或因为只是以暴力革命为后盾,无产阶级斗争才会取得真正的成绩,用她的话来说就是"时而潜在地发挥作用,时而积极地发挥作用",并将之称为"至高无上的阶级斗争规律"。② 当然,这不是说卢森堡就像布朗基主义者那样迷信暴力革命。正如前所述,卢森堡关于暴力革命的思想很大程度上来自马克思主义创始人的相关思想,包括恩格斯在 1895 年去世前夕给马克思的《1848 年至 1850 年的法兰西阶级斗争》一书撰写的导言中的相关思想,既坚持暴力革命是无产阶级斗争的必要手段,又强调暴力革命的发生需要一定的社会历史条件,反对在无产阶级力量不足时盲目地发动暴力革命,即"无产阶级只有在认为暴力革命是它向前突进的唯一可行的道路时,而且不言而喻只有在整个政治形势和力量对比多少有可能保证它取得成果的条件下才会采取这一手段"③。但是,不管怎样,从一开始就明确暴力革命在无产阶级斗争和在夺取政权的革命中的不可缺少的地位,这是社会主义政党在带领广大无产阶级群众反对统治阶级

---

① 《卢森堡文选》上卷,人民出版社 1984 年版,第 392 页。
② 《卢森堡文选》上卷,人民出版社 1984 年版,第 397 页。
③ 《卢森堡文选》上卷,人民出版社 1984 年版,第 398 页。

时必须做的。一句话，卢森堡从来就没有放弃过暴力革命的主张，那种将卢森堡的革命理论解读成是寻求一种非暴力革命手段的理论可以说是任何一个人的革命理论，但绝不会是卢森堡的革命理论。①

其次，就经济斗争和政治斗争来说，伯恩施坦及其支持者往往割裂经济斗争和政治斗争的关系，尤其是工会领导人更是害怕进行政治斗争，坚决要求将无产阶级的斗争局限于经济领域。这一点后来也影响到考茨基，以至于他将群众罢工人为地划分为经济罢工、政治罢工等。卢森堡则坚持了马克思主义创始人的主张，不仅将经济斗争和政治斗争看成是紧密不可分的整体，而且凸显了政治斗争对于无产阶级运动的积极意义。

对于卢森堡来说，无论是经济斗争，还是政治斗争，本身都是无产阶级反抗资产阶级的阶级斗争的一部分，是阶级矛盾发展到一定程度的体现和反映。"工人阶级并不是有两种不同的阶级斗争——一种经济的和一种政治的，而是只有一种阶级斗争，既是为了限制资产阶级社会内部的资本主义剥削，同时又是为了彻底铲除剥削和整个资产阶级社会。"②卢森堡的这段话一方面意思很明确，即经济斗争和政治斗争是不可分的，因为它们同属于一种阶级斗争。但另一方面也容易给人造成误解，好像经济斗争和政治斗争既具有限制资产阶级社会内部的资本主义剥削的功能，又具有彻底铲除剥削和整个资产阶级社会的功能，即经济斗争本身就具有铲除剥削和整个资产阶级社会的功能，这与伯恩施坦及其支持者的主张形成了一致。

事实上，卢森堡的这段话想要表达的意思不过是经济斗争具有限制资产阶级社会内部的资本主义剥削的功能，而政治斗争则具有彻底铲除剥削和整个资产阶级社会的功能，也就是说，经济斗争和政治斗争一方

---

① Ernst Vollrath, *Rosa Luxemburg's Theory of Revolution*, Social Research, Spring 1973; 40, 1. 作者对卢森堡革命理论的阐释是典型的"以阿解卢"，言说的与其说是卢森堡的革命理论，还不如说是阿伦特的革命理论。

② 《卢森堡文选》下卷，人民出版社1990年版，第96页。

面是紧密不可分的,另一方面又的确存在功能的区分。对此,卢森堡在其《国民经济学入门》的第五章《工资规律》的相关章节尤其是第六节《工会组织对工资形成的影响》中阐述得很清楚。卢森堡认为,工会领导工人阶级开展的经济斗争不仅限制了资本主义的剥削,而且这一斗争本身也是形成劳动力的资本主义商品交换规律的不可分割的一部分,即"资本家力图有组织地用最低价格来购买劳动力,但是,这种价格将由工会活动的力量,使之多少接近其实际价格"①。

因此,在卢森堡这里,经济斗争和政治斗争一方面是紧密不可分的,另一方面又存在功能上的不同。其中,经济斗争更多的是由工会来组织,而政治斗争则需要党来组织,这也体现了工会和党在社会主义运动中的不同地位和角色,即"工会的斗争包含着工人阶级的当前利益,社会民主党的斗争则代表着工人阶级的未来利益"②,不能将二者的角色混为一谈,更不能将社会民主党的斗争降低到工会斗争的水平,工会的斗争必须服从于党的斗争,党肩负着将无产阶级运动从经济斗争提升到政治斗争的任务和使命。当卢森堡将经济斗争和工会斗争、政治斗争和党的斗争对应时,并不是像有些人认为的那样,是要否定工会斗争除了经济斗争外也会在政治斗争中扮演一定的角色,③ 而主要是为了说明工会斗争一般说来就是以经济斗争为主,政治斗争则主要是由党的领导来实现。这一点是符合当时德国社会主义运动中工会和党在斗争中实际扮演的角色和分工的,当然这也是导致工会具有比较强的独立性以致工会对党的斗争形成了过多限制的原因。

卢森堡虽然强调了政治斗争对于无产阶级解放的重要意义,因而始终要求将经济斗争和政治斗争联系起来,认为经济斗争如果缺乏政治斗

---

① [德] 卢森堡:《国民经济学入门》,彭尘舜译,生活·读书·新知三联书店 1962 年版,第 245 页。
② 《卢森堡文选》下卷,人民出版社 1990 年版,第 96 页。
③ 注:《国民经济学入门》的德国编者对卢森堡的这一思想进行了批评,认为工会斗争不单是争取经济利益,同时也具有反对资本主义整体的政治斗争的意义,反对将工人阶级划分为上层和下层。应该说,这一批评并不成立。参见《国民经济学入门》,第 247 页注释。

争的支持，就争取不到需要的利益，即便争取到相应的利益，也无法维护它们，但是，这不表示卢森堡就轻视经济斗争，或者说，政治斗争反过来就不需要经济斗争的支持。

在实际的斗争中，经济斗争和政治斗争是很难严格区分的。从斗争的顺序来说，既有从经济斗争开始朝着政治斗争的发展，也有从政治斗争开始朝着经济斗争的发展；从斗争的影响来看，既有经济斗争影响政治斗争，也有政治斗争影响经济斗争；从斗争的转化来看，既有经济斗争转化为政治斗争的，也有政治斗争转化为经济斗争的。所以，卢森堡在分析俄国群众大罢工时指出："一言以蔽之：经济斗争把一个政治枢纽同另一个政治枢纽联系起来，而政治斗争则为产生经济斗争的土壤定期施肥。这里，原因和结果随时都在交换它们的位置。因此群众罢工时期的经济因素和政治因素远远不象学究们的模式所主张的那样彼此截然分开，更不是彼此排除的，不如说它们只是构成了俄国无产阶级阶级斗争的彼此密切相连的两个方面。它们的统一体就是群众罢工。"① 进言之，群众大罢工是一种能够将经济斗争和政治斗争有机整合的斗争方式，从而能够有效地对资本主义统治进行斗争。这可能也是卢森堡对群众大罢工这种斗争方式进行高度肯定并积极地希望引入到德国无产阶级的斗争中来的又一原因。

最后，就斗争中的群众自发性和党的领导的关系来说，卢森堡经常引用马克思主义创始人的一句话"工人阶级的解放应当是工人阶级自己的事情"来强调无产阶级群众在运动中的应有地位。这句话本出自马克思给第一国际撰写的《国际工人协会共同章程》，后在《德国工人党纲领批注》《给奥·倍倍尔、威·李卜克内西、威·白拉克等人的通告信》等文献中，马克思主义创始人也反复强调。特别是在批判伯恩施坦等三人组成的"苏黎世三人团"的《通告信》中，马克思和恩格斯进一步指出："工人阶级的解放应当是工人阶级自己的事情。所以，我们

---

① 《卢森堡文选》下卷，人民出版社1990年版，第68页。

不能和那些公开说什么工人太没有教养，不能自己解放自己，因而必须由仁爱的大小资产者从上面来解放的人们一道走。"①

应该说，卢森堡特别重视马克思主义创始人的这句话及其精神并不是偶然的。一方面，她从这句话中得出了一个重要认识或者说推论，即无产阶级的解放只能建立在无产阶级群众自身的成熟基础上，党作为无产阶级的先锋队，可以带领和帮助广大无产阶级群众成熟，但不能代替他们成熟，更不能代替他们自己解放自己。也就是说，卢森堡在这里不止于将共产主义学说理解为关于无产阶级解放的学说②，而是进一步明确为是关于无产阶级自我解放的学说，并且强调无产阶级的自我解放既是最终目的也是实际过程，要求无产阶级在发展过程中自我教育、自我学习和自我成长。因此，卢森堡始终要求广大无产阶级群众必须亲自参与各种斗争并在斗争中努力提高自身。对此，知名卢森堡传记专家内特尔的认识无疑是符合卢森堡思想实质的。他在其影响广泛的《卢森堡传》的类似导言的第一章中指出："卢森堡的主导性学说不是民主，个人自由或者自发性，而是参与一斗争，这种斗争形成革命力量并继而推动阶级意识的成熟和革命的到来。"③

另一方面，德国社会民主党长期迷恋于议会斗争等合法斗争，不仅通过党的决议和组织纪律性来反对卢森堡等要求将党的斗争转向更加积极进取的革命的主张，还直接动用党的组织纪律性来约束工人阶级群众自发的革命行动。也就是说，在当时的德国社会主义运动中，德国社会民主党和工会中的官僚已经日渐脱离广大无产阶级群众，成为抑制广大无产阶级群众积极革命的消极因素。

正是基于这两方面原因，卢森堡高度肯定了广大无产阶级群众在革命中的自发性并相应地批判了德国社会民主党和工会的组织机器及其官

---

① 《马克思恩格斯文集》第3卷，人民出版社2009年版，第484页。
② 注：恩格斯在《共产主义原理》中将共产主义界定为"关于无产阶级解放的条件的学说"。参见《马克思恩格斯选集》第1卷，人民出版社2012年版，第295页。
③ J. P. Nettl, *Rosa Luxemburg*, Volume Ⅰ, New York, Oxford university Press, 1966, p. 13.

僚主义①。这一点在卢森堡分析和评价俄国1905年革命中的群众大罢工问题时体现得淋漓尽致。

卢森堡认为，在俄国所有群众罢工中，自发性因素都无一例外地起到很大的作用。之所以如此，就是因为罢工中总会出现各种各样的无法预见的经济的、政治的和社会的、普遍的和局部的、物质的和精神的因素在起共同的作用，没有一个行动能像算术题那样判定和解答。党可以领导短期的示威性群众罢工，但长期的群众罢工尤其是像1905年俄国革命中那样持续的群众大罢工是党无论如何也无法组织和计划的。卢森堡由此批判了德国社会民主党内那些总以无产阶级力量不足和缺乏训练为由反对采取革命措施的各种主张，"自发性因素在俄国的群众罢工中之所以起着如此主要的作用，并不是因为俄国无产阶级是'未经训练的'，而是因为革命不是靠训导可以学会的"②。也就是说，无产阶级群众的自发性本质上体现的是广大无产阶级群众的革命本能和阶级本能，是他们对革命的社会环境的自然反应。一旦社会矛盾激化，社会环境出现革命氛围，无产阶级群众的革命本能和阶级本能就会推动他们走上街头，或争取经济斗争，或争取政治斗争，或二者都争取，即转变为自发的群众大罢工。这就是卢森堡为何强调"不是群众罢工产生革命，而是革命产生群众罢工。"③ 的原因所在。

那么，这是否意味着卢森堡就没有认识到群众自发性的弊病呢？就全盘否定党在群众自发性革命中的角色和地位呢？

应该说，只要认真研究卢森堡对相关问题的分析，上述两个结论都是不能完全成立的。卢森堡当然清楚无产阶级群众的革命自发性是存在一些弊端的。比如在俄国大罢工中，很多无产阶级群众就不知道罢工的

---

① 注：一些学者也清楚地认识到这点。像 Alex Levant 就将卢森堡的自发性思想跟其从马克思那里继承过来的自我解放思想直接联系起来。参见 Alex Levant, *Rethinking Spontaneity Beyond Classical Marxism: Re-reading Luxemburg through Benjamin, Gramsci and Thompson*, Critique. Vol. 40, No. 3, August 2012。

② 《卢森堡文选》下卷，人民出版社1990年版，第72页。

③ 《卢森堡文选》下卷，人民出版社1990年版，第70页。

目的和意义是什么，只是在革命氛围的感召下参加了罢工，用卢森堡自己的话来说就是"起义和大罢工不是在每个地方都是有意识的政治斗争，我们国家中很大一部分工人放弃工作参加了这些活动，但是却没有完全认识到它们的真正目的是什么以及整个运动的目标是什么"①。这样，群众的自发性就很容易导致革命的混乱和盲目，也难以持续下去。

既如此，卢森堡为何还那么强调革命中群众的自发性呢？对此，除了卢森堡在内心深处坚信无产阶级群众的革命本能和阶级本能外②，恐怕最主要的原因还是跟她批判德国社会民主党领导层在革命问题上的保守立场有关，就如卢森堡所言："对我们说来，在大规模的斗争中，未组织起来的群众的狂热同领导者的动摇不定相比，整个说来危险性要小得多。"③ 这也是为何德国社会民主党和工会领导人对卢森堡集中阐发其自发性思想的著作《群众罢工、党和工会》极其不满的原因。因为在党和工会的领袖们看来，她的群众革命自发性思想已经威胁到了党和工会对无产阶级革命的领导地位。④

但是，从另一方面来说，卢森堡又的确过于强调革命中群众自发性的一面，以至于多往前走了一小步，哪怕是向着同一方向走了一小步，真理也会变成错误。诚然，卢森堡在强调群众革命自发性的时候并没有如她的批评者指责的那样，完全将无产阶级群众的革命自发性和党的组

---

① *The Complete Works of Rosa Luxemburg*, volume III, *Political Writings 1*, Edited by Peter Hudis, Axel Fair-Schulz, and William A. Pelz, Verso, London, 2019, p. 115.

② 注：批判卢森堡自发性思想的人往往将她的这一思想跟她的经济思想尤其是《资本积累论》中分析的"资本主义崩溃论"思想联系起来，认为卢森堡是一个历史宿命论者，自发性思想是历史宿命论思想在革命问题上的体现。参见厄斯纳写的《卢森堡评传》。[德] 弗雷德·厄斯纳《卢森堡评传》，孔固、李度译，生活·读书·新知三联书店，1964年版，第116页。

③ 《卢森堡文选》下卷，人民出版社1990年版，第340页。

④ Lea Haro, *Destroying the Threat of Luxemburgism in the SPD and the KPD：Rosa Luxemburg and the Theory of Mass Strike*, Critique. Vol. 36, No. 1, April 2008. 当然，从后来德国革命的发展看，尤其是考虑到1918年德国革命爆发后，德国社会民主党的大部分成员都放弃了社会主义革命目标，转而跟资产阶级合作镇压革命以维持秩序，卢森堡对群众革命自发性的强调和对德国社会民主党组织及其官僚主义的批判又充满了先见之明。

织对立起来，或者说全盘否定党在群众自发性革命中的角色和地位。①对此，卢森堡在当时发表的很多文章中都有所说明。比如在发表于1905年3月的一篇名为《在社会民主党的旗帜下》的文章中，卢森堡虽然强调俄国的这场革命是群众自发形成的，不是党领导发起的，也没有按照党的设想进行，其规模甚至超出了党的设想，但是，当革命进入第二阶段的时候，党的作用就凸显出来了。"现在革命已经进入重要的第二阶段，在这个阶段，社会民主党必须做好计划迎接事件的发展，以便尽可能地掌握好革命主导权，引导革命群众运动并为下个阶段的革命行动提供方向。我们只有通过持续的和不断努力的组织和鼓动工作才能解决这些问题。"② 也就是说，卢森堡并没有主张在群众自发的革命中党就不发挥任何作用。

恰恰相反，在卢森堡看来，党在群众自发的革命中，其作用处处可见。从革命爆发前党持续开展的宣传和鼓动等工作，到革命爆发后党为革命运动指明方向和提供指导等，党的身影无处不在。只不过党的这种作用在卢森堡这里没有像德国社会民主党的领袖们或者列宁等俄国革命者所主张的那样处于绝对的领导地位，而是处于相对的领导地位，用卢森堡自己的话来说，即"承担政治领导"。"社会民主党的使命不是要为群众罢工的技术方面和内在机制煞费脑筋，越俎代庖，而是要在革命时期也承担政治领导。为斗争制定口号，给斗争指出方向；在安排政治斗争的策略时，要使现有的和已经迸发、已经行动起来的全部力量在斗争的每一个阶段和每一时刻都有用武之地，而且要在党的战斗阵地上表现出来；要使社会民主党的策略在果断和锐利方面不但永不落后于实际力量对比的水平，而且还要跑在它的前面，这些才是群众罢工时期的

---

① 注：斯大林后来在对革命自发性的批判中简单地将其与工联主义主张等同起来，把革命自发性主张等同于改良主义主张。这些说法应该说是不全面的，至少是与卢森堡主张的革命自发性思想不相符合的。参见《斯大林选集》上卷，人民出版社1979年版，第201页。

② *The Complete Works of Rosa Luxemburg*, Volume III, Political Writings 1, Edited by Peter Hudis, Axel Fair-Schulz, and William A. Pelz, Verso, London, 2019, p. 107.

'领导'的最重要的任务。"①

由此可见,卢森堡出于对无产阶级群众的阶级本能和革命本能的信任,为了批判德国社会民主党和工会通过组织纪律性来约束德国的自发的群众革命,她对革命运动中尤其是俄国1905年革命中涌现出来的群众革命自发性进行了高度肯定,以至于纠枉过正,对党在革命中的地位做了不利于革命取得成功的阐释,尽管她在强调无产阶级群众革命自发性的同时没有完全否定党的作用和地位。因此,作为生活在德国社会民主党内的波兰移民,面对一头是力量强大、组织良好但却日渐保守乃至走向反动的德国社会民主党,另一头是日渐高涨的无产阶级群众的革命热情,卢森堡陷入了寻求适合德国国情的革命道路的困境。这种困境在1918年的德国革命中集中爆发,而卢森堡等革命领导人试图通过强调群众自发性来破解这种困境的尝试也归于失败。实践证明,在无产阶级革命中,对无产阶级群众革命自发性的片面强调是无助于无产阶级革命取得成功的。

二 无产阶级革命是持续的革命

马克思主义创始人在总结1848年欧洲革命经验时曾提出一个重要思想即"社会主义就是宣布不断革命"②,后来他们在《告共产主义者同盟书》中针对无产阶级和小资产阶级革命要求之间的不同时进一步认为:小资产阶级根本不愿为革命无产者的利益而变革整个社会,他们要求改变社会状况,只是想使现存社会变得好一点以便他们的生活条件变得好些。所以,他们会要求限制官僚制度以缩减国家开支,让大土地占有者和大资产者承担主要税负,也会要求消除大资本对小资本的压迫,设立公共信用机构,颁布反高利贷的法令,以便他们和农民可以不从资本家那里而从国家那里以优惠条件得到贷款,甚至还会要求彻底铲除封建制度,在农村建立资产阶级的财产关系。为了实现这一切,他们需要

---

① 《卢森堡文选》下卷,人民出版社1990年版,第73页。
② 《马克思恩格斯文集》第2卷,人民出版社2009年版,第166页。

一种能使他们及其同盟者农民占多数的民主的——不论是立宪的或共和的——政体，并且需要一种能把乡镇财产的直接监督权以及目前由官僚行使的许多职能转归他们掌握的民主的乡镇制度。简言之，民主派小资产者只不过希望实现了上述要求便赶快结束革命，"而我们的利益和我们的任务却是要不断革命，直到把一切大大小小的有产阶级的统治全都消灭，直到无产阶级夺得国家政权，直到无产者的联合不仅在一个国家内，而且在世界一切举足轻重的国家内都发展到使这些国家的无产者之间的竞争停止，至少是发展到使那些有决定意义的生产力集中到了无产者手中。对我们说来，问题不在于改变私有制，而只在于消灭私有制，不在于掩盖阶级对立，而在于消灭阶级，不在于改良现存社会，而在于建立新社会"①。这就是著名的马克思"不断革命"思想。②

所以，马克思的"不断革命"思想其实包含三层含义：一是包括城市小资产阶级和农民在内的小资产阶级民主派具有民主革命的诉求，因此，在一定的条件下，他们是会参与到反对现存社会秩序的革命斗争中的。这也是无产阶级在反对现存社会秩序的革命斗争中在一定程度上可以跟小资产阶级民主派形成革命同盟的根本原因。二是小资产阶级民主派跟无产阶级在革命任务和目标上存在根本区别，因此，在小资产阶级由于实现部分革命目标而停止革命甚至反对革命时，无产阶级仍需要继续革命下去，直至夺取政权、消灭一切有产阶级的统治等。三是无产阶级革命的目标不止于在一国范围内夺取政权，而且要在世界上主要国家争取夺取政权，或至少使这些国家的生产力掌握和控制在无产阶级手上。

应该说，包括卢森堡在内的第二国际的很多社会主义政党领袖都知道马克思主义创始人的这一思想，尤其是像列宁等俄国的马克思主义革

---

① 《马克思恩格斯文集》第2卷，人民出版社2009年版，第192页。
② 注：马克思主义的"不断革命"思想在我国国内曾经遭到很大程度的误解，并引起不少争议。参见陈正光《如何正确理解马克思的"不断革命"论》，《江西师范大学学报》（哲学社会科学版）1984年第2期。

命者更是高度重视这一思想并将其积极运用到对俄国革命的指导上。因为俄国是以农民这种小资产阶级占多数的且封建势力非常强大的落后国家，天然就面临着反对封建贵族统治和反对资产阶级统治的双重任务。马克思的"不断革命"思想在指导列宁等马克思主义革命者如何认识和看待俄国无产阶级革命的性质、革命的发展阶段、无产阶级同小资产阶级的关系等问题上都具有重要的启发。因此，无论是当时身处德国但却始终关心俄国革命的卢森堡，还是直接参与领导俄国革命的列宁、托洛茨基等人，都对马克思的这个思想非常重视并结合自身的认识形成了并不完全一致的观点。

就卢森堡来说，她对俄国1905年革命的分析集中体现了她的这一思想。在1905年俄国革命爆发期间，卢森堡写了系列文章，就俄国这场革命的性质、革命中各阶级的表现和评价、革命趋势的发展等问题做了分析。在卢森堡看来，俄国无产阶级群众在这次革命中虽然仍受到自由派的迷惑和对沙皇抱有一些迷信，但是从他们呈给政府的请愿书和持续的群众大罢工这一革命行动看，这次革命却具有典型的无产阶级性质。因为请愿书上的内容，除了没有要求建立共和国外，其他内容都是俄国社会民主党政治纲领中的要求，这些内容是民主政制的基本要求。卢森堡尤其分析了革命中无产阶级群众提出八小时工作制的要求，认为这一要求不仅是"俄国这场革命中从一开始就提出的主要诉求"，而且是"最重要的社会要求"。[①] 八小时工作制是无产阶级出于阶级本能自发提出来的，也是无产阶级超出资产阶级民主革命范围能够体现自身阶级性质的要求，同时还反映了无产阶级和资产阶级之间的矛盾。

不仅如此，在这些文章中，卢森堡经常将俄国的这场革命跟欧洲的资产阶级革命尤其是1848年德国和法国的革命作对比，认为"俄国作为一个政治上落后的国家登上了革命的世界舞台，从资产阶级的阶级发展观点来看，它无法同三月革命前的德国相对比。但是正因为如此，当

---

① *The Complete Works of Rosa Luxemburg*, Volume III, Political Writings 1, Edited by Peter Hudis, Axel Fair-Schulz, and William A. Pelz, Verso, London, 2019, p.119.

前的俄国革命才与所有流行的观点背道而驰,具备了迄今为止所有革命中最鲜明的无产阶级的阶级性质"①。因此,卢森堡认为俄国这场革命的直接目标没有超出资产阶级民主的范围,但是领导完成这一任务的不再是资产阶级,而是有觉悟的无产阶级,即俄国这场革命是无产阶级领导的资产阶级革命。这一认识跟当时第二国际各社会主义政党领袖普遍将俄国的这场革命视为是资产阶级民主革命存在本质区别。因为这意味着俄国的无产阶级革命实质上是一个持续的革命过程,即先在无产阶级的领导下进行资产阶级民主革命,然后继续进行社会主义革命。在撰写革命期间的《两个阵营》一文中,卢森堡再三强调,工人阶级真正的和永恒的敌人不仅是正在屠杀他们的沙皇专制政府,还是在明天将会屠杀他们的资产阶级。所以,"革命的胜利和推翻沙皇专制统治对于工人阶级来说将不是斗争的结束,而是开启了一个新的反对资产阶级的斗争时代"②。

这表明,苏联在很长一段时期将卢森堡的持续革命思想和托洛茨基的不断革命思想硬联系在一起,或者简单地将其思想称为孟什维克或半孟什维克的观点加以批判是根本站不住脚的。事实上,这一说法出自斯大林1931年致《无产阶级革命》杂志编辑部的信。在信中,斯大林认为,1905年布尔什维克和孟什维克在俄国革命的性质问题上发生了分歧,布尔什维克坚持无产阶级领导下的工农联盟思想,即实行无产阶级和农民的革命民主专政,以便在保证得到农村贫农的支持下立刻从资产阶级民主革命转到社会主义革命,而孟什维克则反对工农联盟,跟资产阶级自由派合作。正是在这里,斯大林继续说道:"德国社会民主党左派,帕尔乌斯和罗莎·卢森堡是怎样对待这些争论的呢?他们编造了一种空想的、半孟什维主义的、彻头彻尾充满了孟什维克的否认工农联盟政策精神的不断革命方案(对马克思的革命方案的畸形的曲解),并拿

---

① 《卢森堡文选》下卷,人民出版社1990年版,第3页。
② *The Complete Works of Rosa Luxemburg*, Volume III, Political Writings 1, Edited by Peter Hudis, Axel Fair-Schulz, and William A. Pelz, Verso, London, 2019, p. 143.

这个方案来同布尔什维克的无产阶级和农民的革命民主专政方案相对立。后来托洛茨基（马尔托夫在某种程度上）就抓住了这个半孟什维主义的不断革命方案，并且把它变成了反对列宁主义的武器。"[1] 斯大林的这段话不仅将卢森堡对俄国革命的性质的认识跟当时列宁的认识完全对立起来，也没有理解卢森堡在革命中对于农民的真正立场和态度，更是没有任何根据地将卢森堡的思想跟托洛茨基的思想混为一谈。

列宁对于1905年俄国革命的观点集中体现在他于这一年撰写的系列文章中。这些文章中，列宁不仅指出俄国无产阶级应当而且能够成为资产阶级民主革命的领导阶级，从而旗帜鲜明地提出革命领导权问题，明确指出"在现代俄国，构成革命内容的不是两种斗争力量，而是两种不同性质的社会战争：一种是在目前的专制农奴制度内部发生的，另一种是在未来的、正在我们面前诞生的资产阶级民主制度内部发生的。一种是全体人民争取自由（争取资产阶级社会的自由）、争取民主，即争取人民专制的斗争，另一种则是无产阶级为争取社会主义社会制度而同资产阶级进行的阶级斗争"[2]。也就是说，列宁在这里跟卢森堡一样，都将俄国的这场革命理解为无产阶级领导下的资产阶级民主革命，也都反对孟什维克因为这场革命是资产阶级民主革命而放弃无产阶级的领导权。二人在这个问题上不存在实质的区别。

那么，对于革命中的农民阶级，卢森堡又持什么立场呢？是否如斯大林说的那样否认工农联盟政策精神呢？其实只要认真读读卢森堡于1907年5月12日在俄国社会民主工党伦敦代表大会上的发言，就很容易做出与斯大林完全不同的回答。卢森堡的这次发言本身就是针对党内关于自身误解的回应。她首先批评了普列汉诺夫机械地将农民视为反革命阶级的观点，认为无论是在德国还是在俄国，农民"不但是我们暂时的政治同盟军，而且是我们将来的天然同志。如果现在拒绝把这些阶层置于我们的领导和影响之下，这对革命的先锋队来说正是不能饶恕的宗

---

[1] 《斯大林全集》第13卷，人民出版社1956年版，第81—82页。
[2] 《列宁全集》第11卷，人民出版社1987年版，第284—285页。

派主义"①。其原因就在于农民需要通过革命来获得土地，只要土地问题没有解决，农民就不仅反对专制制度，也会反对资产阶级。同时，由于农民运动是空想的，按其天性是没有出路的，所以"它们完全没有能力起独立的作用，在任何历史情况下都得服从另一个更积极更坚决的阶级的领导"②。卢森堡这里说的"更积极更坚决的阶级"在当前就是指无产阶级。由此可见，卢森堡不仅没有排斥工农联盟，明确将农民视为无产阶级的同盟军，还强调无产阶级必须坚持对农民的领导即无产阶级的领导权。这些观点从总体上看很难说跟当时的列宁持有的观点存在根本的区别，更说不上是反对列宁的观点，充其量只能说列宁出于革命斗争的需要明确提出了工农民主专政，而卢森堡则主要出于如何从俄国这场革命中吸取有利于德国无产阶级革命的有益经验而缺乏类似提法，甚至有时为了强调德国和俄国革命条件的不同还会存在一些不严谨的说法。③

至于斯大林将卢森堡的持续革命思想跟托洛茨基的不断革命思想混为一谈，这一点只要看看托洛茨基的不断革命思想到底指什么就很容易做出判断。从某种意义上说，托洛茨基的整个无产阶级革命思想就是不断革命的思想。从1905年他在《社会民主党和革命》一文中最早提出"不断革命成为无产阶级的阶级自我保全的规律""无产阶级的胜利也意味着革命的不间断性""在最低纲领和最高纲领之间存在着革命的不间断性"，④到他晚年撰写的《俄国革命史》和《被背叛的革命》等著

---

① 《卢森堡文选》下卷，人民出版社1990年版，第142页。
② 《卢森堡文选》下卷，人民出版社1990年版，第143页。
③ 注：厄斯纳引用卢森堡在《群众罢工、党和工会》一文中的一句话即"正因为资产阶级的民主主义和自由主义也到了死亡的关头，所以再也谈不到在德国实行资产阶级革命"就认为卢森堡否定在德国实行资产阶级革命的必要性。厄斯纳的这个观点抓住了卢森堡的个别说法但却进行了过度的引申。因为只要通读卢森堡发表于这个时期的文献就不难发现，卢森堡并不否定德国实行资产阶级革命，而是像她论述俄国革命问题一样，也是强调德国的资产阶级革命必须由无产阶级来领导，而且考虑到德国无产阶级力量的强大，在德国从资产阶级革命转变为社会主义革命可能更加快速。厄斯纳的观点参见［德］弗雷德·厄斯纳《卢森堡评传》，孔固、李度译，生活·读书·新知三联书店，1964年版，第31页。
④ 《托洛茨基言论》上卷，生活·读书·新知三联书店1979年版，第90页。

作中,托洛茨基始终没有放弃他的"不断革命"思想并进行了不断的发展。当然,托洛茨基后来将他的"不断革命"思想概括为三个方面即民主革命到社会主义革命的"不断性"、社会主义革命的"不断性"和"国际革命"的不断性。① 其中,涉及1905年革命认识的问题主要集中在第一个方面即民主革命到社会主义革命的"不断性"。托洛茨基认为,俄国的农民不能起独立的政治作用,农民在政治上不是跟着资产阶级走就是跟着无产阶级走,由于资产阶级上台后会加速小农的破产,因而农民不会跟着资产阶级走而只能跟着无产阶级走。也因此,托洛茨基极力贬低农民在政治上的地位和作用,反对列宁提出的"工农民主专政"和工农联盟的主张,而是主张直接建立无产阶级专政。而一旦无产阶级掌握政权,"'最低'和'最高'纲领之间的界限便立刻不存在了"。② 也就是说,在关于1905年俄国革命的认识上,托洛茨基不仅仅大大贬低了农民的地位和作用,反对工农联盟和工农民主专政,主张直接建立无产阶级专政,还否定民主革命的必要性,要求直接过渡到社会主义。这些主张显然不同于卢森堡③,也不同于列宁,因而遭到了列宁的批判。④

但是,托洛茨基的"不断革命"思想中的第三个方面即"国际革命"的不断性跟卢森堡的革命思想却具有一致性,尽管后者的这个思想不是直接来自前者且与其内在逻辑也不完全一致,而是更多地来自马克思的"不断革命"思想,即其中的第三层含义——无产阶级革命的目

---

① [俄]列夫·托洛茨基:《"不断革命"论》,生活·读书·新知三联书店1966年版,参见出版者说明。
② [俄]列夫·托洛茨基:《"不断革命"论》,生活·读书·新知三联书店1966年版,第63页。
③ 注:诺曼·杰拉斯认为,卢森堡和列宁都认为俄国革命是工人阶级领导的资产阶级民主革命,但列宁更强调工农联盟和工农民主专政,而卢森堡则强调工人阶级专政。就这点来看,卢森堡和托洛茨基的观点更接近。同时,卢森堡没有像托洛茨基那样主张跳过资产阶级民主革命直接过渡到社会主义,这一点卢森堡跟列宁更接近。参见 Norman Geras, *The Legacy of Rosa Luxemburg*, London, NLB, 1976, pp. 63–100。
④ 曹浩瀚:《列宁革命思想研究》,中央编译出版社2012年版,第157—163页。

标不止于在一国范围内夺取政权,而是要在世界上主要国家争取夺取政权,或至少使这些国家的生产力掌握和控制在无产阶级手上。也就是说,在卢森堡的无产阶级革命思想中,无产阶级革命必须是国际联合的革命,任何一个国家的单独的无产阶级革命都容易遭受失败,只有各国的无产阶级相互学习、相互支持、相互合作,共同反对各自的统治阶级,无产阶级革命才会取得成功。就像卢森堡在《尤尼乌斯提纲草案》中所表明的那样。整个草案的主线和基调就是强调各国无产阶级必须团结起来,共同反对本国的统治阶级和进行革命。"没有无产阶级的国际团结就没有社会主义,没有阶级斗争就没有社会主义。社会主义的无产阶级在和平时期和在战争时期都不能放弃阶级斗争和国际团结,否则就是自杀""无产阶级的阶级组织的重心在于国际"。①

卢森堡的这一革命思想不是"一战"爆发后的一时之应景或者简单的反战宣言,而是其长期坚持无产阶级革命必须是国际性革命这一主张的具体体现。因为在卢森堡看来,各国内部无产阶级反对统治阶级的阶级斗争和各国无产阶级的国际团结是无产阶级革命和获得解放的两个不可分离的生存准则,尤其是资本主义为了实现资本积累疯狂地推行帝国主义政策,将世界各个国家和民族纳入到资本主义生产体系中,造成各个国家的联系紧密不可分,各个国家的无产阶级面临着反对资本主义剥削和掠夺的共同任务,反对帝国主义的斗争同时也具有争取国内政权斗争的意义,形成所谓以战争反对战争和帝国主义时代不再有民族战争的状况。"从帝国主义国家的政策和帝国主义战争中不可能产生任何被压迫民族的自由和独立。小民族只是大国的帝国主义赌博中的走卒,它们同一切参战国的劳动人民群众一样,在战时被当作工具使用,在战后又将成为资本主义利益的祭坛上的牺牲品。"② 也就是说,在帝国主义时代,只有无产阶级反抗帝国主义的斗争及其联合才是摆脱无产阶级受奴役和压迫的唯一选择。"一战"爆发后,世界的命运要么是野蛮主

---

① 《卢森堡文选》下卷,人民出版社1990年版,第384页。
② 《卢森堡文选》下卷,人民出版社1990年版,第382页。

义，要么是社会主义。

正因此，无论是卢森堡对1905年俄国革命的思考，还是她对1917年十月革命的分析，其中的一条理论逻辑线就是她始终坚持从无产阶级革命的国际性出发来分析和看待俄国革命，既从国际无产阶级革命联合角度认识俄国革命的意义，也从俄国革命角度分析其对国际无产阶级革命联合的影响。就1905年俄国革命来说，卢森堡并没有像第二国际中其他社会主义者那样，仅仅把这场革命理解为是俄国一国的革命，或者理解为俄国发展落后的特殊体现，而是始终要求德国工人应当学会把俄国革命当作他们自己的事情来考察，不仅是为了展示无产阶级的国际团结，更是要把这种革命当作自己的社会政治史的一个篇章。基于此，卢森堡得出结论："俄国革命是国际的，因而也首先是德国的工人运动的力量与成熟的反映。"① 这就是说，俄国革命能否引起德国无产阶级同样的革命行动，这既是俄国革命的国际意义所在，也是判断德国无产阶级是否成熟的标志。

而就1917年十月革命来说，无论是卢森堡对十月革命的评价和分析，还是她对苏俄和德国签订布列斯特和约后的反应，也都集中体现了她的无产阶级革命国际性的立场。十月革命爆发时，卢森堡正被德政府拘役，在监狱中她写下了《论俄国革命》，对俄国革命做了分析和评价。通读这篇手稿，不难发现卢森堡对于十月革命的心情是复杂的。一方面，她惊喜于俄国布尔什维克坚持了战前第二国际通过的以无产阶级革命战争反对帝国主义战争的正确方针，取得了俄国无产阶级革命的胜利，即"布尔什维克在确定自己的政策时完全着眼于无产阶级世界革命，这正是他们的政治远见、他们的原则坚定性、他们的政策的魄力的光辉证明"②。而另一方面，她又非常忧心俄国一国的无产阶级革命胜利能否在缺乏国际其他无产阶级革命的支持下生存下来，即"俄国革命的命运完全取决于国际事件的""如果缺乏它，个别国家的无产阶级哪

---

① 《卢森堡文选》下卷，人民出版社1990年版，第90页。
② 《卢森堡文选》下卷，人民出版社1990年版，第476页。

怕具有最伟大的才能和作出最崇高的牺牲，也不可避免要陷入一片混乱的矛盾和失误"①。因此，卢森堡再三呼吁欧洲各国尤其是德国的无产阶级要行动起来，要跟俄国革命形成呼应和支持，甚至希望革命成功后的俄国能够在战场上痛击德帝国主义以便于德国无产阶级的革命。如此一来，欧洲无产阶级革命就能形成大联合，俄国革命的胜利才能维持。可是1918年苏俄跟德国签订布列斯特和约，相当于打破了运用俄国革命来发起欧洲革命的希望，尤其是德国无产阶级革命的希望。"俄国在布列斯特—里托夫斯克的投降将意味着大大加强帝国主义的泛德意志的政策，从而恰好减少了在德国举行革命起义的机会，它不会使对德战争结束，反而是这次战争的新篇章的开始。"② 其结果就是没有德国革命，就无法拯救俄国革命。这些观点无不说明，卢森堡从来都是将无产阶级革命视为国际性的革命，一国的无产阶级革命必须以其他国家的无产阶级革命相互配合和支持才能取得最终胜利。可以说，卢森堡是第二国际中将马克思的国际主义原则运用到无产阶级革命中并坚持最彻底的一个马克思主义者，甚至为此严重低估了民族解放运动对于无产阶级革命的意义。其中的原因除了马克思主义的国际主义性质和她的帝国主义理论逻辑外，可能也跟其丰富的国际生活经历紧密相关。一些学者用国际主义来概括其一生，也的确恰如其分。③

---

① 《卢森堡文选》下卷，人民出版社1990年版，第476—477页。
② 《卢森堡文选》下卷，人民出版社1990年版，第509页。
③ Richard Abraham, *Rosa Luxemburg: A life for the International*, Oxford, Berg Publishers Limited, 1989.

第 三 章

卢森堡的民族解放和妇女解放思想

作为一个马克思主义者,卢森堡是从历史唯物主义出发来认识和看待当时正在蓬勃发展的民族解放运动以及逐渐兴起的妇女解放运动的。在卢森堡看来,历史唯物主义揭示了阶级社会中阶级压迫尤其是资本主义社会中资产阶级对无产阶级的压迫才是首要的根本的问题,具有总体的特性,而民族压迫和妇女压迫作为次要的现象,是依附于资产阶级对无产阶级压迫这一总问题的。因此,民族解放和妇女解放也是依附于无产阶级解放的。只有无产阶级获得了真正解放,民族问题和妇女问题才能得到真正的彻底的解决。

第一节 对民族主义运动的分析和批判

卢森堡对民族主义运动的分析和批判可以说贯穿于其一生,甚至在某种程度上构成了她的整个政治哲学隐蔽的逻辑线索。卢森堡对民族主义运动的分析和批判不仅仅与其个人的革命经历有关,也不仅仅是批判政治对手的需要,而且具有较为系统的理论依据,反映了她对历史唯物主义的理解、资本主义发展趋势的判断、社会主义运动形势的把握等系列认知,属于她的无产阶级革命思想的重要组成部分。

一 对民族主义运动的分析

作为出生于波兰的革命家,民族问题是卢森堡从一出生就无法回避的现实问题。卢森堡的革命生涯就是从反抗俄国在波兰占领区实行民族歧视和压迫开始的,① 可她本人却没有简单地走上旨在寻求民族独立的民族主义运动,而是走上了旨在寻求无产阶级解放的社会主义运动。在卢森堡参加革命前,波兰社会主义运动中就已经出现了两个社会主义派别,即以路德维希·瓦棱斯基为核心的"第一无产阶级"和以波莱斯瓦夫·利曼诺夫斯基为核心的"波兰人民"。两派都宣称坚持社会主义原则,但实际上却存在根本分歧。前者反对把波兰民族独立作为社会主义运动的目标,强调波兰无产阶级要和俄国无产阶级一起,共同反抗阶级压迫和民族压迫。"我们的爱国主义者的理想——这样或那样的波兰国界对我们来说无关紧要。我们的祖国是整个世界。我们是一个伟大民族的一员,这是一个比波兰民族更加不幸的民族——无产阶级的民族!"② 而后者则把波兰民族独立作为社会主义运动的优先目标,要求无产阶级运动服务于民族解放事业。利曼诺夫斯基甚至认为,只要存在俄国对波兰的民族压迫,社会主义运动就不可能取得发展,波兰的社会主义运动既要依靠工人阶级和农民,也要依靠知识分子,根本就不能过多地依赖于俄国革命。③ 这样,在波兰社会主义运动内部,就存在着波兰民族独立运动和波兰无产阶级运动孰先孰后、孰服从孰的根本分歧。

卢森堡从中学时就积极参加"第一无产阶级"的革命活动因而坚定地支持该派的主张。为此,无论是在第二国际的国际舞台上,还是作为波兰社会民主党的领导人,或者作为德国社会民主党内的重要理论家,卢森堡都在利用一切机会揭露和批判利曼诺夫斯基领导的波兰社会党及其波兰民族主义主张。卢森堡也跟瓦棱斯基一样,认为俄属波兰地区的富裕阶层只关注自身的利益,而对波兰民族独立缺乏兴趣;反之,只有无产阶级工人,由于一方面受到波兰资产阶级的剥削和压榨,另一

---

① Paul Frölich, *Rosa Luxemburg: Her Life and Work*, New York, Monthly Review Press, 1972, p. 5.
② 《罗莎·卢森堡全集》第1卷,胡晓琛等译,人民出版社2021年版,第17页。
③ J. P. Nettl, *Rosa Luxemburg*, Volume I, New York, Oxford University Press, 1966, pp. 46–47.

方面又受到俄国专制统治的迫害，从而更加关注民族命运。就如她在提交给第二国际苏黎世代表大会的报告中所言，自从俄国、德国、奥地利瓜分波兰后，波兰的三个部分已形成各自的社会经济历史，同所属国家有机地结合在一起。特别是瓜分波兰领土最大的俄国，与波兰经济具有紧密的联系。波兰的资产阶级为了俄国的销售市场和原料，更倾向于与俄国保持统一，而不是强行分离。"鉴于这一经济联系符合资本主义的不可抗拒的逻辑，因此要建立一个资本主义的波兰国家的意图是缺乏任何现实基础的。"① 为了充分地说明这一点，卢森堡广泛收集各种资料和数据，形成博士论文《波兰的工业发展》。

在博士论文中，卢森堡一方面用大量数据和材料说明波兰工业发展其实是依赖于俄国市场和沙皇政策的——虽然波兰资产阶级在发展工业中会跟俄国资产阶级形成竞争和冲突，但是这种竞争和冲突却只是利益上的而不是民族上的，另一方面也揭示了波兰资产阶级打着"祖国""民族"的旗号来鼓动民众，目的也不是真正地关心波兰民族的独立和解放，而是以此作为跟俄国资产阶级竞争的手段。所以，在论文的最后，卢森堡得出结论："波兰在经济方面不仅不会与俄国出现隔阂，更确切地说，从资本主义大生产本身的一般本质产生的趋势，也会使波兰在经济上更加紧密地受缚于俄国。资本主义生产方式的内在规律是，它会力图在物质上使最偏远的地区相互逐渐联系在一起，使它们在经济上相互依赖，最终将整个世界变成唯一一个稳固联接的生产机制。当然，这种趋势在同一个国家内，在同一个政治和关税边界内影响最大。波兰和俄国的资本主义发展产生了一样的结果。"②

也就是说，卢森堡反对波兰社会党的民族主义主张既有事实上的依据，即波兰在经济上对俄国形成的依赖以及波兰资产阶级为了自身的阶级利益不仅反对波兰独立，还和俄国沙皇政府联合起来共同反对两国的无产阶级，更有对资本主义发展的内在趋势的认识和判断，即资本主义

---

① 《卢森堡文选》上卷，人民出版社1984年版，第8页。
② 《罗莎·卢森堡全集》第1卷，胡晓琛等译，人民出版社2021年版，第213页。

发展内在地会将俄国和其占领的地区的经济紧密地联系在一起以便实现资本主义对外扩张的需要。这种需要就是卢森堡后来揭示的资本主义为了实现资本积累需要不断地抢占外部市场。换言之，在卢森堡反对波兰民族主义运动的背后除了她秉持的无产阶级立场外，其中也蕴含着她对资本主义经济必然性的认识。从资本主义为了实现资本积累必然会将世界各地区和各民族紧密联系起来这种趋势看，鼓吹民族独立无异于是打破这种紧密联系，要求各民族重新回到封闭和各自为政的自然经济中去。应该说，卢森堡的这一认识不仅构成了她反对波兰民族主义运动的深层逻辑，更是构成了她理解民族主义运动的内在逻辑。[1]

在卢森堡看来，近代民族主义运动的兴起本身就跟资本主义的发展具有内在的联系。因为资本主义同小国分立状态、同经济上和政治上的割据是不能相容的，它为了自己的发展需要尽可能巨大的、内部完整的国土和一种精神文明。没有这种条件，社会的需求既不能提高到同资本主义商品生产相适应的水平，现代资产阶级阶级统治的机器也不能够发挥作用。在资本主义能够发展成包括全球的世界经济以前，它竭力在一个民族国家的界限内争取有一片完整的领土。所以，民族国家、民族统一和独立是20世纪中欧的资产阶级大国在建立时所依赖的意识形态方面的旗号。资产阶级使用民族这个概念反对封建制度以便建立起有益于资本主义经济发展的统一的民族国家，从而推动了民族主义运动的发展。"民族纲领，在资产阶级的阶级统治勉勉强强地在中欧大国站稳脚跟并且在这些国家中获得必要的工具和条件以前，仅仅作为上升时期的、旨在取得政权的资产阶级在意识形态上的表现而发挥历史作用。"[2]这种做法在当时也的确反映了社会的整体利益，一定程度上代表了尚未成熟和尚未独立登上历史舞台的无产阶级的利益，具有历史进步意义。

---

[1] A. Walicki, Rosa Luxemburg and the Question of Nationalism in Polish Marxism, *The Slavonic and East European Review*, Oct. 1983, Vol. 61, No. 4. 由此作者认为，卢森堡本人或许不是经济决定论或宿命论者，但是在民族问题上，卢森堡却坚持了经济决定论以致她对这个问题做了机械的理解和阐释。

[2] 《卢森堡文选》下卷，人民出版社1990年版，第441页。

可是，资本主义发展到今天，情况已经发生了根本的改变。

一方面，资本主义由于资本积累的需要不断地对外扩张和殖民，从而将世界各个地区和民族紧密地联系起来，各个地区和民族之间不是呈现出越来越分离和孤立的状态，而是呈现出越来越联系紧密的状态。"历史的进展，特别是近代资本主义的发展，不是趋向于恢复每个民族的独立生存，恰恰是向相反方向发展，这在今天也是为大家有力地公认的。"① 也就是说，在第二国际内认为资本主义的发展导致民族独立不再成为趋势的看法并不是卢森堡一个人的观点，而是一种比较流行的观点。比如考茨基就从语言角度分析了世界通用语言以及在此基础上形成"国际文化共同体"的可能。② 卢森堡认可考茨基关于文明民族之间趋向统一而不是趋向分离的看法，但是却不认可后者将这种统一建立在文化共同体基础上，也不认可后者将这种统一的过程视为径直的过程。卢森堡强调的是经济因素，即资本主义的内在需要带来的民族间的统一趋势，尽管这个统一过程充满了压迫和被压迫、奴役和被奴役的矛盾和斗争。

另一方面，伴随着资本主义的对外扩张和殖民，各个地区和民族的人民都受到了资本主义的剥削和压迫，他们面临着反抗资本主义和资产阶级剥削和压迫的共同任务，尤其是伴随资本主义发展而日渐成熟起来的无产阶级，已经形成了自己的无产阶级政党，具有了自己独立的诉求和主张。这个时候，如果无产阶级还举着曾作为资产阶级用来反抗封建统治秩序的民族主义这杆大旗，不仅显得已经过时了，而且容易跟资产阶级立场混淆起来。"由阶级上已觉醒的和独立地组织起来的无产阶级来使用这个概念，将是令人惊讶的矛盾——不是关系到学究式逻辑的矛盾，而是历史的矛盾。"③ 而这个时候民族主义的旗号虽然仍然存在，但是，它的现实内容、它的作用却转向了它的反面，即它只是作为资本主义的帝国主义政策的牵强附会的借口和作为资本主义竞争的战斗

---

① 《卢森堡文选》下卷，人民出版社1990年版，第172页。
② 《卢森堡文选》下卷，人民出版社1990年版，第172—174页。
③ 《卢森堡文选》下卷，人民出版社1990年版，第182页。

口号。

所以，卢森堡始终认为，在资本主义对外扩张和殖民将世界各地和各民族紧密联系起来的大背景下，各民族的无产阶级首先需要做的不是跟在本民族资产阶级的后面支持民族独立和解放，而是要坚持无产阶级的国际联合，跟其他民族的无产阶级团结起来共同反对资本主义和资产阶级的剥削和压迫。"资产阶级统治者和贵族在进行剥削时，是不区分本族工人和外族工人的。资本家并不尊重工人的民族特性，他们把每一个无产者都仅仅看作能够为他们创造利润的劳动力。……只要资本主义制度依然存在，民族国家就不可能是无产阶级的救星。"① 只有无产阶级获得了真正的解放，民族解放才能真正实现，即阶级斗争优先于民族运动，阶级解放优先于民族解放。否则，就会像波兰民族主义者那样，试图将社会主义运动引向民族主义，从而不可避免地造成社会主义政党的分裂和以民族因素取代阶级因素的实践后果。无产阶级不需要为创建一个独立的资产阶级国家而努力，而是直接为创建一个社会主义国家而斗争。特别是"一战"爆发后，第二国际各社会主义政党纷纷背叛社会主义国际原则，转而以维护"民族利益"和"祖国安全"为名支持本国政府的帝国主义战争政策。其中，德国社会民主党右翼更是公然宣称"我们不会在危险的时刻置自己的祖国于不顾"，把民族自卫称为"国际的主张"，把德军参与战争视为被动的防御战争，还有些人引用马克思1848年反对专制俄国的口号来美化德国对俄国的战争，把这场战争描绘成德国对波兰等被奴役民族的解放战争。

对此，卢森堡进行了坚决的抵制和批判。在她看来，帝国主义战争不可能产生任何被压迫民族的自由和独立。因为小民族只是大国的帝国主义赌博中的走卒，它们同一切参战国的劳动人民群众一样，在战时被当作工具使用，在战后又将成为资本主义利益祭坛上的牺牲品。以前各国的无产阶级政党都认为，各民族的利益同无产阶级的利益是和谐一致

---

① 《卢森堡文选》下卷，人民出版社1990年版，第30页。

的，互相不可能发生对立。但是，战争使得各民族的独立和自由迫切要求操不同语言的无产者厮杀和灭绝，从而改变了这个观念。当民族为资产阶级或其他有产者阶级支配，并运用来谋取阶级利益时，民族利益和无产阶级的利益就必然发生冲突。于是，卢森堡这里提出一个重要论断即"在帝国主义时代不再有民族战争"。"在肆无忌惮的帝国主义时代不可能再有民族战争。民族利益只能被当作欺骗的工具，用来使劳动人民群众为他们的死敌即帝国主义服务。"[1]

为了说明这一点，卢森堡特意对战争中谁是防御方、谁是进攻方——当时党内流行着从防御和进攻角度判断战争性质的做法——进行了富有辩证的分析，旨在说明在帝国主义战争中，防御方和进攻方、民族自卫和民族侵略根本就不可能严格区分开来。因为在战争中，此时的防御方也会变成彼时的进攻方，此时的进攻方也会变成彼时的防御方，此刻可能是民族自卫，下一刻可能就是民族侵略，二者是发展变化的。卢森堡这里以塞尔维亚的参战为例。从形式上看，塞尔维亚最初进行的当然是民族防御战争。但是，塞尔维亚的君主制度及其统治阶级却意图不顾民族的边界去进行扩张，因而具有侵略性质。如此看来，塞尔维亚的意图也指向亚得里亚海沿岸地区，它必须在那里以阿尔巴尼亚人为牺牲而同意大利进行一场真正的帝国主义竞争，其结局将在塞尔维亚以外由列强来决定。而塞尔维亚民族主义的后面是俄帝国主义，塞尔维亚本身只不过是巨大的世界政策棋盘上的一个棋子。如果将塞尔维亚的参战置于这一广泛的联系和整个世界政策的背景下来考虑，则塞尔维亚的参战也很难说就是民族防御战争。所以，卢森堡得出结论："个别国家的战争的性质一再是由现今帝国主义的历史环境决定的，而这一环境造成了下述情况：今天根本不可能再有民族防御战争。"[2] 概言之，帝国主义战争只能通过各民族中的无产阶级联合起来共同反对帝国主义才能结束，而不能通过各民族的独立战争来结束。

---

[1] 《卢森堡文选》下卷，人民出版社1990年版，第382页。
[2] 《卢森堡文选》下卷，人民出版社1990年，第445页。

当然，这不是说卢森堡就完全否定民族主义运动的积极意义和反对一切民族独立。事实上，卢森堡承认民族作为一种文化遗产，有其存在和发展的权利，问题只在于对无产阶级来说，民族认同根本就不能通过民族分离主义得到巩固，它只能通过无产阶级斗争才能实现。"即便从纯粹的民族角度看，一切有利于推动、扩大和促进工人阶级运动的事情必然也被视为是对民族的爱国主义（就这个词最好的和最真实的意义来说）的贡献。反之，任何抑制或阻碍工人阶级运动发展，任何可能会耽搁或引起这个运动偏离其原则的事情，必须被视为是对民族目标的伤害和敌视。"① 这句话虽然是卢森堡针对波兰民族主义运动和波兰无产阶级运动关系而阐发的，但是也可以看成是她在这个问题上的总的观点，即卢森堡坚信真正的民族解放运动必然会跟无产阶级解放运动相一致，坚持无产阶级解放运动就是坚持真正的民族解放运动。因为无产阶级解放运动在当今时代具有总体的意义，而民族解放运动只是这个总问题中的一部分而已。

二 对民族自决权的批判

民族自决原则本质上是人的自我决定思想在民族问题上的具体运用，所以，这一原则在西方思想史上可以追溯到古希腊城邦民主等众多思想源头。但是，民族自决作为一项权利提出来却是近代以来的产物。按照一些学者的说法，1789 年法国大革命期间公布的《人权宣言》就已经正式提出了"民族自决"这一概念，并与"民主主义""民族主义"等政治主张构成指导法国新兴资产阶级反对封建王权和宗教神权的理论武器，后来罗伯斯庇尔和 1791 年、1793 年宪法都强调了这一权利。② 作为深受法国大革命思想影响的马克思，对这一权利也不陌生，甚至在论及波兰独立问题时他还明确使用了这一概念。当时马克思就波

---

① Edited by Horace B. Davis, *The National Question—Selected Writings by Rosa Luxemburg*, New York, Monthly Review Press, 1976, p. 97.
② 参见王伟《民族自决在世界政治中的角色演变分析》，《贵族民族研究》2021 年第 3 期。

兰问题向总委员会陈述一项议程，其中写道："必须在运用民族自决权原则的基础上，并通过在民主和社会主义基础上恢复波兰的办法，来消除俄国佬在欧洲的影响。"① 可见，民族自决在19世纪是一个比较流行的政治口号，即便是马克思主义创始人也不得不将这个政治口号和社会主义结合起来使用，以便适应各国社会主义者的认知水平。

因此，在社会主义运动中，相当一部分人是认同民族自决权原则的，包括运用这一原则去支持波兰的民族独立运动。比如在1896年国际伦敦会议上，旨在追求波兰独立的波兰社会党呼吁第二国际支持波兰独立运动，尽管在卢森堡等人的反对下，会议的决议没有完全接受波兰社会党的要求，却还是重申了民族自决权这一原则。② 所以，卢森堡是清楚民族自决权这个原则及其在国际社会主义运动中的影响力的，也知道波兰社会党试图以此为理论依据在国际上寻求支持。然而，直到1906年波兰王国与立陶宛社会民主党第五次代表大会委托她对民族自治问题进行分析，卢森堡才对民族自决权这个问题进行了系统的思考和阐发，并对俄国社会民主工党党纲的第九条进行了严厉批评。这一条宣称：党力求建立民主共和国，其宪法要包括保证"国内各民族都有自决权"。这样，卢森堡就和列宁在民族问题上第一次发生了公开的冲突。③

在卢森堡看来，民族自决权这个概念跟民族这个概念一样，只不过是马克思主义理论进行过激烈批判的资产阶级众多意识形态观念中的一个，纯粹是形而上学的空话，不仅没有多少实践意义，还容易掩盖明确的历史，即民族自决权、民族、民族国家都是近代以来随着资本主义的发展而兴起的，是资本主义反对封建统治秩序的工具，也是资本主义对

---

① 《马克思恩格斯全集》第19卷，人民出版社1963年版，第164页。
② A. Walicki, Rosa Luxemburg and the Question of Nationalism in Polish Marxism, The Slavonic and East European Review, Oct. 1983, Vol. 61, No. 4.
③ 注：列宁对卢森堡批评的回应参见《关于民族问题的批评意见》《论民族自决权》《社会主义革命和民族自决权》，以上文章收录《列宁选集》第2卷，人民出版社2012年版。同时参见贾淑品《列宁和罗莎·卢森堡政治观比较研究》，人民出版社2016年版，第53—102页。

外扩张的借口，同时还是资本主义意识形态的重要组成部分。因此，无产阶级政党不能简单地套用民族自决权这个口号去抗议和反对民族压迫，或者去支持民族独立和解放。因为无产阶级政党的民族政策必须建立在"历史唯物主义和阶级斗争的科学方法之上"。①

那么，从历史唯物主义角度看，我们又该如何看待民族自决权这种带有资产阶级法权性质的抽象的普遍的权利呢？卢森堡认为，"历史唯物主义教导我们：每一次断定这些'永恒的'真理、权利和定则的现实性实质绝不是其它东西，仅是现实环境和现存历史时代的社会物质关系"②。也就是说，历史唯物主义要求我们必须坚持从具体的社会历史条件和情况出发去看待民族问题，而不能以普遍的权利原则去抽象地处理民族问题，毕竟每个国家的具体情况并不相同，而且每个国家里的民族问题随着时间的推移也会改变自己的性质，随之而来的也必须变更对它的评价。在这里，卢森堡列举了马克思和恩格斯是如何看待土耳其、波兰、捷克等民族问题的例子。虽然她不认同马克思主义创始人有关波兰问题和东方问题的观点，认为这些观点随着社会历史条件的变化已经过时，不过她仍肯定了他们分析民族问题的方法的正确性。"正是马克思和恩格斯往昔的立场令人信服地表明，科学社会主义的创始人与用一个模式、根据某一钦定的公式来解决所有的民族问题离得多么地远，其次，当论及亲眼目睹的、现实的欧洲发展事件时，他们受形而上学的民族'权'的限制是多么地少。"③ 在卢森堡看来，马克思主义创始人并没有依据民族自决权这种抽象的权利去看待民族问题，而是相反，他们总是依据具体的社会历史条件和情况来分析问题。具体来说就是，当无产阶级尚未独立之前，他们会基于历史进步和民族发展的立场分析民族问题，而一旦无产阶级独立后，他们又总是从维护无产阶级利益的角度去分析民族问题。

---

① 《卢森堡文选》下卷，人民出版社1990年版，第151页。
② 《卢森堡文选》下卷，人民出版社1990年版，第159页。
③ 《卢森堡文选》下卷，人民出版社1990年版，第166页。

同时，从历史唯物主义来看，无产阶级政党抗议和反对民族压迫，也不是基于什么专门的"民族权"，就如无产阶级政党要求男女在社会上和政治上的平等不是来源于什么专门的"妇女权"一样。它们都是来源于无产阶级作为深受这个制度剥削和压迫最严重的阶级，作为这个制度最后的掘墓人，它必须对一切形式的社会不平等和对社会统治秉持总的反对态度，即坚持"社会主义根本立场本身"。① 也就是说，历史唯物主义已经科学地揭示了这个制度是建立在剥削和奴役广大无产阶级群众基础上的，揭示了这个制度跟无产阶级存在着根本的对立，揭示了如果无产阶级不获得解放，其他诸如民族解放、妇女解放等问题是不可能得到真正解决的，充其量它们的解决只是在资本主义社会范围内的解决，是有限的解决。

因此，卢森堡强调无产阶级政党对待民族问题，首先就在于"考察解决这些问题的现实条件"。② 这里所谓"现实条件"，卢森堡主要是从两个方面来说的。一个方面就是前面分析过的资本主义的对外扩张和殖民将世界各地和各民族紧密地联系起来，民族自决违背社会历史发展趋势、违背人类进步发展要求，而资本主义的对外扩张和掠夺也导致少数几个大的民族国家支配众多小的民族国家，其结果就是只有大的民族国家才有自决权，而小的民族国家则因为从属于或者说依赖于大的民族国家丧失了自决权。"伴随着资本主义的发展而变得日趋重要的世界权力——这是我们时代的鲜明特征——从一开始就在政治上把所有的小的民族国家变得无足轻重。除了最为强大的少数几个民族，作为资本主义发展的领导者，拥有必要的精神的和物质的资源以便维持其政治和经济的独立、即'自决'外，那些资源更少的和小的民族，它们的独立就是一种幻想，并且将来更是如此。"③

---

① 《卢森堡文选》下卷，人民出版社1990年版，第159页。
② 《卢森堡文选》下卷，人民出版社1990年版，第169页。
③ Edited by Horace B. Davis, *The National Question—Selected Writings by Rosa Luxemburg*, New York, Monthly Review Press, 1976, p.129.

另一个方面就是卢森堡反复强调的社会阶级和阶级社会，即当前的民族国家都是阶级国家和阶级社会，其中存在着阶级分化和对立。用卢森堡的话来说就是："在阶级社会里，作为社会——政治上和谐一致整体的民族并不存在，在每个民族中却存在着利益和'权利'冲突的阶级。简直可以说，没有任何一个社会领域，从最厚实的物质关系到最微妙的道德关系，有产阶级和觉醒了的无产阶级会对它采取一个立场、相同的立场，作为一个没有分化的'民族'整体出现。"[①] 也就是说，资产阶级和无产阶级尽管同属于一个民族，却是两种不同的人，拥有不同的生活和不同的世界观，民族这一概念无法抹杀和掩盖二者之间存在的严重分裂和对立。在经济关系范畴内，资产阶级在每一步上都代表着剥削的利益，而无产阶级则代表了劳动的利益；在法制关系内，资产阶级社会的基石是私有制，而无产阶级的利益则要求从私有制统治下解放无私产者；在司法领域内，资产阶级社会代表着阶级的"正义"和统治者的"正义"，而无产阶级则捍卫人道主义原则和共同富裕原则；在国际关系中，资产阶级代表了战争和侵略政策，而无产阶级则代表了普遍和平和自由贸易的政策；在社会科学和哲学范畴内，资产阶级诸学派与代表无产阶级立场的学派处于明显的对立冲突之中，有产阶级和他们的世界观代表了唯心主义、形而上学、神秘主义、折中主义，而近代无产阶级则有自己的学派——辩证唯物主义。

所以，卢森堡反问道，在这种情况下，如果主张民族自决权，那么谁又能代表这个民族呢？历史经验表明，资产阶级政党向来认为自己体现了民族的意志，攫取"民族"代表权据为自己特殊的垄断物。还有些人则主张由民族中的多数人来决定谁作为民族意志的代表。可问题是这种简单套用民主原则来解决民族意志代表问题的做法对于无产阶级政党来说又意味着什么呢？如果只是简单地以人数多少来决定民族意志，这意味着无产阶级政党必须以人数多少来决定自己的行动，而无产阶级

[①] 《卢森堡文选》下卷，人民出版社1990年版，第180—181页。

政党在资本主义社会中暂时还只是少数人的党，不可能直接影响到大多数人。这样一来，无产阶级政党相当于自己给自己做了死刑判决。也就是说，在卢森堡看来，无产阶级政党不能简单地以人数多少这种所谓民主主义原则作为自身行动的指南，无产阶级政党不排斥民主主义原则，但无产阶级政党不追求成为资本主义社会中多数人意志的体现者，而只追求成为无产阶级自觉意志的体现。①

当然，卢森堡之所以追问阶级社会中到底谁能代表民族意志这个问题，并不仅仅是因为历史唯物主义的阶级理论要求我们分析包括民族问题在内的社会问题时必须坚持阶级分析方法，同时也因为作为出生于波兰的革命家，卢森堡很清楚地知道，民族自决权"既没有给无产阶级日常的政治斗争提供任何实际的指导，也没有对民族问题提供任何实际的解决方案……相反，它仅仅给所有相关的'民族'提供了以它们喜欢的任意方式去解决其民族问题的无限权威。从这一口号能够得出的、对于工人阶级日常政治斗争具有的唯一的实际结论就是，反对任何民族压迫是阶级斗争的义务"②。在现实的革命斗争中，寻求民族解放的民族意志和寻求无产阶级解放的无产阶级意志之间并不一致，二者经常发生矛盾和冲突，就如波兰社会党在追求波兰独立的过程中往往会牺牲波兰无产阶级的利益一样。这也是卢森堡坚决反对俄国社会民主工党支持波兰召开制宪会议的同时又支持波兰社会主义政党采取无产阶级的阶级立场的原因所在。因为在卢森堡看来，俄国社会民主工党在波兰独立问题上采取民族自决权的立场必然会导致"政治上二元论"，即当波兰民族利益和波兰无产阶级利益发生冲突和矛盾时，俄国社会民主工党必须在支持波兰民族利益和波兰无产阶级利益之间做出尴尬选择。

换言之，卢森堡提出这个问题从根本上也表明她并不认为在资本主义推行帝国主义政策的大背景下，在俄国、德国等阶级矛盾和民族矛盾

---

① 《卢森堡文选》下卷，人民出版社1990年版，第187页。
② Edited by Horace B. Davis, *The National Question—Selected Writings by Rosa Luxemburg*, New York, Monthly Review Press, 1976, p.109.

交织在一起的情况下，追求民族解放的民族意志和追求无产阶级解放的无产阶级意志能够相互合作和互相支持——在她看来，这是马克思主义创始人当年出于遏制俄国反动势力的需要策略性地支持波兰独立运动的原因。恰恰相反，她认为这二者更多的会是一种矛盾和冲突的关系，即在当前的大背景下，无产阶级政党若是支持民族自决权和民族独立，就意味着无产阶级政党势必会损害无产阶级自身的解放这一伟大事业。不只如此，即便是无产阶级政党支持民族自决和独立，这种民族自决也不是真正意义上的自决，其独立也仅仅是在资本主义范围内的有限的解决，既无助于民族的真正解放，更无助于无产阶级的解放。民族问题要获得真正的解决，只能通过先实现无产阶级的解放，然后在这一前提下才能获得民族的真正解放。这就是卢森堡在民族自决权问题上给出的结论，即只有在社会主义制度下，民族自决权才不是空泛的口号。因为"社会主义制度，它要彻底铲除的不仅是一个社会阶级对另一个社会阶级的统治，而且随之而来的要铲除社会阶级存在和它们之间的对抗本身，要彻底铲除社会划分为各具相异利益和愿望的阶级本身，唯有这样，这个制度才能把社会引导到个人之间利害关系和谐和协调地联系在一起的综合体，然后再引导到具有共同的统一意志并能满足其意志的和谐的整体。与此同时，社会主义制度才能使具有统一意志的'民族'成为现实，其实现的程度取决于民族在此制度下一般说来将在何种程度上成为独特的社会机体，或者如考茨基所论断的，融为一体；社会主义制度使具有统一意志的民族成为现实，还取决于其自由地进行自决的物质条件。总而言之，只有社会具有自觉地决定其经济生活、决定其生产条件时，那时社会才能获得自由地决定其民族生存的实际可能性"[①]。从这个意义上说，卢森堡不是从一般意义上反对民族自决，她反对的只是资本主义及其帝国主义扩张背景下的民族自决。

[①] 《卢森堡文选》下卷，人民出版社1990年版，第183页。

第二节　对妇女解放运动的分析和肯定

作为第二国际著名的女性革命家以及国际妇女运动之母克拉拉·蔡特金的终身挚友，卢森堡不可能不受当时社会主义运动中正在兴起的妇女解放运动的影响。但是，卢森堡对妇女解放运动的关注，与其说是基于性别不平等这种状况及其理论逻辑，不如说是基于无产阶级革命及其需要。也就是说，妇女解放问题在卢森堡这里并不具有独立的意义，本质上和民族解放问题一样，都从属于无产阶级解放这个总问题，是她的无产阶级革命思想的重要组成部分。

一　对妇女解放问题的分析

近代的妇女运动与法国大革命具有紧密的联系。在大革命前，法国的中、上层妇女就流行着采取举办"沙龙"的形式宣传革命思想和维护妇女权利的思想。罗兰夫人是其代表人物。大革命爆发后，不仅一些知识妇女公开发表《女权宣言》《妇女公民权的承认》等宣言书，主张女性应和男性一样具有公民权等，广大下层妇女更是直接参与革命，发动武装起义。妇女解放意识由此苏醒。尤其是这个时期的空想社会主义思想家圣西门和傅立叶，二人的思想中充满了对妇女的同情和支持。圣西门认为，男人和女人是构成社会的个体，如果社会不关心占人口一半的妇女的安全，那么这个社会应感到羞耻。而傅立叶则将社会的进步和妇女争取自由的进程直接联系起来，首次提出妇女解放的程度是衡量人民是否彻底解放的准绳。① 这些主张对当时的进步思想家和女权主义者形成了重要的影响。

当然，上述这些妇女运动更多的还是局限于社会中的上层女性之间，其影响和意义都比较有限。只有国际社会主义运动兴起和发展起来

---

① 李平：《世界妇女史》，海南出版社1995年版，第360—367页。

后，在社会主义运动的推动下妇女解放运动才真正地快速地发展起来。① 其中，马克思主义创始人的相关思想及其影响对此具有重要的意义。因为马克思主义创始人虽然没有对妇女解放问题进行过系统论述，但是他们的思想中却存在着不少有关妇女问题的判断和主张。比如在1868年致友人的信中，马克思就明确说道："每个了解一点历史的人也都知道，没有妇女的酵素就不可能有伟大的社会变革。社会的进步可以用女性（丑的也包括在内）的社会地位来精确地衡量。"② 显然，马克思的这个思想跟傅立叶的主张具有相似性，说明马克思的这个思想受到了后者某种程度的影响。至于马克思主义的另一位创始人恩格斯，他不仅按照马克思的遗愿写下了《家庭、私有制和国家的起源》这样的经典著作，从人类历史发展角度揭示了妇女受压迫和奴役的过程及其秘密，更是在诸多地方分析了资本奴役下的劳动妇女问题，提出"只有在废除了资本对男女双方的剥削并把私人的家务劳动变成一种公共的行业以后，男女的真正平等才能实现"③ 这样的主张。

这样一来，马克思主义创始人有关妇女解放的思想就跟当时兴起的女权主义者的主张存在重要差别。后者把妇女解放主要局限于社会中受到教育或有一定身份地位的妇女的解放，而不是像马克思主义创始人主张的全体妇女尤其是占人口大多数的劳动妇女的解放；后者把妇女受压迫和奴役的根源归结于男女性别的差异以及由此导致的男性对女性的统治，而不是像马克思主义创始人认为的那样妇女受压迫和奴役归根结底是来自私有制的发展以及由此形成的阶级分化和压迫。简言之，马克思主义创始人没有把妇女受压迫和奴役的问题作为一个孤立的问题来看待，而是始终将其作为阶级社会和阶级压迫这个总问题中的一部分来看待。正如恩格斯所言："我承认，在资本主义生产方式存在的最后年代里，我关心下一代人的健康更甚于关心两性在形式

---

① 参见高放《世界妇女解放运动的特点和规律》，《社会科学研究》2005年第2期。
② 《马克思恩格斯选集》第4卷，人民出版社2012年版，第480页。
③ 《马克思恩格斯选集》第4卷，人民出版社2012年版，第577页。

上的绝对平等。"① 在当前资产阶级统治的社会，妇女解放问题是资产阶级压迫和奴役无产阶级的一部分，不消灭资产阶级对无产阶级的压迫和奴役，妇女解放也不可能真正实现。

应该说，蔡特金和卢森堡作为马克思主义者是清楚马克思主义创始人这一根本主张的。更何况在她们之前，倍倍尔就已经于1879年发表了《妇女与社会主义》这一著作。该著作在1913年倍倍尔去世前共出了50版，在社会主义运动中引起广泛的影响。书中，倍倍尔受恩格斯的《家庭、私有制和国家的起源》的影响，用大量的材料和例证说明了这样一个道理即一切社会的从属和被压迫都是起因于私有制和经济上的从属地位，阶级社会中的妇女问题就是基于此而形成的。用倍倍尔的话来说即："我们的社会关系造成作为性生物的和作为社会生物的人之间的深刻的矛盾。这种矛盾在任何时代都没有象今天那样表现得如此明显，它产生大量主要是女性遭受的灾难和疾病。"②

因此，无论是蔡特金，还是卢森堡，在她们分析妇女解放问题时始终以妇女问题的根源是私有制和阶级统治这一主张为根本。比如在第二国际成立大会上，蔡特金第一次就《妇女劳动问题》做报告时就明确指出：社会党人必须认识到，在当前的经济发展中妇女劳动是必要的，"第一，因为妇女劳动的趋向是增长社会财富，减少人均社会必要劳动时间。第二，妇女劳动的本质问题不在于与男劳力竞争而降低了工资，恰恰在于与男工同受资本家的剥削。同工人受资本家压迫一样，妇女受男人压迫；而只要她们没有达到经济独立，她们将继续受压迫。而她们获得经济独立的必不可少的条件就是劳动"③。蔡特金的这段发言虽然涉及性别对立即从传统上男人对女人的压迫这个角度谈论妇女问题——受根深蒂固传统观念的影响，对妇女持歧视态度在当时的德国社会民主

---

① 《马克思恩格斯选集》第4卷，人民出版社2012年版，第577页。
② [德] 奥古斯特·倍倍尔：《妇女与社会主义》，葛斯、朱霞译，中央编译出版社1995年版，第160页。
③ 孔寒冰：《蔡特金》，中国工人出版社2014年版，第26—27页。

党和第二国际并不鲜见，很多社会主义政党领导人都缺乏男女平等的思想，也都反对妇女参与社会生活和生产，甚至认为妇女进入工厂会加剧工人之间的竞争，迫使男工工资下降——可整个发言的重点还是在于说明妇女就像男人一样受到资本的压迫。这一点在1893年第二国际苏黎世代表大会上蔡特金就男女同工同酬问题的发言中体现得更明显。当时，她说："我们必须反对承认女权主义者所持的视每个男人为女人的敌人的立场，这对一次无产阶级代表大会来说是有原则意义的……资产阶级女权主义者总是忘记，在资产阶级妇女和无产阶级妇女之间存在着不可逾越的阶级对立。"① 可见，蔡特金并没有如当时的女权主义者那样，简单地将妇女的压迫归结于男人对女人的性别统治，而是明确坚持马克思主义创始人的基本观点，即将妇女的压迫归结为阶级统治。

就卢森堡来说，则更是如此。必须明确一点，在整个卢森堡思想体系中，妇女问题都不是她思考和关注的重点，其关注的程度甚至还不及民族问题。卢森堡本人作为女革命家，也从来不认为在她和德国社会民主党或第二国际其他男性社会主义者之间存在着由于性别原因而造成的差异，她甚至提议在她的墓志铭上写上"这里安息着德国社会民主党的最后两个男人"这样一种充满"男子气概"的话语。② 而她的政治对手更是因其坚定的革命立场而称其为"嗜血的罗莎"。因此，卢森堡有关妇女解放的思想从总体上看没有超出马克思主义创始人的基本观点，相比于她的好友蔡特金对妇女问题做出的更为系统和具体的论述而言，她更是始终从无产阶级革命的视角来看待和分析妇女问题，同时也更少地涉及传统上男性对女性的统治这一女权主义话题，甚至在1907年第一届国际社会主义妇女代表大会的发言中，卢森堡的中心思想也不是妇女问题，而是强调成立国际社会主义妇女组织对于克服第二国际作为国际社会主义运动中心而无所作为这一问题的积极意义。正如她在批判第二

---

① 孔寒冰：《蔡特金》，中国工人出版社2014年版，第30—31页。
② 注：卢森堡这里是指她和她的好友蔡特金。参见［美］汉娜·阿伦特《黑暗时代的人们》，王凌云译，江苏教育出版社2006年版，第32页。

国际执行局长期无所作为后针对国际社会主义妇女组织说的那样,"只有当我们有幸成为道义权威的中心即能够吸引各国工人的充分兴趣后,我们才能成为社会主义运动中更积极更活跃的中心"①。

在卢森堡看来,今天女性工人能够通过劳动赚取工资和活跃在各种劳动场所中,这是千百年来第一次。当然,这不是说妇女从来就不劳动,而是相反,千百年来妇女一直都在从事着艰巨的劳动。从未开化的人类早期妇女肩负重担、采集食物,到原始部落时期妇女种植粮食、耕地制陶,再到古代社会妇女作为奴隶服侍主人、养育后代,直到中世纪,妇女为封建地主纺纱织布。可以说,自从确立私有财产制度以来,妇女中的大部分人就与社会性生产劳动相分离,因而也与文化相分离,从而像牲畜一样局限于痛苦的家务劳动中。所以,卢森堡感慨道:"资本主义第一次将她们赶出家庭,将她们置于社会性生产的束缚下,迫使其进入其他领域,进入车间、建筑工地、办公室、工厂和仓库。"② 从这个意义上说,资本主义对妇女解放的作用就如它对人类解放的作用一样,具有双重性,即一方面资本主义大大地促使妇女从狭隘的家庭劳动中解放出来,使之走出家庭迈进社会从而为妇女获得更大的发展提供了机会和可能,而另一方面资本主义这种将妇女从家庭中解放出来的目的并不是妇女自身的发展,而是将人类另一半人口也置于资本增殖的逻辑中从而也给妇女戴上了铁链。这些决定了资本主义社会中的劳动妇女必须同男性工人一样,要解放自身就必须推翻资本主义社会。

因此,卢森堡从来不抽象地或者从性别出发谈论妇女问题,她总是具体论及劳动妇女或资产阶级妇女。如果说对于劳动妇女,卢森堡秉持的是同志般的同情和关怀,那么,对于资产阶级妇女,她则是严厉地批判和不满。"作为一个资产阶级妇女,女人是社会的寄生虫,其作用就

---

① Edited by Peter Hudis and Kevin B. Anderson, *The Rosa Luxemburg Reader*, New York, Monthly Review Press, 2004, p. 237.

② Edited by Peter Hudis and Kevin B. Anderson, *The Rosa Luxemburg Reader*, New York, Monthly Review Press, 2004, p. 243.

在于分享剥削而来的劳动果实；作为一个小资产阶级妇女，女人是家庭主力；作为一个现代女性工人，女人则第一次成为了人，因为无产阶级斗争第一次使她们能够为文化和人类历史做出贡献。"① 在卢森堡的分析中，无产阶级女性才代表着真正的妇女，她们的勤奋、辛劳和无私奉献都是人类女性美德的体现。尤其是在革命中，她们的斗争和牺牲精神丝毫不逊色于男性。

在1902年，卢森堡曾应蔡特金的邀请专门撰写了一篇文章，题目就是《战斗中的俄国妇女工人》。其中，卢森堡满怀感慨地写道："在所有革命阶段，俄国妇女都站在冲突的第一线，并在最危险的地方以最负责的精神展现着她们的模范作用。多年来，在为社会主义思想进行和平宣传的时期，妇女和年轻女孩一个个村庄、一个个工厂地走访，传播着人类自由和幸福的理念。在为反对专制主义和残暴统治的流血斗争时期，她们又履行着最艰苦的革命职责和任务，甚至包括一些比牺牲她们的生命更艰难的东西。当革命运动陷入低潮时，她们又默默地为着革命理想进行着学习和教育。但是现在，革命之火再次燃起——有时在这儿、有时在那儿，火焰就像从慢慢燃起的煤炭中升起那样——我们发现俄国妇女再次成为自由战士的一员。"② 无疑，这段话充分表达了卢森堡对无产阶级妇女及其革命精神的赞赏和肯定，但即便如此，卢森堡在这篇文章中阐发的中心思想仍然是强调俄国无产阶级妇女从社会主义运动中获得教育并清楚地认识到全世界无产阶级团结起来的意义，即俄国无产阶级妇女是俄国无产阶级的重要组成部分，俄国无产阶级妇女的斗争也是俄国无产阶级斗争的重要组成部分。

二 对妇女选举权的肯定

长期以来，在资本主义国家中选举权都具有财产和性别的限制，即

---

① Edited by Peter Hudis and Kevin B. Anderson, *The Rosa Luxemburg Reader*, New York, Monthly Review Press, 2004, p. 243.

② *The Complete Works of Rosa Luxemburg*, Volume III, Political Writings 1, Edited by Peter Hudis, Axel Fair-Schulz, and William A. Pelz, Verso, London, 2019, p. 13.

将广大无产阶级工人和妇女排除在选举之外。因此，在英、法、美等资本主义国家，先后兴起争取广大无产阶级群众普选权运动的同时妇女选举权问题也得到了凸显。比如在 19 世纪 30 年代英国兴起争取普选权运动的时候，一些英国妇女也开始有组织地进行着争取自身地位的斗争。早期女权运动组织者玛丽·史密斯更是向英国议会请愿指出，妇女既然与男子缴纳同样的租税、抵触法律受同样的刑罚，那么国家制定法律时，妇女就应当拥有与男子同等的发言权。① 1848 年欧洲革命建立法兰西第三共和国，一些上层妇女也以圣西门的"男女各半原则"明确要求新政府赋予妇女以选举权。

就妇女选举权与社会主义运动来说，妇女选举权可以说是社会主义运动争取广大无产阶级普选权的伴生物。第二国际第二次和第五次大会分别通过了关于普选权和关于为实现普选权和直接立法而斗争的决议，极大地推动了社会主义争取普选权运动的发展。也是在这个过程中，以蔡特金为代表的国际社会主义者要求将妇女选举权问题纳入社会主义斗争。在 1904 年阿姆斯特丹代表大会上，蔡特金做了《关于妇女选举权问题的报告》。在报告中，蔡特金开宗明义地指出，社会主义妇女并不认为，妇女选举权问题的解决就能消除妨碍女性自由的、和谐的生活的开展和生活活动的一切社会障碍。因为它并没有触及事物的最深刻的根源——私有制，这是人剥削人、人压迫人的祸根。给予妇女选举权并不能消除剥削者和被剥削者的阶级对立，对于女性无产者来说，自由发展和享有和谐生活的最严重的社会障碍就产生于这种阶级对立中。所以，对于社会主义者来说，妇女选举权不像对资产阶级妇女那样是"最终目的"。社会主义者把争取妇女选举权作为一个阶段，服务于最终目的。"选举权能帮助资产阶级妇女冲破男性的特权对她们受教育和参加活动的束缚。选举权可以武装无产阶级妇女为反对阶级剥削和阶级统治，为争取充分实现人权而进行斗争。它能使妇女在更大程度上参加无产阶级

---

① 李平：《世界妇女史》，海南出版社 1995 年版，第 408 页。

夺取政权的斗争，目的是消灭资本主义，建立社会主义。只有在社会主义制度中，妇女问题才能解决。"① 显然，蔡特金关于妇女选举权的观点跟她有关妇女解放问题的总的观点是紧密不可分的，即将争取妇女选举权视为无产阶级斗争和革命的重要组成部分，而不是像女权主义者那样将其视为独立的目的。

应该说，在这一点上，卢森堡和蔡特金并没有实质的区别，她也认为争取妇女选举权对于无产阶级运动和斗争具有积极的意义，是无产阶级革命的重要组成部分。在写于1902年的一篇《论策略》的文章中，卢森堡对于比利时工人党为了跟自由党合作选举而放弃支持妇女选举权的策略进行了分析和批评。当时，比利时工人党正如火如荼地在全国开展平等普选权的宣传②。宣传进行得很响亮、巧妙和通俗易懂。工人党的领导人王德威尔得也向议会提出议案，要求修改宪法的全部条文，把平等普选权的条款列入未来的国家根本法。代表资产阶级自由派的自由党支持工人党的这一主张，但是却提出了三个合作条件：在宪法中把1899年实行的比例代表制原则固定下来，社会主义者放弃自己纲领中关于赋予妇女选举权的要求和在争取普选权的斗争中不采取革命手段。1902年3月，比利时工人党召开代表大会，王德威尔得代表党的领导提议放弃妇女享有选举权的要求，并同意在宪法中规定比例代表制的原则，以便跟自由党合作参与选举。③ 也就是说，在比利时工人党看来，无产阶级争取的普选权可以不包含妇女，反之，如果需要的话，还可以牺牲妇女的选举权来保证工人阶级男性的普选权，从而将妇女选举权和无产阶级争取的政治民主斗争割裂开来，将妇女选举权和男性选

---

① 中国人民大学科学社会主义系编：《国际共产主义运动史文献史料选编》第三卷，中国人民大学出版社1985年版，第158—159页。

② 注：当时比利时的选举制度并不民主，存在一人多选区投票制，使拥有特权的部分选民可以投两票和三票。参见［苏］П. И. 祖波克主编《第二国际史》，第二卷，南开大学外文系译，人民出版社1984年版，第68—69页。

③ ［苏］П. И. 祖波克主编：《第二国际史》第二卷，南开大学外文系译，人民出版社1984年版，第70页。

举权割裂和对立起来,尽管比利时工人党辩称这种"搁置妇女投票权的做法只是'暂时的',目的是为了赢得男性普选权后继续推进这项工作"。①

在这里,卢森堡并没有简单地从女权主义立场出发批判比利时工人党放弃支持妇女选举权,而是从无产阶级斗争的原则高度批判了比利时工人党的做法。卢森堡认为,无产阶级政党为了现实的利益而暂时搁置一部分革命目标,这是可以理解的。但是,无产阶级政党的这一暂时搁置行为跟资产阶级政党的行为之间存在着原则的区别。本来比利时工人党搁置妇女选举权是为了获得男性普选权,可问题却是"这里牺牲原则换取的只不过是幻觉,而不是现实的和实际的成果"②。卢森堡这里说的"原则"不是指妇女选举权,而是指在跟自由党合作选举时承诺"放弃革命手段"。因为在卢森堡看来,无产阶级斗争的力量从来不在于跟资产阶级政党的合作,也不在于议会活动和斗争,而在于广大无产阶级群众的准备和街头斗争。比利时工人党一旦做出如此承诺,就意味着自缚手脚、削弱自身斗争的力量,从而使斗争目标的实现变得更不现实。由此可见,卢森堡这里的批判重点并不在于妇女选举权本身,或者说她并没有将妇女选举权作为无产阶级斗争的原则问题来看待,至少跟坚持无产阶级革命方法相比如此。

那么,这是不是说卢森堡就不关心妇女选举权呢?当然不是。卢森堡批判了比利时工人党反对妇女选举权的理由——这个理由也是沙皇政府和德国政府普遍持有的观点,即妇女不够成熟以致无法行使投票权。对此,卢森堡是很不满的。因为她始终坚信无产阶级群众需要通过革命实践来自我学习和自我教育,如果说妇女由于长期隔绝于政治活动之外从而一开始的确缺乏参与政治活动的能力的话,那么,妇女参与政治的

---

① Edited by Peter Hudis and Kevin B. Anderson, *The Rosa Luxemburg Reader*, New York, Monthly Review Press, 2004, p. 234.

② Edited by Peter Hudis and Kevin B. Anderson, *The Rosa Luxemburg Reader*, New York, Monthly Review Press, 2004, p. 234.

能力恰恰不是通过继续将她们排除在政治之外以便等待她们慢慢成熟起来，而是应该让她们参与政治活动并在参与实践中成熟起来。① 每个头脑清醒的人早晚都能预见得到，将无产阶级妇女纳入政治生活中对于工人运动是多么强有力的推动。"这一前景不仅为社会民主党的鼓动工作开启了一个巨大的新领域，而且在政治和社会生活中，一股强劲的新鲜的空气也将伴随着妇女的政治解放而吹进来，它将一扫当前弥漫在庸俗的家庭生活中的窒息空气。而后者是如此之强劲，以致我们党内同志、工人群众和领导同志都受到这种庸俗气息的影响。"②

所以，卢森堡是支持妇女选举权的，因为这不仅有助于无产阶级运动的发展，一旦妇女获得选举权，诸如男性对女性的偏见和歧视等陋习也会得到改观，即社会风气也会变得更加符合社会主义发展要求。但是，卢森堡对妇女选举权的支持从根本上说又不同于女权主义者。这一点从她的另一篇文章《妇女选举权和阶级斗争》中看得更清楚。

卢森堡认为，随着社会主义运动的发展，广大妇女群众也被组织起来。在德国，有多达150万的妇女加入各种联合会，以及通过预订工人阶级报纸和分发传单等方式积极地参加无产阶级的经济斗争。社会主义运动已经将妇女推向了政治活动和斗争。从这个意义上看，争取妇女选举权只不过是社会主义运动的必然结果，同时她们的加入又大大地推动了社会主义运动的发展。广大妇女群众积极地参与政治，这一事实本身就说明她们并不是如反动政府宣传的或长期形成的偏见所认为的那样在政治上不成熟。不能再以妇女不成熟为理由拒绝赋予她们选举权。尤其是在德国这种落后的君主制国家，拒绝妇女参与政治不仅是封建农奴制的遗毒——在农奴制下妇女缺乏权利被认为是合理的，而且是落后的君

---

① Edited by Peter Hudis and Kevin B. Anderson, *The Rosa Luxemburg Reader*, New York, Monthly Review Press, 2004, p. 235.

② Edited by Peter Hudis and Kevin B. Anderson, *The Rosa Luxemburg Reader*, New York, Monthly Review Press, 2004, p. 236.

主制实行反动统治的组成部分。"君主制和妇女缺乏权利已经变成了资产阶级最重要的统治工具。"① 这意味着，在德国争取妇女选举权不仅具有无产阶级革命性质的意义，还具有反对君主专制的民主主义革命性质的意义。所以，卢森堡大声疾呼："妇女选举权就是目标。但是争取妇女选举权的斗争不能只是妇女的工作，而是无产阶级男人和女人共同的阶级事业。"②

也是在这里，卢森堡清楚地表明，她所支持的妇女选举权主要是针对无产阶级妇女而言的，而不是针对资产阶级妇女来说的。在她看来，资产阶级妇女一旦被赋予选举权，她们将表现得比资产阶级男人更加反动。用她的话来说就是："大部分资产阶级妇女在反对'男人统治'的斗争中表现得像狮子一样，而她们一旦获得选举权，她们在保守派和教会的反动统治中又会像温顺的绵羊那样缓慢行动。"③ 卢森堡这里的意思是说资产阶级妇女一旦获得选举权，她们不会将这种权利用来为广大妇女同胞尤其是无产阶级妇女同胞谋福利，反而会大大加强反动势力的力量，加重对广大无产阶级妇女的剥削和压迫。因为除了少数有工作和专业的资产阶级妇女外，大部分资产阶级妇女都不参加社会性生产劳动，她们靠消费资产阶级男人从无产阶级那里剥削过来的剩余价值而生存，因而她们属于资产阶级及其统治体制的一部分，跟后者具有直接的紧密的利益联系。"有产阶级的妇女将总是坚决地捍卫对工人阶级的剥削和奴役，通过这种剥削和奴役，她们才能间接地为其无意义的人生获得生活条件。"④

卢森堡认为，资产阶级妇女在经济上和社会上都不是一个独立

---

① Edited by Peter Hudis and Kevin B. Anderson, *The Rosa Luxemburg Reader*, New York, Monthly Review Press, 2004, p. 240.

② Edited by Peter Hudis and Kevin B. Anderson, *The Rosa Luxemburg Reader*, New York, Monthly Review Press, 2004, p. 239.

③ Edited by Peter Hudis and Kevin B. Anderson, *The Rosa Luxemburg Reader*, New York, Monthly Review Press, 2004, p. 240.

④ Edited by Peter Hudis and Kevin B. Anderson, *The Rosa Luxemburg Reader*, New York, Monthly Review Press, 2004, p. 240.

的群体，她们仅有的社会功能就是为统治阶级生育后代。从这点来看，无产阶级妇女则独立得多，因为她们像男人一样为社会进行生产。卢森堡特意指出这里的生产是指社会性生产，不是指传统上妇女在家里抚育子女或做一点家务以帮助丈夫维持家计——这些活动在她这里都算不上社会性生产，"它们只不过是工人的私人事务，无论是幸福还是不幸，由此对于我们的社会而言都是一种非存在"①。卢森堡这里的社会性生产是针对资本主义生产关系及其运行机制而言的，具体来说就是指能够生产剩余价值和创造资本利润的生产活动。"只要资本主义和工资法则存在，就只有生产剩余价值和创造资本家利润的劳动才能被视为是生产性的社会劳动。"② 按照这一标准，妇女的家庭劳动不属于社会性劳动，而舞蹈演员的表演由于能为雇主赚钱反而属于这类劳动。这听起来好像有些残酷和荒谬，但却真实地反映了资本主义经济的疯狂。

所以，卢森堡认为，当广大无产阶级妇女走出家庭从事着社会性生产劳动时，这一经济基础决定了妇女也应该享有相应的选举权。也就是说，争取妇女选举权不是像当时社会上和党内一些人或者早期空想社会主义者认为的那样是出于对某种正义的追求。社会主义者不依赖于统治阶级的正义，而仅仅依赖于工人群众的革命力量和为这种力量准备条件的社会发展。争取妇女选举权正是广大无产阶级妇女参与社会性生产活动这一社会发展的必然产物，广大无产阶级妇女在经济上的独立决定了她们在政治上也必须拥有独立。这就是妇女选举权的实质。

---

① Edited by Peter Hudis and Kevin B. Anderson, *The Rosa Luxemburg Reader*, New York, Monthly Review Press, 2004, p. 241.

② Edited by Peter Hudis and Kevin B. Anderson, *The Rosa Luxemburg Reader*, New York, Monthly Review Press, 2004, p. 241.

第三节　民族解放和妇女解放从属于无产阶级解放

在卢森堡看来，民族解放和妇女解放都是从属于无产阶级解放，本身不具有独立的意义。这种从属地位一方面是指追寻民族解放和妇女解放的意义就在于它们对于无产阶级解放的积极意义——民族解放和妇女解放对于无产阶级解放的意义并不相同，前者更多是消极的，后者才是积极的——另一方面也是指民族解放和妇女解放只有实现无产阶级解放后即在社会主义制度下才能真正实现。民族解放运动和妇女解放运动都必须从属于无产阶级革命运动。

一　坚持从无产阶级解放立场看待民族问题和妇女问题

在卢森堡对民族问题和妇女问题的具体分析中，始终贯穿着一个基本的方法即阶级分析法。卢森堡的这个方法自然来自马克思的历史唯物主义。因为正是后者揭示了人类社会自原始社会以来一直都存在着对立的阶级即统治阶级和被统治阶级，其中统治阶级不仅在经济上占据支配地位和政治上占据统治地位，而且在意识形态领域占据主导地位。这个历史唯物主义原理教导马克思主义者必须坚持从阶级关系及其背后蕴含的经济关系和矛盾出发分析问题。所以，当伯恩施坦打着科学的旗号要对马克思的理论进行全面修正时，卢森堡一针见血地指出，伯恩施坦"想代表的是一般人类的、抽象的科学，抽象的自由主义，抽象的道德。但是，因为现实社会是由阶级组成的，这些阶级有截然相反的利益、意图和观点，所以在社会问题上的一般人类科学、抽象的自由主义、抽象的道德暂时是一种幻想，一种自我欺骗。伯恩施坦所谓的一般人类的科学、民主和道德，只不过是统治者的东西，也就是说，是资产阶级科学，资产阶级民主和资产阶级道德"①。卢森堡将历史唯物主义的阶级观点称为"政治罗盘"和"把个别事实在一个彻底的世界观中结成有机整体的精神上的结晶轴"②。可见，阶级分析法在卢森堡分析和看待人类社会历史问题中的地位。

历史唯物主义的阶级分析法不是简单地把社会分为阶级，然后就可以打着客观公正的旗号宣称不偏不倚地从各个阶级的立场来分析问题。这一做法只能说是阶级分析法，还说不上是历史唯物主义的阶级分析法。因为揭示人类社会存在阶级和阶级分化，并试着从阶级角度去分析社会问题并不是马克思的发明。就像当年马克思给魏德曼的信中所言："至于讲到我，无论是发现现代社会中有阶级存在或发现各阶级间的斗争，都不是我的功劳。在我以前很久，资产阶级历史编纂学家就已经叙述过阶级斗争的历史发展，资产阶级经济学家也已经对各个阶级作过经济上的分析。我所加上的新内容就是证明了下列几点：（1）阶级的存在仅仅同生产发展的一定历史阶段相联系；（2）阶级斗争必然导致无产阶级专政；（3）这个专政不过是达到消灭一切阶级和进入无阶级社会的过渡。"③ 这段话表明，历史唯物主义的阶级分析法不只是认识到社会是划分为阶级的，每个阶级的立场各不相同，更是认识到阶级存在的背后蕴含的是经济关系及其利益，以及阶级斗争的发展必然会带来无产阶级专政和由此带来的阶级消亡。也就是说，历史唯物主义的阶级分析法必然会要求坚持无产阶级立场，这既是历史发展的趋势，也是人类解放的前提。所以，当卢森堡说历史唯物主义阶级观点时，指的就是坚持从无产阶级立场去分析和看待社会问题，这一方法跟她反复强调的另一方法即历史的方法是一致的。④

---

① 《卢森堡文选》上卷，人民出版社 1984 年版，第 140 页。
② 《卢森堡文选》上卷，人民出版社 1984 年版，第 140 页。
③ 《马克思恩格斯选集》第 4 卷，人民出版社 2012 年版，第 425—426 页。
④ 注：卢森堡认为社会主义者的立场就是"历史的观点"，并认为马克思之所以能够解释资本主义经济、分析资本主义社会结构和论证科学社会主义，就是因为"用历史的观点去观察资本主义经济"。参见《卢森堡文选》上卷，人民出版社 1984 年版，第 117 页。

坚持从无产阶级立场去分析和看待社会问题，这是卢森堡在分析民族问题和妇女问题时的底层逻辑。正如她在谈到无产阶级政党应该如何分析民族问题时强调的那样，她说："社会民主党是把自己的全部政策奠基于历史唯物主义和阶级斗争的科学方法之上的，它对待民族问题也不能例外。"① 显然，在卢森堡看来，无产阶级政党在制定包括民族问题和妇女问题在内的一切社会问题的政策时，必须以历史唯物主义和阶级分析为科学方法。原因就如上所述，现实社会是由阶级组成的，不同阶级有着不同的利益、意图和观点。马克思主义者必须从无产阶级立场——这一立场也是历史的立场——出发去分析民族问题和妇女问题。

应该说，卢森堡不仅是这样说的，也是这样做的。坚持从无产阶级立场去分析民族问题和妇女问题构成了她在这两个问题上观点的底层逻辑。具体来说，这一立场主要体现在两个方面：一是从社会划分为资产阶级和无产阶级两个对立阶级这一事实出发，强调无产阶级和资产阶级在立场上存在根本的不同。其中，资产阶级立场很容易通过其意识形态和话语体系体现出来，即马克思主义者如果无法摆脱资产阶级意识形态的束缚，习惯于从这些意识形态出发去分析和看待问题，或者全盘采用资产阶级话语体系，则他很容易陷入资产阶级立场，尽管他本人或许是无意识的。二是从是否有益于无产阶级革命和无产阶级运动的发展来分析和看待问题。这一观点不仅涉及当前是否有益于无产阶级革命，更涉及从运动发展来看是否有益于无产阶级革命。

首先，就第一个方面来说。无论是谈到民族问题时，还是谈到妇女问题时，卢森堡都始终如一地强调指出现代社会是划分为阶级的，在这些问题上不存在统一的立场，而是存在着资产阶级和无产阶级两种不同的立场，不能跟着资产阶级意识形态去分析和看待问题。比如在谈到民族问题时，卢森堡就一再强调，在资本主义社会里，作为社会—政治上和谐一致整体的民族并不存在，每个民族中都存在着利益和权利冲突的

---

① 《卢森堡文选》下卷，人民出版社 1990 年版，第 151 页。

阶级。可以说，没有任何一个社会领域，从最厚实的物质关系到最微妙的道德关系，资产阶级和觉醒了的无产阶级会对它采取一个立场，作为一个没有分化的民族整体出现。"在民族问题上无产阶级的利益与资产阶级的利益刚好相对。资产阶级关注的是为了祖国的工业发展而维护国内市场、通过殖民或军事政策进行征服来获取新的市场，所有这些都是资产阶级创建'民族'国家的目的，不过却不是有意识的无产阶级的目的。"① 也就是说，卢森堡不仅强调了在资本主义社会中，资产阶级和无产阶级在民族问题上存在着立场上的根本不同，也强调了诸如民族、民族国家、民族自决权等这类概念及其蕴含的主张本身也是资本主义的意识形态和话语体系。当马克思主义者采用这一类概念和话语体系时，就会不自觉地站到资产阶级的立场上去，从而违背无产阶级的立场。这也是卢森堡为何对"民族自决权"这个概念及其主张严重不满以致跟主张这一思想的列宁发生冲突的重要原因。用卢森堡的话来说就是"'民族'的这种概念是属于那些资产阶级思想体系范畴的一种，马克思主义的理论要对它予以彻底的审查，指出它在此种晦暗难明的外衣遮蔽下，如同关于'公民自由'、'法律面前人人平等'等概念一样，每一场合下都包涵着特定的历史内容"②。卢森堡这里指的不仅是"民族"这个概念，还有跟"民族"这一概念相关的诸如民族国家、民族自决权等系列相关的概念。这些概念本身就是资产阶级意识形态和话语体系的重要组成部分，运用它们去分析问题难免会陷入资产阶级立场中去。

至于妇女问题，卢森堡在谈到它们时也是始终强调这一点。当然，这一点也是包括倍倍尔、蔡特金在内的马克思主义者在分析妇女问题时的基本立场，也是马克思主义者和女权主义者在妇女解放问题上的根本不同。对于卢森堡等马克思主义者来说，资本主义社会中的妇女是分两

---

① Edited by Horace B. Davis, *The National Question—Selected Writings by Rosa Luxemburg*, New York, Monthly Review Press, 1976, p. 167.
② 《卢森堡文选》下卷，人民出版社1990年版，第180页。

类的,一类是隶属于整个资产阶级及其体制的资产阶级妇女,另一类则是属于无产阶级队伍的无产阶级劳动妇女。二者在争取妇女从男性支配中解放出来方面固然存在一些共同点,但是二者之间存在的阶级差别要远远大于她们跟男性之间的性别差别,而且最为根本的是,造成男性对女性长达上千年的支配关系的根源恰恰不是来自性别本身,而是来自私有制这一形成阶级差别的同一根源。所以,当前所谓妇女解放问题本质上是指无产阶级妇女从资本的统治和奴役下解放出来,而不是简单地从男性支配关系下解放出来,尽管上千年来男性对女性形成支配的传统习惯和思想观念对今天所有人,包括无产阶级队伍中的男性党员和领导干部都形成了或大或小的影响,从而也是需要批判和克服的。

因此,卢森堡反对从正义、公平、公民权等这类资产阶级意识形态和话语体系出发去谈论妇女解放问题。因为一旦这样做,就会把妇女解放问题理解为是一种道义问题,理解为是妇女对男性的性别解放问题,而这正是资本主义意识形态掩盖这一问题实质的地方所在,即造成资本主义社会中占妇女人口大多数的劳动妇女受奴役和压迫的根源不是性别差异,而是资本和资本主义私有制。如此一来,寻求妇女解放就会从造成这一问题的根源处转向其他方面的原因,从而误入歧途。在卢森堡看来,妇女解放只能从造成妇女受压迫和奴役的根源处着手,即只能求助于社会主义运动和无产阶级斗争。后者的目的正是要消灭资本和资本主义私有制。这也是卢森堡反对从正义角度去谈论妇女问题从而坚决主张妇女解放"不依赖于统治阶级的正义,而仅仅依赖于工人群众的革命力量和为这种力量准备条件的社会发展"[1] 的原因所在。

其次,就第二个方面来说。无论是民族问题,还是妇女问题,卢森堡都是以它们是否有益于无产阶级革命和运动的发展作为标准来分析和判断,即只要有益于无产阶级革命和运动的发展,她就予以肯定和支

---

[1] Edited by Peter Hudis and Kevin B. Anderson, *The Rosa Luxemburg Reader*, New York, Monthly Review Press, 2004, p. 242.

第三章　卢森堡的民族解放和妇女解放思想　/　157

持，反之，她就予以否定和反对。这一点既体现在她对民族问题的分析上，也体现在她区别对待民族问题和妇女问题上。甚至在妇女问题上，卢森堡在波兰和德国的态度也不完全一致，就像一些学者注意到的那样。①

卢森堡并不是完全否定民族解放运动在历史上的积极意义。按照她的说法，在无产阶级尚未独立从而只能跟在资产阶级后面一起反对封建贵族及其统治秩序的时候，资产阶级打着"民族"的旗号推动着民族国家的形成和发展，此时的民族解放运动代表着历史发展和进步的方向，代表着包括无产阶级利益在内的整个社会的利益。比如法国大革命时期法国资产阶级作为第三等级有权以法兰西"民族"的名义出现在大革命中，甚至德国资产阶级在1848年还能在某种程度上被视为德意志"民族"的代表。这个时候资产阶级以民族名义推动的民族解放运动是有积极意义的，也是符合无产阶级利益需求的，即"资产阶级的阶级革命事业在当时社会发展阶段上，同时也曾是整个人民阶层的事业，面对着居统治地位的封建主义，这个阶层仍然和资产阶级一道成为政治

---

① 注：这些学者认为，卢森堡关于妇女问题的文章基本上都是以德国无产阶级妇女为对象的德语文章，而她的波兰文文章基本上不涉及妇女问题，甚至是在1905—1907年这样的革命时期，卢森堡对妇女问题也不感兴趣以及低估了妇女在革命中的作用，卢森堡根本就没有想到去妇女中间进行鼓动以及将她们组织起来。这也可以解释为何卢森堡领导的波兰王国和立陶宛社会民主党中妇女的人数要远远少于波兰社会党。因此，这些学者反对夸大卢森堡在妇女解放问题上的作用和地位。参见 Eric Blanc, *The Rosa Luxemburg Myth*: *A Critique of Luxemburg's Politics in Poland* (1893–1919), Historical Materialism, 25.4.2017, 注释54。应该说，这些学者反对夸大卢森堡在妇女解放问题上的作用和地位，这是有一定道理的。这也说明，妇女解放问题的确不是卢森堡关注的核心问题，这也是她不同于蔡特金的地方所在。但是，要是由此认为卢森堡不会支持甚至反对妇女解放，就像她不支持民族解放一样，这也不符合事实。这里的关键就是必须将妇女问题置于无产阶级解放问题之中来考虑，即只有妇女解放有助于无产阶级解放时，妇女解放才是卢森堡需要关注的问题。否则，妇女问题是不会纳入卢森堡的眼中来的。这也可以解释为何她不在波兰鼓吹和支持妇女解放问题。因为波兰跟德国最大的不同就在于，德国已经有一个成熟的无产阶级政党和高度发展起来的社会主义运动，而当时的波兰作为俄国占领区连基本成型的无产阶级政党都没有，社会主义运动也才刚刚起步，在这样的情况下，贸然支持和鼓动妇女解放问题，就会像贸然支持和鼓动民族解放问题一样，最终都会损害社会主义运动和无产阶级自身的利益，不利于无产阶级解放的实现。

上一致的群体"①。

可是，当无产阶级独立出来成为拥有自觉意识的阶级时，再继续支持资产阶级用来实现自身利益的民族解放运动就显得不合时宜了。对此，卢森堡在反对波兰社会党企图利用国际社会主义运动来争取波兰独立的主张时体现得最为明显。波兰社会党经常引用马克思、恩格斯的"重建波兰是欧洲民主派反对俄国反动势力即将发动的侵略的一道防线"② 来要求国际社会主义运动支持波兰独立。卢森堡在很多场合反复强调一个观点，即马克思主义创始人的这个观点由于社会历史条件发生了变化已经过时了。具体来说就是，马克思主义创始人提出这个观点的时候俄国是欧洲最反动的势力，支持波兰独立能够有力地打击俄国反动势力及其对欧洲革命的干预，但是，到了 90 年代俄国由于自身的落后不要说对欧洲进行侵略，甚至连进行一场防御战争都不可能，俄国本身正处于政治破产的前夜。同时，波兰也不再是马克思主义创始人所理解的波兰，它已经走上资本主义发展道路，并形成资产阶级和无产阶级的矛盾。"波兰已不再是'波兰人'的土地，它已经完全成为现代资产阶级社会，充斥着阶级矛盾和阶级斗争：仅仅是在恩格斯写完这一句话两到三年里，社会主义运动就登上波兰历史的舞台。"③ 如果这个时候国际社会主义运动还支持波兰独立，那么其他地区和国家的民族独立运动也将会要求这样做。如此一来，诸如俄国这样的多民族国家的工人运动就会以民族为单位形成分裂，这本身是不利于各民族无产阶级开展国际社会主义联合的。也就是说，在卢森堡这里，当无产阶级运动兴起并独立发展起来后，对于无产阶级来说，民族解放运动就已经过时了。

---

① 《卢森堡文选》下卷，人民出版社 1990 年版，第 182 页。
② 注：参见恩格斯的《工人阶级同波兰有什么关系》《在 1863 年波兰起义纪念会上的演说》《流亡者文献》《支持波兰》《德国和泛斯拉夫主义》《法兰克福关于波兰问题的辩论》等；参见马克思的《1848 年 2 月 22 日在布鲁塞尔举行的 1846 年克拉科夫起义两周年纪念大会上的演说》《福格特先生》《1867 年 1 月 22 日在伦敦纪念波兰起义大会上的演说》等。
③ Edited by Horace B. Davis, *The National Question—Selected Writings by Rosa Luxemburg*, New York, Monthly Review Press, 1976, p. 63.

这一点跟妇女解放运动形成了鲜明对比。因为对于卢森堡来说，妇女解放运动本身就是无产阶级运动发展的产物。无产阶级斗争拓宽了劳动妇女群众的视野，锻炼了其精神品质，提高了其思考能力，为她们指明了伟大的奋斗目标，一句话，"社会主义已经使广大的无产阶级妇女群众在精神上获得了重生"[1]。如果说民族解放运动是资产阶级发展的产物，从而也更多地体现和反映了资产阶级的利益诉求，那么，妇女解放运动则是无产阶级发展的产物，从而更多地体现和反映了无产阶级的利益诉求。

卢森堡在文章中不止一次地引用傅立叶的这一观点，即妇女解放的程度是衡量人民是否彻底解放的准绳。她对这一观点表示高度认可和赞同，并认为这一观点完全适用于当今社会。正如她在谈到争取妇女选举权对于社会主义运动的积极意义时所指出的那样："当前争取妇女政治权利的群众斗争仅仅是无产阶级争取解放的总的斗争的一部分及其表现。在这里蕴涵着其力量和未来。由于女性无产阶级（的人数），带有普遍性质的平等的和直接的妇女选举权将大大推动和加强无产阶级的阶级斗争。"[2] 显然，卢森堡肯定和支持妇女解放运动是因为它是无产阶级解放运动的组成部分，其发展跟无产阶级运动发展是并行不悖的。这跟她所理解的民族解放运动是完全不同的。因此，卢森堡不仅从来没有对民族解放运动说过上述类似的话，还坚决反对波兰的民族独立运动和列宁对民族自决权的支持。

二 无产阶级的解放是对民族问题和妇女问题的真正解决

除了卢森堡始终坚持从无产阶级的利益及其发展角度来分析和看待民族问题和妇女问题外，形成她对这两个问题认识和判断的另一个深层

---

[1] Edited by Peter Hudis and Kevin B. Anderson, *The Rosa Luxemburg Reader*, New York, Monthly Review Press, 2004, p. 241.

[2] Edited by Peter Hudis and Kevin B. Anderson, *The Rosa Luxemburg Reader*, New York, Monthly Review Press, 2004, p. 242.

逻辑就是她对资本主义社会的总的问题的把握和理解。这一点也是卢森堡从马克思主义创始人那里承继过来的。马克思主义创始人在《共产党宣言》中揭示了资本主义生产关系是如何从中世纪封建社会中孕育出来，又如何在政治上发展起来并夺取政权建立资产阶级国家，再到如何在社会关系、思想观念、价值理念、家庭关系等方面扫除封建遗存而代之以适应资本主义生产关系发展需要的相应的一切东西，包括把所有人都当成商品并以价值大小来衡量，把家庭关系金钱化，对全部社会关系不断地进行革命，到世界各地奔波从而到处建立联系，使农村屈服于城市，建立统一的民族国家，创造巨大的生产力等。一句话，资本主义生产关系不仅摧毁了孕育自身的中世纪的封建社会秩序，而且创造了一个适合自身存在和发展需要的以资本主义生产关系为基础、以追逐剩余价值和利润为目的的新的社会形态即资本主义社会。

资本主义社会存在着各种社会问题，比如城乡差别问题、贫困问题、社会两极分化问题、民族压迫问题等。这些社会问题有些起源和形成于资本主义社会，有些则不是。但即便是这些不起源于资本主义社会的问题，也会或多或少地受到资本主义生产关系及其追逐剩余价值的内在机制的重要影响和制约，就像马克思说的"在一切社会形式中都有一种一定的生产决定其他一切生产的地位和影响，因而它的关系也决定其他一切关系的地位和影响。这是一种普照的光，它掩盖了一切其他色彩，改变着它们的特点。这是一种特殊的以太，它决定着它里面显露出来的一切存在的比重"①。资本主义生产关系就是资本主义社会中的"普照的光"，它改变着资本主义社会中一切社会问题的特点。至于那些起源和形成于资本主义社会的问题，则更是资本主义社会所固有的矛盾的一部分，深受资本主义生产关系及其追逐剩余价值的内在机制影响。

因此，在资本主义社会中，尽管存在各种各样的具体的社会问题，

---

① 《马克思恩格斯选集》第 2 卷，人民出版社 2012 年版，第 707 页。

但是直接关系资本主义生产关系的存在和发展的社会问题则具有总体性和根本性。这个问题就是资本主义社会的主要矛盾，即资产阶级和无产阶级的阶级分化和斗争。因为它本身又是根源于资本主义社会的基本矛盾即生产的社会化和生产资料的私人占有之间的矛盾。资产阶级和无产阶级的斗争作为资本主义社会的总问题，不仅决定和影响着这个社会中一切社会问题的特点和发展，也决定着这些社会问题的解决方式及其程度，尽管这不意味着资产阶级和无产阶级的斗争总是在资本主义社会中居于显要的位置。

同时，任何一个人作为社会中的人，可能具有多重身份。从形成身份的不同因素来看，大致可以分为基于自然因素形成的身份，比如性别身份、种族身份等，和基于社会因素形成的身份，比如阶级身份、公民身份、宗教身份等。而基于社会因素形成的身份又可以做进一步的划分，即基于经济因素、政治因素、意识形态因素等形成的阶级身份、公民身份、宗教身份等。也就是说，一个具体的个人，总是同时拥有多种身份。每个身份都表明其个人在社会中所处的社会关系和归属。其中，基于自然因素形成的民族、性别等身份本身不构成压迫和奴役的依据，它们在资本主义社会中之所以会成为民族压迫和性别歧视等这样的社会问题，归根结底是资本主义生产关系赋予的。正所谓"黑人就是黑人。只有在一定的关系下，他才成为奴隶。纺纱机是纺棉花的机器。只有在一定的关系下，它才成为资本"①。也就是说，正是资本主义生产关系将这些自然形成的个人之间的差异变成了一种人与人之间的歧视、压迫和奴役。

而基于社会因素形成的阶级身份、公民身份、宗教身份等，本身就是在社会关系中形成的，具体到资本主义社会则是由资本主义生产关系所决定并服务于资本增殖需要的。资本主义生产关系并不触及个人之间在经济关系上即阶级地位上的不平等和权力支配关系，反而以这种经济

---

① 《马克思恩格斯文集》第 1 卷，人民出版社 2009 年版，第 723 页。

领域的不平等和权力支配关系为基础赋予个人其他身份上的法律上的平等地位,从而使得个人一方面相比于先前的封建社会等社会形态而言具有了更多的法律政治上的平等地位和权利,反映了资本主义社会进步的一面,另一方面则由于不触及个人经济关系上即阶级地位上的不平等和权力支配关系从而使得个人在其他方面获得的法律政治上的平等地位和权利变得徒具形式和抽象起来。所以,在资本主义社会中,个人的阶级身份要比个人的其他身份更具根本性和总体性。这不仅是因为个人的阶级身份直接体现和反映了个人在资本主义生产关系中的地位从而具有总体的意义,"在现代社会中,唯有诸阶级才提出作为主体的总体的这种观点"①,而且是因为个人的诸如性别、民族、宗教等身份带来的歧视、压迫和奴役等问题是从属于阶级问题的,即这些问题在资本主义社会中本身就受到阶级问题的制约和影响,只要阶级问题存在,这些问题就不可能得到真正解决,反之,只有阶级问题得以解决,这些问题才能获得真正解决。正如马克思在1880年给法国工人党纲领写的《导言》草案中指出的那样:"生产者阶级的解放是不分性别和种族的全人类的解放。"②

总之,资本主义社会中,资产阶级和无产阶级之间的分化和斗争是主要矛盾,其问题具有总体性,反之,诸如民族问题、妇女问题、宗教问题等则从属于这个总问题,并受到这个总问题的决定和影响。

卢森堡正是从这一逻辑出发来分析和看待民族解放问题和妇女解放问题的。当年,波兰社会党刻意凸显波兰无产阶级身上的民族色彩,意图引导居住在俄、奥、德三国的波兰无产阶级先争取实现民族解放这一任务。对此,卢森堡批判波兰社会党的这一做法是"把民族压迫——这一压迫本身对于工人来说是次要的现象——抬高为主要问题"③。也就是说,在卢森堡看来,相比于阶级压迫这种集中反映资本主义生产关系

---

① [匈]卢卡奇:《历史与阶级意识》,杜章智等译,商务印书馆1999年版,第79页。
② 《马克思恩格斯全集》第25卷,人民出版社2001年版,第442页。
③ 《卢森堡文选》上卷,人民出版社1984年版,第23页。

及其矛盾的总问题来说，民族压迫充其量只能算是次要问题。即便无产阶级要支持被压迫的民族，那也不能是基于民族自决权这种抽象的资产阶级法权，而只能是出于无产阶级对资本主义社会制度的总的反对立场。用卢森堡的话来说就是："对于无产阶级的阶级政党来说，抗议和反对民族压迫的义务根本不是来源于专门的'民族权'，例如，正象它要求男女在社会上和政治上的平等权利根本不是来源于专门的'妇女权'一样（资产阶级女权解放运动鼓吹者则为妇女权大声疾呼），而无产阶级的阶级政党抗议和反对民族压迫的义务只是来源于对制度、对一切形式的社会不平等和对社会统治的总的反对态度，一言以蔽之，来源于社会主义根本立场本身。"① 简言之，无产阶级能且只能从无产阶级反对资产阶级这一总问题出发来抗议和反对资本主义社会中的民族压迫。

所以，卢森堡自始至终都是从阶级问题这一总问题出发来分析和看待民族问题的。只有总问题获得了解决，民族这样的个别问题才能获得真正的解决，只有无产阶级推翻资产阶级统治建立社会主义制度，民族自决权才不是空泛的口号。因为"社会主义制度，它要彻底铲除的不仅是一个社会阶级对另一个社会阶级的统治，而且随之而来的要铲除社会阶级存在和它们之间的对抗本身，要彻底铲除社会划分为各具相异利益和愿望的阶级本身，唯有这样，这个制度才能把社会引导到个人之间利害关系和谐和协调地联系在一起的综合体，然后再引导到具有共同的统一意志并能满足其意志的和谐的整体。与此同时，社会主义制度才能使具有统一意志的'民族'成为现实，其实现的程度取决于民族在此制度下一般说来将在何种程度上成为独特的社会机体，或者如考茨基所论断的，融为一体；社会主义制度使具有统一意志的民族成为现实，还取决于其自由地进行自决的物质条件。总而言之，只有社会具有自觉地决定其经济生活、决定其生产条件时，那时社会才能获得自由地决定其民

---

① 《卢森堡文选》下卷，人民出版社1990年版，第159页。

族生存的实际可能性"①。民族问题只有在无产阶级实现自身解放建立社会主义制度下才能获得真正解决。

这一点同样适用于卢森堡对妇女问题的认识上。跟民族问题稍有不同，卢森堡是高度肯定和支持资本主义社会中的妇女解放问题的，尽管这一支持也不是基于"妇女权"这种资产阶级法权，而是基于无产阶级对资本主义社会的总的反对立场。因为资本主义社会中的妇女解放运动跟无产阶级反对资产阶级的运动具有内在的一致性，即妇女解放运动既是无产阶级反对资产阶级运动的必然产物，又极大地推动和加强了无产阶级反对资产阶级的力量。但即便如此，妇女解放运动也只是无产阶级运动这个总问题下的一个具体问题。"当前争取妇女选举权的群众斗争，仅仅是无产阶级争取解放的总的斗争的表现和一部分。后者蕴藏着前者的力量和将来。"② 也就是说，妇女解放运动在资本主义社会中能够借助无产阶级运动获得较大的发展，妇女问题能够在一定范围和程度上获得相应解决，但是，只要无产阶级自身没有获得解放，没有建立起社会主义制度，妇女问题在资本主义社会中是不可能获得真正解决的。

---

① 《卢森堡文选》下卷，人民出版社 1990 年版，第 183 页。
② Edited by Peter Hudis and Kevin B. Anderson, *The Rosa Luxemburg Reader*, New York, Monthly Review Press, 2004, p. 242.

第四章

卢森堡的无产阶级政党思想

作为波兰和立陶宛社会民主党的主要领导人、德国共产党的创始人，卢森堡的著作中存在着众多有关无产阶级政党的思想，尤其是在她对伯恩施坦修正主义和德国社会民主党的批判中、在跟列宁就组织等问题的辩论中，她对无产阶级政党应该是一个什么样子有着更为集中的论述。这些思想和论述构成了卢森堡无产阶级政党思想的重要内容，也是其政治哲学的重要组成部分。当然，正如一些学者所说的那样，终其一生，卢森堡都没有将党的建设放在首位，因而她的建党思想是不完整和不成系统的。①

第一节 无产阶级政党是工人阶级的先锋队

面对第二国际和德国社会民主党内修正主义和机会主义思潮的泛滥，卢森堡坚定地捍卫着马克思主义创始人的建党原则，强调无产阶级政党应该以马克思主义的基本原则和科学方法为指导，成为工人阶级的先锋队，无产阶级政党不同于且高于工会等工人组织，它必须代表无产阶级运动整体的和根本的利益。

---

① 参见李宗禹《论罗莎·卢森堡的组织观点》，《国际共运史研究资料》1983年第1期。

一　无产阶级政党以马克思主义的基本原则和科学方法为指导

马克思主义和工人运动的结合推动形成了科学社会主义运动。到了19世纪80年代，欧洲大多数国家都建立了社会主义政党。这些政党几乎都接受了马克思主义基本原则并以此为基础制定了自己的纲领。① 尤其是德国的社会民主党和法国的工人党更是直接接受了马克思主义创始人的指导。其中，法国工人党纲领导言实际上是马克思口授的。但是，随着资本主义的发展，各国工人运动也进入了和平斗争阶段，一些社会主义政党调整革命策略，将议会选举和议会斗争作为革命的主要乃至唯一的手段。如此一来，马克思主义的革命原则和这些政党走的议会改良道路之间就发生了激烈矛盾。伯恩施坦修正主义的出现可谓这一矛盾的集中爆发。针对伯恩施坦的修正主义主张，德国社会民主党和第二国际大多数社会主义政党虽然都进行了严厉的批判，不过这种言语上的批判却掩盖不了这些政党在行动上同修正主义和机会主义主张的合流。比如伯恩施坦隶属的德国社会民主党，当伯恩施坦对马克思主义提出全面的修正乃至直接的否定和批判时，包括党的主席倍倍尔在内的德国社会民主党领导层并没有认识到伯恩施坦这一修正主义主张的实质及其对社会主义运动的危害，反而轻描淡写地将其看成是党内一场再正常不过的观点分歧，不仅尽力避免公开讨论这一问题，而且还支持伯恩施坦集中阐发自己的观点来回应党内的批评意见。② 这些做法都大大助长了修正主义观点在党内的蔓延，使得党在实际的斗争过程中逐渐背离马克思主义基本原则。

卢森堡正是在对德国社会民主党"纵容"伯恩施坦修正主义主张蔓延的行径的反思和批判中强调了无产阶级政党坚持以马克思主义理论

---

① ［苏］П. И. 祖波克主编：《第二国际史》第一卷，刘金质等译，人民出版社1984年版，第192页。

② Edited by Georg Adler, Peter Hudis and Annelies Laschitza, *The Letters of Rosa Luxemburg*, Translated by George Shriver, New York, Verso, 2011, p. 89.

为指导的重要意义。

在卢森堡看来，在马克思主义诞生之前，欧洲工人运动虽然已经兴起，但是这种运动却不是自觉的，而是跟在包括资产阶级民主运动和民族运动在内的其他运动后面，缺乏独立性和自主性。这个时候的工人阶级也缺乏相应的阶级意识，不能作为独立的阶级而存在。马克思主义诞生后，在马克思主义指导下，欧洲工人运动进入了一个新阶段，工人阶级也成为一个有着明确的历史任务和阶级使命的阶级。所以，卢森堡说："马克思可以说是发现了作为一个历史范畴的现代工人阶级，也就是一个具有特定的历史条件和运动规律的阶级。"① 具体来说就是马克思做到了把工人阶级的政策置于自觉的阶级斗争的基础上，从而把它锻造成置现存社会制度于死地的武器。因为马克思主义提供了唯物主义历史观和关于资本主义发展的理论，揭示了私有制统治下阶级斗争这一历史的最重要的动力。无产阶级政党通过马克思主义提供的这些认识，不仅汲取了激情、耐心、行动的力量和坚持的勇气，还看到了最终胜利的绝对保证。一句话，"自从有了马克思，并且由于有了马克思，才有了社会主义的工人政策，这一政策同时又是革命的现实的政策，而且是就这两个词的最完满的意义来说的"②。

因此，无产阶级政党必须以马克思主义为指导，而不是像伯恩施坦修正主义主张那样打着理论与实践统一的旗号要求对马克思主义进行修正和否定。今天像德国社会民主党这样的工人阶级政党，之所以能够取得那么大的成就，就是因为它掌握了马克思学说这一指南，能够"从历史的观点懂得自己在做什么事情，因此也做它想做的事情"。卢森堡将这一点称为"社会民主党力量的全部秘密所在"③。同时，这也是二十年④来统治阶级不断力图从理论上和实践上消灭工人运动中的马克思思

---

① 《卢森堡文选》上卷，人民出版社1984年版，第478页。
② 《卢森堡文选》上卷，人民出版社1984年版，第482页。
③ 《卢森堡文选》上卷，人民出版社1984年版，第480页。
④ 注：指马克思逝世二十年来。

想的原因所在。因为统治阶级很明白,要战胜现代工人运动就必须战胜马克思主义。

在当时的德国社会民主党和第二国际中,除了有伯恩施坦这样公然打着修正主义旗号对马克思主义提出全面否定的做法外,其实存在更多的还是打着马克思主义旗号反对马克思主义的行为。也就是说,当时的德国社会民主党和第二国际中,公开支持伯恩施坦及其修正主义主张的人并不多,但是借马克思和恩格斯之口来维护伯恩施坦的主张和阉割马克思主义精神实质的人却不少。这不仅包括福尔马尔这种在党内长期以支持改良政策出名的右派,也包括考茨基这种语言上处处以马克思主义创始人的思想为依据但实质却将他们的思想进行改良主义的阐发的中派。比如在1898年德国社会民主党讨论伯恩施坦问题的发言中,福尔马尔反复搬出马克思,认为马克思曾指出"英国工人阶级的复兴是从颁布工厂法开始的"、马克思把"英国的工会叫作欧洲无产阶级的职业拳击家"、卢森堡强调最终目的是"最大程度地非社会主义的,首先是最大程度地非马克思主义的"等,① 以此将伯恩施坦的修正主义主张描述为符合马克思主义创始人精神实质的观点。

这也说明,在当时的德国社会民主党和第二国际,问题不仅仅是要不要以马克思主义为指导,还在于到底马克思主义的精神实质是什么以及以什么样的马克思主义为指导。卢森堡对此显然是清楚的。她在强调无产阶级政党必须以马克思主义为指导时,并不是抽象地谈论马克思主义的一般原则,而是明确而清晰地指出为夺取政权而进行的阶级斗争学说是马克思将工人阶级联合起来并使之成为阶级的重要学说。"马克思在从当今社会的基础上自然发生的无产阶级运动同社会主义之间架设起来的桥梁是:为夺取政权而进行的阶级斗争。"② 在卢森堡看来,无产阶级只要从各阶级利益和集团利益,从物质生活的各种矛盾,归根结底

---

① 《福尔马尔文选》,中央编译局国际共运史研究室编,人民出版社1984年版,第253—254页。

② 《卢森堡文选》上卷,人民出版社1984年版,第479页。

从社会生产力和生产关系之间的现有矛盾去解释社会意识的各种形式，就能明白整个资本主义社会和资产阶级政策。从这个意义上说，马克思的阶级斗争学说给无产阶级政党提供了认识资本主义社会和资产阶级政策直至它的细枝末节的钥匙。

因此，当卢森堡强调无产阶级政党应该坚持以马克思主义为指导时，首先就是指无产阶级政党应该坚持马克思的阶级斗争学说，尤其是将夺取政权作为阶级斗争目标的内容。这些内容构成了无产阶级政党的本质，"构成我们本质的是阶级斗争，它不应受到党内的'自由批评'"①。坚持马克思的阶级斗争学说是无产阶级政党区别于其他政党的实质，也是判断无产阶级政党性质的依据。对它的任何批评本质上都是对无产阶级政党性质的批评，因而是不允许的。应该说，在卢森堡对德国社会民主党和第二国际修正主义和机会主义主张的批判中，捍卫马克思的阶级斗争学说始终都是她的重点。比如在批判伯恩施坦修正主义主张时，卢森堡就强调，伯恩施坦修正主义主张的整个内在逻辑，其关键就在于他放弃了马克思的阶级斗争学说，而"他抛弃了阶级观点，就失去了政治罗盘，他抛弃了科学社会主义，也就失去了把个别事实在一个彻底的世界观中结成有机整体的精神上的结晶轴"②。其结果必然是"用同样的语言已经不再表示同样的概念，用同样的概念已经不再表示同样的社会事实了。同伯恩施坦的讨论已经变成两种世界观、两个阶级、两种社会形态的争论了"③。

当然，卢森堡也认为，马克思的学说不只是阶级斗争学说，他的学说中还包含远远多于和高于阶级斗争的内容。"无论就他对资产阶级经济的详尽而完整的分析来说，还是就他的历史研究方法及其无限的应用范围来说，马克思的贡献都大大超出了实际阶级斗争的直接需要。"④

---

① 《卢森堡文选》上卷，人民出版社1984年版，第204页。
② 《卢森堡文选》上卷，人民出版社1984年版，第140页。
③ 《卢森堡文选》上卷，人民出版社1984年版，第143页。
④ 《卢森堡文选》上卷，人民出版社1984年版，第476页。

这里说的主要就是马克思提供的科学方法。

卢森堡认为，马克思并没有创立一个完整的理论体系，充其量只是在经济领域，有一个相对成体系的理论。所以，马克思的理论中最有价值的是他的唯物主义的辩证的历史观。这种辩证的历史观表现为"一种研究方法、一些天才的指导思想，它们使人有可能展望一个崭新的世界，开辟独立活动的无限远景，激励我们的思想大胆地飞进尚未研究的领域"①。换句话说，在卢森堡看来，马克思的学说除了阶级斗争等内容外，对无产阶级及其政党来说，马克思提供的科学方法甚至具有更大的价值。这种方法在卢森堡的著作中有时候被表述为"历史的观点"或"历史的研究方法"，有时候又称为"辩证的历史观"，甚至有时候被称为"历史的辩证的思想方法"或"历史的辩证法"等，但不管怎么表述，其核心都是指马克思的历史辩证法。② 她将此方法称为"马克思主义的神圣灵魂"。③

同时，就当时的情况来说，自马克思主义创始人先后去世后，如何将他们的学说和正在发生变化的资本主义社会现实和无产阶级革命实践结合起来，推动社会主义运动的发展也的确是各无产阶级政党面临的迫切问题。伯恩施坦修正主义的出现并不是偶然的。用伯恩施坦自己的话来说就是："不是我在攻击理论，是现实本身证明了它的不足之处。不

---

① 《卢森堡文选》上卷，人民出版社1984年版，第472页。

② 注：众所周知，卢卡奇正是从卢森堡的著作中发展出辩证的总体方法的。当然，卢卡奇的这种构建在多大程度上符合卢森堡的意思，或者说卢卡奇的总体方法和卢森堡的历史辩证法之间的关系到底如何，这本身是有待研究的。但是，卢卡奇强调从方法角度去理解马克思主义，这一点无疑是来自卢森堡。在整个第二国际中，卢森堡可能是最强调从方法角度去继承和发展马克思学说的人。这跟列宁从马克思主义的普遍性和特殊性相结合的角度去继承和发展马克思的学说形成了鲜明对比。同时，包括列宁在内的苏联马克思主义者更多的是从辩证唯物主义角度去理解马克思的方法，而卢森堡则更多的是从历史辩证法角度去理解马克思的方法。因此，德国学者厄斯纳从苏联马克思主义者的立场出发指责卢森堡没有提到辩证唯物主义是马克思主义政党的世界观。参见［德］弗雷德·厄斯纳《卢森堡评传》，孔固、李度译，生活·读书·新知三联书店1964年版，第115页。

③ 《卢森堡文选》上卷，人民出版社1984年版，第510页。

是我的目光阴暗，而是你们的目光模糊。"① 伯恩施坦提出修正主义的缘由正是他认为资本主义社会发生了马克思当年没有预料到的变化，马克思的学说跟资本主义社会现实和无产阶级革命实践之间出现了"脱节"。于是，伯恩施坦从资本主义社会经验出发批判了马克思的学说并依据这种经验对马克思主义做出修正。

对此，卢森堡是有清晰认识的。在一篇名为《马克思主义的停滞和进步》的文章中，卢森堡坦承"我们在理论方面仍然停留在两位科学社会主义创始人给我们留下的水平上"②，一些人为了在思想上保持马克思主义的立场而小心翼翼唯恐偏离马克思的思想方法，而另一些人则为了不顾一切地证明自己思想的独立性而拼命设法完全摆脱马克思的思想方法。两种做法实际上都是有害于马克思主义及其发展的。卢森堡认为，造成这种停滞的原因，除了马克思学说缺乏系统性和只是提供了一种研究方法和大体框架外，另一个原因就是后来的马克思主义者不擅长运用马克思的理论启示。因此，要推动马克思主义的发展，既不能将马克思的思想教条化，亦步亦趋，从而忽视马克思学说的精神实质，也不能置马克思的思想于不顾，自说自话，从而背离马克思学说的精神实质。当然，卢森堡在这篇文章中并没有就如何"运用马克思的理论启示"给出具体的建议，但是，从她对待马克思学说的方式和对历史辩证法的强调来看，她实际上更注重马克思学说的精神实质和历史辩证法的运用。

卢森堡在很多地方都在强调一点，即必须要掌握马克思学说的精神实质，不能教条地对待马克思主义创始人的观点，要注重马克思学说中"不朽的部分即历史的研究方法"。其中，能够集中体现卢森堡这一观点的例子便是她对马克思主义创始人有关波兰独立问题的思想的处理。如第三章所述，马克思主义创始人在很多场合都曾发表过支持波兰独立的观点，而后来的波兰社会党也往往基于此要求第二国际支持他们将追

---

① 《伯恩施坦文选》，殷叙彝编，人民出版社2008年版，第97页。
② 《卢森堡文选》上卷，人民出版社1984年版，第471页。

求波兰民族独立置于无产阶级解放之先的主张。对此，卢森堡并没有教条地接受马克思主义创始人在这方面的主张，而是反复强调马克思主义创始人这些主张已经随着社会历史条件的变化而过时，即便他们有重建波兰的期望，但这"毕竟不是社会民主党的基本原则，甚至根本不是党的原则；如果人们想把关于重建波兰的这些说法变成某种社会主义教条，并从而把对社会爱国主义纲领的责任间接地转嫁到马克思和恩格斯身上，那么他们便恰恰要冒把马克思下面的话应用到自己身上的危险，这就是：'他们从来不以具有自己的思想为荣。他们只有别出心裁地曲解别人的思想的本领，他们把别人的思想奉为信条，并且认为他们已经把这些思想连同词句都掌握了'"①。显然，卢森堡的这段话表明她注重的不是马克思主义创始人的具体观点，而是这些观点的精神实质，如果马克思主义创始人的观点因为社会历史条件的变化已经过时，即便是他们的主张，无产阶级政党也不能教条地接受。后来，卢森堡在批判民族自决权这个问题时，又突出强调了马克思主义创始人坚持历史的具体的分析问题的方法的正确性。② 应该说，卢森堡强调无产阶级政党必须从马克思、恩格斯学说的精神实质以及他们提供的科学方法出发来分析资本主义社会现实和无产阶级革命实践以便推动马克思主义和社会主义运动的发展这样的例子不胜枚举。用卢森堡自己的话来说便是："'马克思主义'的本质不是位于关于当前种种问题的这个或那个看法中，而是位于两个基本的原则上：辩证唯物主义的历史分析方法以及由此得出的必然结果之一的阶级斗争理论和马克思对资本主义发展规律的基本分析。"③

所以，当卢森堡要求无产阶级政党应该坚持马克思主义为指导时，不是抽象地谈论一般意义上的马克思主义，更不是谈论伯恩施坦等人理

---

① 《卢森堡文选》上卷，人民出版社1984年版，第30页。
② 《卢森堡文选》下卷，人民出版社1990年版，第166页。
③ Edited by Horace B. Davis, *The National Question—Selected Writings by Rosa Luxemburg*, New York, Monthly Review Press, 1976, p. 77.

解的那种庸俗的马克思主义,而是具体指马克思主义的阶级斗争学说和历史辩证法。它们化作无产阶级政党的基本原则,决定着无产阶级政党的性质,规定着无产阶级政党的活动。一旦背离了马克思主义的阶级斗争学说和历史辩证法,势必会冲击到以此为基础而确立起来的党的基本原则,并最终导致党的这些基本原则的丧失。而当作为党的全部活动的指导原则即马克思主义学说的精神实质和党的基本原则遭到背叛,那么,即便这个党的组织机构等要素仍发展完好,这个党作为无产阶级政党却已经瓦解和死亡。德国社会民主党这个曾经是国际中最强大最有影响力的无产阶级政党毫无疑问就是这样走向死亡的。正如卢森堡所言:"教堂是人们在里面向上帝祷告的一座房屋,而社会民主党是一个进行无产阶级斗争的政党。在正式放弃阶级斗争时,德国社会民主党就以骤然发生的雪崩似的不可抗拒的力量陷入了它的分崩瓦解的过程。"① 从这个意义上说,马克思主义的精神实质和科学方法就是无产阶级政党的灵魂,无产阶级政党一旦舍弃了它们,就等于丢了自己的魂,虽生犹死。

二 无产阶级政党代表整个阶级和运动的利益

在西欧,社会主义运动的发展不仅跟无产阶级政党的领导紧密相关,也跟工会尤其是无产阶级性质的工会的组织和推动直接相关。从历史发展来看,西欧主要国家中工会的成立往往要早于无产阶级政党的出现。比如在当时的德国,工会组织可以追溯到19世纪30年代,而无产阶级政党的出现则要到60年代去了。所以,斯大林在1925年才会做出这样的评论:"德国工会的作用和俄国不同。在俄国,工会是党成立以后产生的,它们实际上是党的辅助机关。在德国和整个欧洲就不是这样。那里党是从工会中产生出来的,工会对群众的影响胜过党的影响,并且往往成为党的沉重的绊脚石。如果问一问德国或者整个欧洲的广大

---

① 《卢森堡文选》下卷,人民出版社1990年版,第470页。

群众,他们认为哪个组织对他们更亲近,是党还是工会,他们一定会回答说,工会比党对他们更亲近。"① 这说明,社会主义运动在西欧和俄国还不一样。在西欧,无产阶级政党和工会两个无产阶级组织共同构成了社会主义运动的两翼。其中,工会组织对广大无产阶级群众的影响可能还更深更大。

因此,西欧国家如何理解和处理无产阶级政党和工会组织之间的关系就是各自社会主义运动中的重大现实问题。比如在德国,社会民主党和自由工会及其后的德国工会总委员会之间的关系就对德国社会主义运动形成了重大而深远的影响。当德国社会民主党能够有效地领导自由工会时,德国社会主义运动就能沿着马克思主义革命主张发展下去,反之,各种改良主义主张就会对运动形成重要影响,使之走向改良主义道路。这其中的关键问题就是明确社会民主党和工会这两个无产阶级组织各自的性质和地位以及由此决定的在社会主义运动中各自扮演的角色和作用。

从德国社会民主党来说,1891年爱尔福特纲领将社会民主党的任务界定为是"把工人阶级的这一斗争塑造成为一种有觉悟的和统一的斗争,向他们指明他们天然必须实现的目标"②。这里说的"这一斗争"就是指"工人阶级反对资本主义剥削的政治斗争"。可见,爱尔福特纲领是将德国社会民主党的任务界定为是向无产阶级群众"灌输"阶级意识并推动其进行政治斗争,即党的作用主要在于领导无产阶级群众进行政治斗争。

应该说,爱尔福特纲领对党的任务的这一规定是符合马克思主义创始人的精神的。马克思主义创始人曾经在《共产党宣言》第二节"无产者和共产党人"中明确提出"共产党人的最近目的是和其他一切无产阶级政党的最近目的一样的:使无产阶级形成为阶级,推翻资产阶级

---

① 《斯大林全集》第7卷,人民出版社1958年版,第41页。
② 《德国社会民主党纲领汇编》,张世鹏译,北京大学出版社2005年版,第21页。

的统治，由无产阶级夺取政权"①，又说"共产党人始终代表整个运动的利益""共产党人为工人阶级的最近的目的和利益而斗争，但是他们在当前的运动中同时代表运动的未来"等。显然，马克思主义创始人的这些观点在爱尔福特纲领中是得到了比较好的体现的。所以，它能获得恩格斯本人的认可和支持。

可问题是德国社会民主党的这一自我理解和定位并没有获得工会的相应支持。从工会角度来说，随着19世纪80年代《医疗保险法》《工伤事故保险法》《残疾和老年保险法》等一系列带有社会福利性质的法案的颁布，工会获得了与雇主开展部分合作、调和劳资矛盾的权利。工会开始改变对国家、资本家的态度，疏远与政治斗争、社会民主党的距离。② 它们不愿意将自身置于德国社会民主党的有力领导下，也不愿轻易地跟随德国社会民主党进行政治斗争。如此一来，德国社会民主党和工会之间在无产阶级革命道路和主张等问题上就越来越不可避免地发生冲突。然而，更加遗憾的是，面对这种局面，德国社会民主党并没有坚定地维护马克思主义创始人有关无产阶级政党性质、地位及其在社会主义运动中的角色等相关问题的精神，用党的坚强领导来帮助提高工会和工会运动水平，反而将自身下降到了工会和工会运动的水平上，跟工会一样陷入以追求眼前的局部的利益为目标的改良主义泥潭中。

这其中的代表事件就是伯恩施坦修正主义主张的提出及其相应影响。伯恩施坦在修正主义主张中明确地赋予工会以民主因素，认为通过工会可以大大推进资本主义社会的民主，推动资本主义向社会主义过渡。用支持伯恩施坦的修正主义分子爱·大卫的话来说，"工会斗争是阶级斗争的最纯粹的表现""如果各国工人阶级都在工会里并且——关于这一点我下面还要谈到——在合作社里组织起来，那么他们就有了政权，那时他们也会把资本主义所有制挖空到这样的程度，以致剩下需要

---

① 《马克思恩格斯选集》第1卷，人民出版社2012年版，第413页。
② 参见龙萌瑶《德国社会民主党与工会的关系变化（1863—1914）》，《当代世界与社会主义》2019年第5期。

处理的事只要以漂亮的姿势一挥手就可以完成了"①。

也就是说,在伯恩施坦及其支持者看来,工会不仅是完全独立的,而且跟无产阶级政党一样具有领导无产阶级群众实现推翻资产阶级统治、建立社会主义社会的政治功能。从这个意义上说,工会和无产阶级政党是没有实质区别的,无产阶级政党甚至都是多余的存在。因此,如果说德国的工会组织只是以实际行动否定了德国社会民主党的领导及其赋予自身和工会的角色,从而模糊了无产阶级政党和工会组织之间的关系,那么,伯恩施坦及其支持者则从理论上对二者之间的关系做了更为模糊的理解,从而在德国社会主义运动和第二国际中造成更大的混乱。尤其是1906年曼海姆党代会形成的协议规定,凡涉及党和工会两个组织的行动只能由二者共同做出决定。德国社会民主党和工会实际上形成了互不隶属的平行关系,党放弃了对工会的领导。②

正是在这种背景下,卢森堡对伯恩施坦修正主义主张和德国社会民主党的妥协退让立场进行了批判并集中阐发了她对无产阶级政党性质、作用等相关问题的看法,维护了马克思主义创始人在这些问题上的立场观点。

卢森堡认为,英国工联主义历史已经证明,工会根本就不可能实现社会主义。工会给无产阶级提供的服务就在于使无产阶级能够随时为了自己的利益利用市场的行情,包括废除加班、限制徒工数目和向国外移民等,即努力减少工人供应数量以维持工人一定的工资水平。即便是工会带领工人群众通过罢工等手段迫使资产阶级提高工资水平,这也只不过是让资本主义剥削在当时"正常"的界限内进行,而绝不可能取消这种剥削,哪怕是逐步地取消也做不到。所以,伯恩施坦的修正主义主张的根本错误就在于没有认识到工会在资本主义生产关系范围内存在着

---

① 《德国社会民主党关于伯恩施坦问题的争论》,中央编译局国际共运史研究室编,生活·读书·新知三联书店1981年版,第236—237页。

② [德]苏珊·米勒等:《德国社会民主党简史(1848—1983)》,刘敬钦等译,求实出版社1984年版,第62页。

明确的界限，这个界限是由资本主义社会中诸如利润和产业后备军等生产规律决定的，即服从"资本增殖的需要"①。工会只能在这个界限内起作用，超出这个界限，工会就无能为力，更不要说将资本主义社会改造为社会主义社会了。

更何况就德国社会民主党和无产阶级性质的工会的关系来说，德国无产阶级性质的工会直接就是德国社会民主党的产物。卢森堡在这里不仅是指德国社会民主党培育了德国工会运动，为后者提供领导人及其组织保障，也是指社会民主党的学说本身也是工会实践的灵魂，从而使得无产阶级性质的工会同一切资产阶级的和教派的工会相比具有无比的优越性。同时，工会还是社会民主党运动和鼓动的产物，大多数工人参加工会恰恰是受到了社会民主党的鼓动和激励，从而天然地认为参加了工会就等同于参加了社会民主党，支持工会就是支持社会民主党。② 所以，卢森堡对那种主张将无产阶级性质的工会从社会民主党的影响中独立出来的所谓"中立说"进行了严厉批判。因为这无异于割裂工会和党的紧密联系，放弃无产阶级性质的工会相对于其他工会的优越性。"工会对社会民主党的疏远与脱离一旦成为现实，尤其是在无产者大众的眼里成为现实，那么德国工会立刻就会失去它同与其竞争的其他资产阶级工会相比的优越性，从而也就失去了它的引人入会的能力和勃勃的生机。"③

也是在这里，卢森堡集中阐发了她对无产阶级政党和工会之间关系及其蕴含的无产阶级政党性质等问题的观点。在卢森堡看来，工会虽然在组织工人斗争方面时间上先于无产阶级政党，但是，工会的斗争主要

---

① 《卢森堡文选》上卷，人民出版社1984年版，第252页。
② 注：当时德国无产阶级性质的工会不仅面临着跟其他非无产阶级性质工会的竞争，而且面临着如何将人数占大多数的非入会工人吸引到自己这边来的任务。因此，无产阶级性质工会的政治立场就显得尤为重要。正如卢森堡强调的，无产阶级性质的工会之所以能够拥有今天这样多的人数，不是因为它表面的中立性，而是因为它实际上的社会民主主义性质。参见《卢森堡文选》下卷，人民出版社1990年版，第101页。
③ 《卢森堡文选》下卷，人民出版社1990年版，第101—102页。

集中于诸如提高工资、限制工作时间等直接的经济斗争，这种斗争的目的是广大无产阶级群众能够看得见摸得着的眼前利益，因此，工会斗争可以说一开始只是代表工人直接的当前利益。但是，工会在组织工人群众争取经济利益的斗争发展中必然会走向国际联合和日渐认识到它的全部政策需要以普遍的社会联系为依据并估计到社会的发展。这样一来，"工会将由于自身的利益势必自然而然地走上社会民主党自觉地走上的道路"①。也就是说，工会将像社会民主党一样以追求实现社会主义为目的，工会斗争和无产阶级政党斗争实际上代表着工人阶级解放斗争的两个时期、两个阶段而已。其中，工会代表着工人运动的各个集团的利益和这个运动的一个发展阶段，而社会民主党代表着整个工人阶级及其获得解放的整体利益；工会的斗争包含着工人阶级的当前利益，社会民主党的斗争则代表着工人阶级的未来利益。"社会民主党对于战斗的无产阶级的单个集团来说代表整个阶级的利益，对于个别的眼前利益来说代表整个运动的利益。"② 这里所谓"整个阶级的利益"是指无产阶级政党能够超越狭隘的经济斗争目标而进行旨在提高整个无产阶级政治地位的政治斗争及其国际联合斗争，而这里所谓"整个运动的利益"则是指无产阶级政党以追求实现推翻资产阶级统治、建立社会主义社会并最终实现自我解放的目标。

所以，卢森堡实际上赋予了无产阶级政党以高于工会且代表无产阶级整体和根本利益的先进性，或者说，无产阶级政党不是如同工会那样的一般意义上的无产阶级组织，而是无产阶级的先锋队。其原因就在于无产阶级政党是以马克思主义的基本原则和科学方法为指导的，因而其运动和斗争从一开始就是自觉的和符合社会发展的，这跟工会不一样。"社会民主党的真理是完整的，它强调要做当前工作及其绝对必要性，同时把重点放在对这种工作进行批评并指出其局限性，这种完

---

① 《卢森堡文选》上卷，人民出版社1984年版，第257页。
② 《卢森堡文选》上卷，人民出版社1984年版，第257页。

整的真理纠正了工会的只强调日常斗争积极方面的不充分的真理。"①进言之，无产阶级政党需要领导和监督工会及其斗争，尤其是当时的工会正在逐渐走向职业化和官僚化，党对工会的领导和监督就显得更为必要。②

当然，卢森堡强调无产阶级政党是无产阶级的先锋队，这并不意味着她就认为无产阶级政党是由少数意志坚定和永远不犯错误的先进分子构成的。用卢森堡自己的话来说就是："社会民主党作为工人阶级的有组织的核心确实是领导全体劳动人民的先锋队，工人运动的政治明确性、力量和统一也确实是来源于这个组织，但是永远也不能把无产阶级的阶级运动理解为组织起来的少数人的运动。"③ 这段话出自卢森堡的《群众罢工、党和工会》，既可以看成是她对俄国1905年革命的经验总结，即这次革命更多地展现了无产阶级群众革命的自发性，而不是无产阶级政党的自觉领导，也可以看成是她对列宁相关主张的否定。

也就是说，在卢森堡有关无产阶级政党是无产阶级先锋队这一性质的理解中，她跟列宁存在着重要区别。这一区别就体现在卢森堡虽然强调了无产阶级政党的先锋队这一性质，但是，她并没有完全将作为先锋队的无产阶级政党置于无产阶级群众及其组织之上，仿佛无产阶级政党就永远都是正确的而无产阶级群众及其组织就永远都是存在缺陷和不足的一样。反之，她始终坚信无产阶级群众的阶级觉悟和本能，认为无产阶级政党的先进性并不是静止的，而是动态发展的。

在跟列宁就组织问题进行的争论中，卢森堡曾经强调，社会民主党是无产阶级的阶级代表，同时也是社会所有进步利益和资本主义制度下

---

① 《卢森堡文选》下卷，人民出版社1990年版，第105页。
② 注：卢森堡将工会领导人主张的"工会中立说"归之于他们的日渐职业化和官僚化，也就是说，在卢森堡看来，"工会中立说"只是工会领导人的主张，而不是广大工人阶级群众的主张。广大工人阶级群众是具有革命本能和阶级觉悟的，是支持党的而不是跟党存在分歧的。因此，当工会和党存在矛盾和冲突时，包括当议会党团和党存在矛盾和冲突时，或者党内存在左中右等路线分歧时，卢森堡是主张通过直接诉诸全体党员群众来解决这些分歧的。参见《卢森堡文选》下卷，人民出版社1990年版，第353页。
③ 《卢森堡文选》下卷，人民出版社1990年版，第83—84页。

一切被压迫的人的代表,从而具有先进性。但是,不能由此认为,所有这些利益在社会民主党的纲领中都理想地结合在一起。这一先进性的实现是以历史发展过程的形态变为现实的,"由于这一发展过程,社会民主党也作为政党逐步成为各种不满分子的庇护所,真正成为反对一小撮资产阶级统治者的人民党。问题仅仅在于,社会民主党要使这些形形色色的同路人目前的痛苦能够始终服从工人阶级的最终目的,把非无产阶级的反对派精神纳入革命无产阶级的行动轨道,一句话,要懂得同化这些渗入分子,消化他们"①。卢森堡的这段话表明,她并不认为无产阶级政党完全是由无产阶级队伍中的先进分子组成的,也不认为无产阶级政党的先进性是永恒不变的,而是认为无产阶级政党内部始终存在着机会主义的危险,因为机会主义在党内的出现是不可避免的。② 因此,要想确保无产阶级政党的先进性,就不能单纯依赖党的组织性,尤其是像俄国社会民主工党这样本身就缺乏一个足够强大的经过训练的无产阶级核心部队在党内居于领导地位的无产阶级政党,更不能通过强化组织性来解决这个问题。

那么,面对党内机会主义的必然的不时出现,无产阶级政党又如何确保其自身的先锋队性质呢?在这里,卢森堡强调了党内民主中自由讨论和批评的重要性。用她的话来说就是:"没有一个党象社会民主党那样把自由的和不断的自我批评当作一种生存必需的条件……除了对我们拥有的理论不断地进行批评以外,没有别的办法能使我们发展

---

① 《卢森堡文选》上卷,人民出版社1984年版,第515页。
② 注:卢森堡跟列宁在党内机会主义的来源问题上存在根本的认识分歧。卢森堡始终认为,机会主义是社会主义运动内部的必然产物,而不是像列宁认为的那样是由外部带入的。因为机会主义的产生根源于社会主义运动的性质和它的内部矛盾,即一方面无产阶级在意志上要超越现存社会秩序,到达现存社会的彼岸,可另一方面,无产阶级群众又只能在同现存制度进行日常斗争即在现存制度的框框内培养这种意志。"广大人民群众同摆脱整个现存制度的目的相结合,日常的斗争同革命变革相结合,这是社会民主党运动的辩证的矛盾。而这个运动在它的整个发展过程中必须在两个暗礁之间,即在放弃群众性和放弃最终目的之间,在倒退到宗派状态和变成资产阶级改良运动之间合理地向前迈进。"参见《卢森堡文选》上卷,人民出版社1984年版,第516页。

壮大。"① 应该说，卢森堡的这一观点又跟她始终坚信无产阶级的阶级本能和觉悟紧密相关。因为党内的这些批评和自我批评本身就是教育无产阶级和启发无产阶级阶级本能的重要方式。而无产阶级政党的先进性归根结底又是需要无产阶级群众阶级觉悟的不断提高来保障的。

第二节　无产阶级政党坚持自我集中制原则

在跟列宁关于组织问题的争论中，卢森堡旗帜鲜明地提出了其有关无产阶级政党组织原则的观点，即所谓自我集中制原则。这个原则既不同于列宁倡导的无产阶级建党原则，也跟当时在第二国际具有示范作用的德国社会民主党的组织原则不尽相同，而是集中体现和反映了她对无产阶级政党应该是什么样子以及这种政党应该具有什么样的组织形态才更有利于培育和发展无产阶级的阶级意识从而使得社会主义运动变成真正意义上的大多数人参与的自我解放运动。

一　无产阶级政党以大多数人的意志为基础

在列宁建立新型无产阶级政党之前，以德国社会民主党为代表的第二国际的社会主义政党基本都是按照民主制原则建立起来的。这是马克思主义创始人早在领导共产主义者同盟时就不断强调的原则。比如他们积极参与起草的《共产主义者同盟章程》就明确规定了系列民主原则，包括党的代表大会是最高权力机关，中央委员会是权力执行机关，每年向代表大会报告工作，中央委员任期一年，可连选连任，选举者可以随时撤换，中央委员会可以出席代表大会，但没有表决权等。所以，恩格斯后来在回忆共产主义者同盟的历史时说道："组织本身是完全民主的，它的各委员会由选举产生并随时可以罢免，仅这一点就已堵塞了任何要求独裁的密谋狂的道路……这个新章程曾交付——现在一切都按这样的

---

① 《卢森堡文选》上卷，人民出版社1984年版，第202—203页。

民主制度进行——各支部讨论，然后又由第二次代表大会再次审查并于1847年12月8日最后通过。"①

马克思主义创始人亲自指导的德国社会民主党基本上也是按照这一原则创建起来的。从德国社会民主党的前身即倍倍尔等人创建的德国社会民主工党（也称"爱森纳赫派"）开始，该党就充分吸收了共产主义者同盟章程的民主精神，同时还增加了监察委员会用以专门监督党的中央执行委员会，将民主原则贯彻得更加彻底。这也是该党区别于当时另一个工人政党即拉萨尔派全德工人联合会的地方所在，因为后者章程中明确强调党主席的个人集权。② 后来，无论是爱森纳赫派跟拉萨尔派合并改名后的德国社会主义工人党，还是《反社会党人法》取消后、党恢复合法活动改名为德国社会民主党，它们的组织章程都贯彻了民主原则，包括明确规定党代表大会每年召开一次，设立两名党主席，两名文书，若干名监察委员，专门的财务人员，党的领导机关由代表大会选举产生等。③ 因此，德国社会民主党可以说是第二国际中坚持民主原则建党的典范。

当卢森堡于1898年加入德国社会民主党时，她不仅清楚该党的组织原则，而且积极地利用这一原则对伯恩施坦修正主义主张进行批判。在这一年举行的斯图加特代表大会上，卢森堡虽然是第一次参加党的代表大会，但是她仍然充分地利用了代表大会赋予党员④自由发言的民主权利对伯恩施坦修正主义主张进行了分析和批判，尽管当时党的总执行委员会其实是试图避开讨论这个问题的。更何况，卢森堡早在1894年就参与创建了波兰社会民主党（不久后改名为"波兰王国社会民主党"），是该

---

① 《马克思恩格斯选集》第4卷，人民出版社2012年版，第207页。
② 参见高放《世界上第一个社会主义政党德国社会民主工党首建垂范》，《中国延安干部学院学报》2014年第4期。
③ 参见《1875—1912年德国社会民主党的组织章程》，于金陵等译，《国际共运史研究资料》1981年第3期。
④ 注：卢森堡当时是一名新党员，福尔马尔等支持伯恩施坦的党内元老曾以此批评卢森堡的态度是"象对小学生一样对党内的老战士讲话的妄自尊大"。参见《福尔马尔文选》，中央编译局国际共运史研究室编，人民出版社1984年版，第253页。

党的主要领导人之一。对于这个党的组织运行情况，卢森堡的著名传记专家内特尔有一个比较详细的描述。他说，波兰王国社会民主党与其说是一个政党，不如说是一个压力集团，无论是其组织形态还是其行动方式都如实地反映了这一点。① 这个党借鉴了德国社会民主党的模式，但又考虑了俄国的具体情况，将领导机构分为国内和国外两个组织，为了协调二者关系又专门设立了总委员会。由于这个党特别重视国际事务，加之国内委员会及其组织经常遭到政府的破坏，因而代表该党处理国际事务的国外委员会从一开始就领导着总委员会。而党的领导人也经常分散在各地，比如卢森堡长期居住在柏林，党的另一核心领导人约吉希斯则穿梭于柏林、苏黎世、华沙等地，还有领导人居住在慕尼黑等。这种情况也导致党的很多活动需要通过书信来联络和沟通，而书信的内容更多的是说服和观点的交流而不是命令。"党的领导成员在很大程度上是按照他的意愿和习惯偏好来行动的，很少有来自他人的命令。除非是1903年加入俄国社会民主工党这样的特别事件，大家彼此之间才会交换意见。"② 这样的组织体系当然有其好处，即中央控制比较松散，因而能够允许持不同组织观点的人在其领导的区域内去做他喜欢做的事情。③

无论是德国社会民主党，还是波兰王国社会民主党，它们的组织原则和运行情况势必会影响到卢森堡对于建立一个什么样的无产阶级政党的看法和主张，尤其是当她在1904年发表《俄国社会民主党的组织问题》这篇集中阐发其建党思想的文章时，她不可能不会想到德国社会民主党和波兰王国社会民主党的情况，尽管这不是说她就一定是以德国社会民主党或者波兰王国社会民主党为模板来阐发其主张的。毕竟，卢森堡的这篇文章直接针对的是列宁的《进一步，退两步（我们党内的危

---

① J. P. Nettl, *Rosa Luxemburg*, Volume Ⅰ, New York, Oxford university Press, 1966, p. 261.

② J. P. Nettl, *Rosa Luxemburg*, Volume Ⅰ, New York, Oxford university Press, 1966, p. 263.

③ J. P. Nettl, *Rosa Luxemburg*, Volume Ⅰ, New York, Oxford university Press, 1966, p. 262.

机)》及其相关主张,因而具有比较强的针对性。所以,要想准确把握卢森堡到底主张建立一种什么样的无产阶级政党,这里首先需要了解列宁在《进一步,退两步(我们党内的危机)》中到底说了什么以及其中蕴含着怎样的建党主张,再去分析卢森堡是怎样批判的以及她这样批判的原因是什么,由此去揭示卢森堡到底想建立一个什么样的无产阶级政党。

在《进一步,退两步(我们党内的危机)》中,列宁围绕着俄国社会民主工党第二次代表大会上的一个重要分歧即党章第一条的分歧进行了论述。这个分歧的实质就是以列宁为代表的布尔什维克和以马尔托夫为代表的孟什维克在关于建立一个什么样的无产阶级政党问题上的分歧。① 事实上,马尔托夫拟定的这一条很大程度上是照搬照抄德国社会民主党的纲领的,因而是当时第二国际中社会主义政党的通常做法。这也意味着,列宁要建立的并不是包括德国社会民主党在内的第二国际中常见的那种无产阶级政党,他是要创建一个跟第二国际其他社会主义政党不一样的新型无产阶级政党。这个政党是以集中制为原则、以职业革命家为核心且组织严密、纪律严格的党。

具体来说,列宁在《进一步,退两步(我们党内的危机)》中阐发了这样一个建党思想,其核心主张有:第一,强调了党和阶级之间的差异,认为无产阶级政党是工人阶级的先进部队,这与一般的工人阶级是不同的。"忘记先进部队和倾向于它的所有群众之间的区别,忘记先进部队的经常责任是把愈益广大的阶层提高到这个先进的水平,那只是欺骗自己,无视我们的巨大任务,缩小这些任务。抹杀靠近党的分子和加入党的分子之间的区别,抹杀自觉、积极的分子和帮助党的分子之间的

---

① 注:列宁负责起草的党纲第一条规定是:凡承认党纲、在物质上支持党并亲自参加党的一个组织的人,可以作为党员。对此,马尔托夫不同意,提出修改如下:凡承认党纲、在物质上支持党并在党的一个组织领导下经常亲自协助党的人,可以作为俄国社会民主工党党员。参见《列宁全集》第8卷,人民出版社2017年版,第238页。德国社会民主党1890年哈雷代表大会通过的组织章程第一条规定:凡承认党的纲领的基本原则,并尽力支持党的人,都可被认为是党员。这一规定跟之前和以后党的组织章程规定大同小异。参见《1875—1912年德国社会民主党的组织章程》,于金陵等译,《国际共运史研究资料》1981年第3期。

区别，正是这种无视和遗忘的表现。"① 第二，强调了党和组织之间的差异，认为党不是一般的组织，而是有纪律的严密的组织体系。列宁认为，党不仅是工人阶级先进分子才能加入的组织，而且是工人阶级先进分子组成的有严密组织系统的先锋队。党应当是组织的总和，应当是一个整体；党应当是尽量有组织的，它只能吸收至少能接受最低限度组织性的分子；无限扩大党的界限不能加强反而只会削弱党对群众的影响，党的力量不是简单的算术数字，它首先取决于党的成员的坚定性，取决于内部的团结。党愈坚强，党的队伍中的动摇性愈少，党就愈能领导群众、领导工人阶级的一切组织。第三，既然党是工人阶级先进的有组织的部队，那么，党就应该有严格的组织纪律。这样才能保证党的纲领、路线、方针和政策的实现，才能使全党凝聚统一认识，采取统一行动，领导广大群众去完成既定任务。第四，无产阶级政党应该建立以职业革命家组织为核心的包括多种多样工人组织的广泛的组织体系。根据组织的严密程度，列宁将其划分为：（1）革命家组织；（2）尽量广泛和多种多样的工人组织；（3）靠近党的工人组织；（4）不靠近党，但是事实上服从党的监督和领导的工人组织；（5）工人阶级中没有参加组织的分子，其中一部分——至少在阶级斗争的重大事件中——也是服从社会民主党的领导的。其中，前两类属于党组织，后三类属于党的外围组织。② 就对组织的理解来说，列宁往往推崇诸如军队和大工厂那样的组织及其纪律性。第五，无产阶级政党必须按照集中制原则建立，而不能实行自治制。列宁说的集中制是指统一集中的党，即部分服从整体、少数服从多数、下级服从上级。③

---

① 《列宁全集》第 8 卷，人民出版社 2017 年版，第 255 页。
② 《列宁全集》第 8 卷，人民出版社 2017 年版，第 261 页。
③ 注：卢森堡自己对列宁的观点做了三点概括，这也表明她是如何理解列宁观点的。(1) 把态度明确的和活跃的革命家的有组织的部队（指党）同它周围的虽然还没有组织起来但是积极革命的环境（指普通群众）完全区别开来；(2) 实行严格的纪律和中央机关对党的地方组织生活的各个方面实行直接的、决定性的和固定的干预（指中央支配地方）；(3) 运用这种方式（指中央对地方的支配）间接影响党的最高机关即党代表大会的组成。参见《卢森堡文选》上卷，人民出版社 1984 年版，第 501 页。

这里需要明确的是，卢森堡对于列宁的这些建党主张并没有简单地进行否定，而是相反，她充分理解列宁提出这一系列主张背后的原因。用她的话来说就是，在封建专制表现为直接的敌人、资产阶级没有直接进行政治统治的条件下建立社会民主党，"这不仅仅是把社会主义学说搬到俄国的问题，不仅仅是鼓动工作的问题，而且也是采取完全特殊的组织形式的问题"①。卢森堡承认，俄国的情况不同于西欧。如果说，在西欧无产阶级从自发的斗争转向自觉的斗争是随着资本主义及其民主制的发展而逐渐完成的，那么，在俄国这个过程却需要借助于无产阶级政党来进行自觉的干预，并且这种干预还是在缺少"资产阶级民主的一切形式"的条件下进行，从而显得更加困难。这也就意味着，俄国无产阶级政党的任务就是用"自觉的干预来代替历史过程的一个时期，把无产阶级作为有自觉目的的斗争阶级直接从政治上的极端分散状态（这是专制制度的基础）引导到最高的组织形式中去"②。列宁等俄国马克思主义者需要像上帝一样，在缺乏通常是由资产阶级社会准备好的政治原料的条件下和在虚无缥缈的真空中建立并巩固无产阶级政党。

所以，卢森堡其实承认这里的关键问题有两个：一个是在俄国这样一个缺乏资本主义民主制度且小农占主导的沙皇专制国家如何建立起无产阶级政党；另一个是这样的无产阶级政党采取什么样的组织形式才更有利于将工人阶级组织起来并使其阶级意识获得相应的发展。从第一个问题出发，势必会进一步得出两个结论：一个是俄国不具有西欧那样的资本主义民主制度供无产阶级政党活动，因而俄国无产阶级政党注定不能采用西欧社会主义政党那样的民主制建党原则；另一个是俄国资本主义发展的落后导致俄国工人运动和社会主义运动的不成熟，因而俄国无产阶级政党不能建立在阶级意识相对成熟的广大工人阶级群众基础上，它只能由少数具有相对成熟的阶级意识的工人阶级先进分子构成。然而，遗憾的是，卢森堡虽然认识到第一个问题的重要性以及承认列宁等俄国

---

① 《卢森堡文选》上卷，人民出版社1984年版，第499页。
② 《卢森堡文选》上卷，人民出版社1984年版，第500页。

马克思主义者在这方面面临的严峻挑战和困难，但是她仍然从其长期持有的固有理念出发将重点放在了第二个问题上，即什么样的无产阶级政党才更有利于将工人阶级组织起来并使其阶级意识获得相应的发展。①

卢森堡正是基于这一问题意识分析和批判了列宁的相关主张，因为无产阶级政党的组织形式是服务于无产阶级政党功能的，是功能决定了形式，而不是形式决定了功能。② 所以，卢森堡一方面认为组织上采取集中制是社会民主党所固有的，从而肯定了无产阶级政党采取集中制有其必要性和合理性，可另一方面又强调"集中主义是一个远远没有概括社会民主党的组织形式的历史内容和特点的口号"③。同时，她还进一步指出，组织上采取集中制乍一看似乎是直接决定党的战斗力和力量的一个条件，但是在这里，"无产阶级进行斗争的特殊历史条件要比每个战斗组织从形式上的要求着眼的观点重要得多"④。卢森堡这里说的"无产阶级进行斗争的特殊历史条件"不是指别的，而是指社会主义运动是阶级社会历史上在其各个时期和全部过程中都要依靠群众的组织和群众的直接的独立行动的第一个运动⑤，或者用马克思主义创始人的话

---

① 注：或许是受《俄国社会民主党的组织问题》这一文章名字的引导，学界习惯于将卢森堡和列宁的这次争论归之于组织问题即无产阶级政党采取什么样的组织原则这一个问题。美国学者内特尔在传记中却敏锐地认识到，卢森堡和列宁这次争论的中心问题其实是无产阶级政党如何发展和培育无产阶级社会主义意识，即党在发展和培育无产阶级意识方面的作用问题。组织问题只是一个派生性的问题。参见 J. P. Nettl, *Rosa Luxemburg*, Volume Ⅰ, New York, Oxford university Press, 1966, pp. 225 – 227。

② 注：卢卡奇肯定了卢森堡对无产阶级政党功能的正确理解，即党的任务首先在于对整个运动的政治领导，认为这是在理解整个组织问题上向前跨出的一大步，但同时也批评了卢森堡没有进一步思考如何从组织上去实现"对整个运动的政治领导"，即卢森堡缺乏从组织方面考察政治领导的问题。参见［匈］卢卡奇《历史与阶级意识》，杜章智等译，商务印书馆1999年版，第395页。卢卡奇的这一批评应该说还是准确和深刻的。在卢森堡的这篇文章中，她无疑凸显了无产阶级政党的功能对组织形式的决定作用，却忽视了组织形式本身对无产阶级政党功能的实现所具有的反作用，尤其是在俄国这样相对落后的国家，无产阶级政党组织形式更具有突出的意义。同时参见 Herbert Kitschelt and Helmut Wiesenthal, *Organization and Mass Action in the Political Works of Rosa Luxemburg*, Politics & Society 9, No. 2. 1979。

③ 《卢森堡文选》上卷，人民出版社1984年版，第500页。

④ 《卢森堡文选》上卷，人民出版社1984年版，第502页。

⑤ 《卢森堡文选》上卷，人民出版社1984年版，第502页。

来说，就是"过去的一切运动都是少数人的，或者为少数人谋利益的运动。无产阶级的运动是绝大多数人的，为绝大多数人谋利益的独立的运动"①。卢森堡这里的意思是说，相比于采取集中制给无产阶级政党带来的战斗力和力量，她更看重无产阶级政党能否真正地将广大无产阶级群众组织和团结起来并使之成为自觉的自我解放的主导力量，或者说，无产阶级政党能否使广大的无产阶级群众真正地参与到社会主义运动中来从而使其真正地成为广大无产阶级群众自我主导、自我发展和自我解放的运动。

显而易见，卢森堡赋予了无产阶级政党以不同于列宁的功能。因为在列宁这里，无产阶级政党作为先锋队，不仅具有从外部向广大无产阶级群众灌输社会主义意识的功能从而使之迅速地成为具有自觉意识的阶级，更重要的是无产阶级政党是由少数意志坚定、经验丰富、见识远大的革命领袖，通过严密的组织体系和严格的纪律将自身的意志、经验和见识传达到组织中的每个人，从而保证目标明确、意志统一、力量集中地去实现社会主义革命目的，也就是说，通过高度的组织化来保证这少数革命领袖的意志的实现。由于少数革命领袖的意志本身是其意志、经验、见识等方面的综合，从而比一般的无产阶级群众更具正确性和科学性。无产阶级政党通过高度组织化来贯彻他们的意志，就能更快速地提升广大无产阶级群众的认识和思想水平，尽可能地保证社会主义运动朝着正确的方向发展。

因此，卢森堡批判了列宁所谓"极端集中主义"或者说"无情的集中主义"，与之相对，她主张一种所谓"自我集中制"。"社会民主党的集中制无非是工人阶级中有觉悟的和正在进行斗争的先锋队（与它的各个集团和各个成员相对而言）的意志的强制性综合，这也可以说是无产阶级领导阶层的'自我集中制'，是无产阶级在自己的党组织内部的大多数人的统治。"② "自我集中制"首先是一种集中制，这里的"集

---

① 《马克思恩格斯文集》第2卷，人民出版社2009年版，第42页。
② 《卢森堡文选》上卷，人民出版社1984年版，第504页。

中"是指对工人阶级中有觉悟的先进分子的意志的集中,具体来说,首先是将大多数的有觉悟的先进分子的意志作为党的整体意志,坚持少数服从多数的民主原则,从而具有一定的强制性。其次是这种集中综合了大多数有觉悟的先进分子的意志,因而代表了整个阶级的意志,或者说,大多数有觉悟的先进分子的综合意志就是无产阶级的真正意志。从这个意义上说,这种集中本质上就是无产阶级真正意志的自我集中。无产阶级群众服从这种意志,就是他们的自我统治。

如果只是抽象地看,卢森堡这里的主张跟列宁的主张好像没有什么实质性差别,因为列宁同样认为,包括职业革命家在内的党的先进分子本身就代表着无产阶级的真正利益和意志。然而,这里的关键区别就在于,卢森堡坚决反对将工人阶级中有觉悟的先进分子的先进性进行绝对的固定的永恒不变的理解。具体来说:一是这些工人阶级的先进性只是相对的而不是绝对的,更不是先验的;二是这些工人阶级的先进性其实是在活动中形成的,尤其是在工人阶级参与诸如大罢工、政治斗争等具体的斗争实践中形成的,而不是通过无产阶级政党从外部灌输形成的。正如卢森堡所言:"无产阶级的军队只有在斗争中才能补充自己的队伍,也只有在斗争中才能逐渐明确自己的斗争任务。组织、觉悟和斗争在这里不象布朗基主义运动那样,是可以机械地和暂时地分割开来的不同的因素,而仅仅是同一过程的不同方面。"①

由此也就决定了,无产阶级政党作为有觉悟的先进分子构成的组织,本身并不是僵硬的和享有相对于广大无产阶级群众的至高无上性,它既要适应广大无产阶级群众参与革命活动的需要,本身也要在这种革命活动中以及伴随广大无产阶级群众在参与革命活动中觉悟的提升而不断地演变和发展。简言之,无产阶级政党作为先锋队组织,本身就是在革命过程中不断发展的,因而是一种过程化的组织。"社会民主党所说的集中制根本不是在工人运动的任何阶段都可以实现的绝对概念,而不

---

① 《卢森堡文选》上卷,人民出版社1984年版,第503页。同时参见 J. P. Nettl, *Rosa Luxemburg*, Volume I, New York, Oxford university Press, 1966, p.226。

如把它了解为一种倾向，它随着工人阶级在其斗争过程中觉悟和政治训练的增长而逐步得到实现。"① 它决不能像列宁主张的那样严格地将职业革命家和它周围还没有组织起来但却具有积极革命性的无产阶级群众隔离开来，或者实行严格的纪律和中央机关对党的地方组织生活的各个方面实行直接的、决定性的和固定的干预，以致运用这种方式间接影响党的最高机关即党代表大会的组成。如此一来，社会主义运动就不是绝大多数人参与且为了绝大多数人利益的运动了，而是"中央委员会成了党的真正积极的核心，而其他一切组织只不过是它的执行工具而已"②。

由此可见，卢森堡提出的"自我集中制"主要针对的就是将党的先进分子和广大无产阶级群众隔离开来以及这些先进分子通过严格的纪律和组织体系实行自上而下的领导。相应地，"自我集中制"就是要实现党的中央委员会和党员之间的双向良性互动、党员和广大无产阶级群众之间的双向良性互动，其目的就是要将无产阶级政党建成能够代表广大无产阶级群众的真正意志，从而广大无产阶级群众服从党的领导就是服从自我意志本身，就是自我统治。因为社会主义运动本质上就是绝大多数人的且为绝大多数人谋利益的运动，是广大无产阶级群众追求自我解放的运动。在这个运动中，无产阶级政党的作用就在于帮助广大无产阶级群众形成阶级意识和形成自我解放的能力，而不是代替甚至取代广大无产阶级群众的自我解放。所以，要实行"自我集中制"必须具备两个条件，一个是拥有一个人数众多的在政治斗争中受过训练的无产者阶层，另一个是无产阶级群众可以通过党代表大会或报刊等渠道表现自己的意

---

① 《卢森堡文选》上卷，人民出版社1984年版，第505页。卢森堡对组织的理解跟列宁存在重大差异。在卢森堡看来，无产阶级政党作为一种组织，不是僵化的一成不变的，而是在斗争中形成和发展的。同时，组织也不是万能的，本身存在官僚主义等弊病。正如日本学者伊藤成谚所言："如果想用一幅图画来表达罗莎·卢森堡的组织概念，可以把党比做一座水磨，把群众斗争比做使磨盘水轮转动的水。"参见伊藤成谚《集中制与分散制的辩证法——罗莎·卢森堡关于组织问题的思想》，苏冰娴译，《国际共运史研究资料》1982年第1期。

② 《卢森堡文选》上卷，人民出版社1984年版，第501页。

见和直接施加影响。① 只有这两个条件都具备了，无产阶级政党才能真正成为一个以绝大多数人的意志为基础的无产阶级自我统治的党。②

二 无产阶级政党以发挥群众的创造性为导向

卢森堡反对赋予无产阶级政党以特殊地位同时也反对将无产阶级政党和广大无产阶级群众以僵硬的组织形式隔离开来，除了前面分析的她始终将社会主义运动理解成是绝大多数人参与且为了绝大多数人利益的运动外，另一深层逻辑就是她始终坚信广大无产阶级群众拥有无穷的革命智慧和创造力。

早在发表于 1903 年 10 月的《破灭了的希望》一文中，卢森堡就为党内群众自发地反对伯恩施坦修正主义主张的做法进行了辩护。在她看来，无产阶级群众诚然需要无产阶级政党帮助其提升阶级意识从而使他们对于自己的历史任务和革命道路有一个清晰认识，但是，无产阶级群众一旦形成相应的阶级意识，无产阶级群众和党的领袖集团的关系就颠倒了，即群众成为领袖，而领袖则自觉地成为群众意见的执行人。用卢森堡的话来说就是："一个倍倍尔的'专政'，即他的巨大威望和他的影响，不过是建立在他所进行的启发群众使他们在政治上达到成熟这一巨大事业的基础上。今天，他的这一工作已经取得了成效，只要他象当前这样表达他们的意志和思想，群众就满怀激情地追随他。"③ 也就是说，卢森堡坚信马克思主义创始人所说的"历史是

---

① 《卢森堡文选》上卷，人民出版社 1984 年版，第 504 页。

② 注：可见，卢森堡对列宁的批判很大程度上是站不住脚的。因为她自己都承认，在当时的俄国要实现"自我集中制"的两个条件，前一个条件还不存在，而后一个条件正在形成过程中。这也是党最近鼓动和组织工作的主要目标。卢森堡反对列宁的集中制，其中一个重要原因就是俄国不具备第一个条件，即拥有广大具有自觉阶级意识的无产阶级群众。在这种条件下实行列宁的集中制，不仅会将广大无产阶级群众排除在外、缩小运动的规模，也无助于广大无产阶级群众通过斗争、挫折甚至失败来吸取经验教训和发展阶级意识。正所谓"真正革命的工人运动所犯的错误，同一个最好的'中央委员会'不犯错误相比，在历史上要有成果得多和有价值得多"。参见《卢森堡文选》上卷，人民出版社 1984 年版，第 518 页。

③ 《卢森堡文选》上卷，人民出版社 1984 年版，第 491 页。

群众创造的"①，因而无产阶级群众本身蕴含着无穷的智慧和创造力，但是这种创造力在他们缺乏自觉的阶级意识的情况下是无法得到充分展现和发挥的。而无产阶级群众一旦在其政党的政治领导下获得自觉的阶级意识，则他们的创造潜力就会得到充分的发挥和展现。因为这是他们第一次自己为自己而创造历史的自由自觉活动。②

当然，就卢森堡对无产阶级群众创造力的分析来说，最集中论述的地方还是她在1906年发表的《群众罢工、党和工会》一文。因为这篇文章就是对1905年俄国革命运动经验的总结，同时这个时候德国社会民主党的领导阶层也越来越以党的组织性和纪律性来约束和限制无产阶级群众的革命自发性，从而也越来越暴露出党的组织性与群众革命创造性之间的矛盾。就前者来说，卢森堡认为俄国1905年革命并不是无产阶级政党事先规划和制定好的，而是广大无产阶级群众自发推动形成的。群众的这种自发性革命使得任何对群众运动所需费用作出估计和安排都变得没有意义，同时也打破了所谓政治斗争和经济斗争、议会斗争和街头战斗、防御性罢工和进攻性罢工等人为的划分和界限，使得在革命时期的暴风雨中，"几天、几月之内就会补上过去耽误的事，填平差距，整个社会的进步就会一下子迅猛地向前发展"③。而就后者来说，自《反社会党人法》被废除、德国社会民主党可以合法活动并在历次选举中赢得越来越多的选票以来，德国社会民主党和工会的领导人越来越趋向于和平改良主义，不仅以准备不足、德国情况不同于俄国等各种理由拒绝学习俄国的革命经验，反对将群众大罢工作为重要的革命手段使用，而且在广大无产阶级群众革命情绪高涨时仅仅是将群众大罢工作

---

① 注：卢森堡在论述这个问题时恰恰引用了马克思主义创始人的这句话即"历史活动是群众的事业，随着历史活动深入，必将是群众队伍的扩大"。马克思的这句话参见《马克思恩格斯文集》第1卷，人民出版社2009年版，第287页。卢森堡的引用参见《卢森堡文选》上卷，人民出版社1984年版，第490页。

② 注：卢森堡在同年3月发表的《马克思主义的停滞和进步》中谈到了无产阶级生活在资本主义制度及其意识形态下，因而不可能在力争向上的过程中自动地创造自己的精神文化。参见《卢森堡文选》上卷，人民出版社1984年版，第475页。

③ 《卢森堡文选》下卷，人民出版社1990年版，第94页。

为一种防御性手段备而不用。

这些都促使卢森堡反对赋予无产阶级政党在社会主义运动中以特殊的地位，反对过高地评价无产阶级政党作为一个组织扮演的作用。尤其是当卢森堡在革命斗争中越来越清楚地认识到德国社会民主党的领导层日益明显的改良主义倾向时，她更是越来越多地直接诉诸广大无产阶级群众的革命自发性和创造性，相应地，越来越直接和严厉地反对和批判德国社会民主党的组织性、纪律性和领导群体。比如在1910年发表的《接下来怎么办？》一文中，卢森堡就强调："德国社会民主党是如此地重视党的组织性和纪律性，以致那些没有被组织起来的人民群众，其在以往所有重大政治斗争中都扮演着至关重要甚至是决定性因素的主动的和自发的行动能力几乎被消灭殆尽。因此，党有不可推卸的责任来证明这种高度发达的组织性和纪律性对重大行动的意义，以及对议会选举外的斗争形式的有用性。……在德国，一个拥有200万成员的工会组织和一个强有力的、纪律严明的政党，是否像因无政府主义混乱而瘫痪的法国工会和因内部斗争而削弱的法国政党一样，在决定性时刻无法产生有效的群众行动。"① 显然，卢森堡在这里已经明确地认识到，德国社会民主党的组织性、纪律性和无产阶级群众的革命自发性和创造性形成了矛盾和冲突。同年，在发表于《新时代》标题为"理论和实践"的一组文章中，卢森堡表达了同样的担忧和不满。在她看来，德国社会民主党的组织性和纪律性在对大规模群众行动的刹车能力方面要远远强于其带动能力，长期以来引以为豪的党的组织性和纪律性正在变成抑制大规模群众行动的障碍。②

所以，卢森堡坚决反对将无产阶级政党过度地组织化，强调无产阶级政党的组织形式必须以发挥广大无产阶级群众的自发性和创造性为导向。之所以如此，直接的原因主要有以下两个。

---

① *Rosa Luxemburg Gesammelte Werke*, Band 2, Dietz Verlag, Berlin, 1981, S. 295.
② 《卢森堡文选》下卷，人民出版社1990年版，第291—293页。

一个是无产阶级革命本身就"不是靠训导可以学会的"。① 无产阶级政党的领导对于社会主义革命来说至关重要，但是，无产阶级政党的这种领导主要是政治领导，具体来说，就是为斗争制定口号，给斗争指出方向；在安排政治斗争的策略时，要使现有的和已经迸发、已经行动起来的全部力量在斗争的每一个阶段和每一时刻都有用武之地；要使社会民主党的策略在果断和锐利方面不落后于实际力量对比的水平且要跑在它的前面等。② 也就是说，无产阶级政党作为先锋队，应该负责制定斗争的方向和正确的斗争策略，且一旦爆发革命就应该带头冲锋陷阵。但是，卢森堡也一再强调，如果由此认为，只有无产阶级政党才可以创造出这种革命，那就大错特错了。"如果它妄自认为，只有社会民主党才有资格创造历史业绩，而阶级本身却微不足道，在采取行动之前，它首先必须全部转变为政党，那么，很容易出现这样的结果：社会民主党将成为阶级斗争的阻碍因素，它在时机成熟时，不得不跟在工人阶级后面，违心地被它拖着去决战。"③ 在这里，卢森堡显然并不认为，无产阶级政党可以离开无产阶级群众单独创造历史，也不认为无产阶级政党的领导可以取代广大无产阶级群众斗争本身，更不认为无产阶级政党就一定比无产阶级群众更具革命主动性和创造性。

更何况，无产阶级革命是人类历史上第一次大多数人参与且为了大多数人谋利的革命，因而是一种崭新的革命，还无法从先前的资产阶级推翻封建贵族统治等革命中直接学习经验。面对这种新的革命，无产阶级政党也不能保证工人阶级的事业在每一个具体的斗争阶段都能取得成熟和获得胜利，不能保证不犯政治错误和历史错误。所以，它只能靠广大无产阶级群众在实际的革命斗争中去摸索，去发挥想象力和创造力，去开创革命新局面和书写自己的革命斗争史，尽管这可能意味着无产阶级群众的这种摸索会面临着挫折和失败，然而，无产阶级有自己犯错的

---

① 《卢森堡文选》下卷，人民出版社1990年版，第72页。
② 《卢森堡文选》下卷，人民出版社1990年版，第73页。
③ 《卢森堡文选》下卷，人民出版社1990年版，第339页。

权利,有向历史辩证法学习的权利。因为"真正革命的工人运动所犯的错误,同一个最好的'中央委员会'不犯错误相比,在历史上要有成果得多和有价值得多"①。

另一个就是无产阶级政党的高度组织化必然会带来官僚主义,从而抑制无产阶级群众的革命自发性和创造性。卢森堡并没有像当时的马克斯·韦伯那样从工具理性角度揭示科层制的兴起及其弊病,但是,她却从德国社会民主党和工会的发展实践中敏锐地认识到德国社会民主党和工会的组织体系正在滋生官僚主义和保守的政治氛围,而这反过来又构成了阻碍无产阶级群众革命自发性和创造性的障碍。② 正如她所言:"任何从事日常行政事务工作的机构都容易陷入官僚主义和墨守成规。此外,地位这样高的机构自然有一种发展得很强烈的责任感,这种责任感势必大大抑制首创精神和决心。只有全党生机勃勃的政治积极性才是对这种弊病的一种真正的补救。"③ 所以,卢森堡不禁感慨:我们的组织越是壮大,拥有几十万、几百万人,就势必加强集中主义,然而这样一来,在党的日常生活中各个组织所具有的少量思想政治内容、首倡精神和果断性,也就统统转移到一小部分人的领导集团身上。给广大党员群众剩下的就只有交纳党费、散发传单、参加选举、拉人投票、登门鼓

---

① 《卢森堡文选》上卷,人民出版社1984年版,第518页。同时参见 Loralea Michaelis, *Rosa Luxemburg on disappointment and the politics of commitment*, European Journal of Political Theory, 10 (2)。作者在该文中比较系统地分析了卢森堡对待革命失败和挫折的态度。但是,我们不认同作者将卢森堡的这种态度完全归之于其历史观,我们认为,卢森堡的确一方面基于历史辩证法,将革命的失败视为是整个历史运动过程中的一个阶段,因而是通往最后胜利的一环。而另一方面则是卢森堡始终认为,广大无产阶级群众的阶级意识和自我能力的提升本身就是辩证的过程,而不会一蹴而就。正如卢森堡所言:组织、觉悟和斗争是同一过程的不同方面,而不是机械地和暂时地分割开来的不同因素。

② 注:关于德国社会民主党和工会的组织体系如何滋生出严重的官僚主义和保守的政治态度,参见[德]罗伯特·米歇尔斯《寡头统治铁律——现代民主制度中的政党社会学》,任军锋等译,天津人民出版社2003年版。作者作为曾经的德国社会民主党党员,书中有大量关于德国社会民主党和工会的组织体系及其演变和演变原因的分析。作者得出的一个重要结论就是:政党组织的寡头化和官僚化在技术上和实践中都是必要的,也是任何组织都无法避免的结果。

③ 《卢森堡文选》下卷,人民出版社1990年版,第311页。

励订阅报纸之类的义务了。①

针对这种由于过度组织化带来德国社会民主党的官僚主义和形式主义，党内一些人认为问题出在党的管理机构发展得很庞大，党的领导机构的成员的数目已经无法满足正常履职的需要，因而解决的办法就是加强党的执行委员会来克服这种不足。对于这种观点，卢森堡明确指出，这种试图通过加强党的执行委员会并希望新当选的领导干部能够尽心尽责的主张本身就表明"它打算用纯粹官僚主义的方法来抵制官僚主义的灾害"②，其结果必然是缘木求鱼，官僚主义越反越盛。所以，在卢森堡看来，能够对党的组织化带来的官僚主义形成补救的唯一方法不是加强党的组织性，而是恢复群众的积极性和创造性，以广大无产阶级群众不定型的直接民主来克服党的组织化导致的僵死和蜕变。"反对拖拉作风同反对工人运动的中央领导机构过分的权力幻想一样，除了依靠广大党员群众自身的首创精神、自身的思想工作和自身的朝气蓬勃的政治生活外，再也没有其他手段。"③

由此可见，无论是强调无产阶级革命不是靠训导可以学会的，还是强调无产阶级政党的组织会带来官僚主义和形式主义，其背后都蕴含着卢森堡对于广大无产阶级群众的自发性和创造性的高度肯定，同时也蕴含着她对无产阶级政党过度组织化和赋予特殊地位的担忧。用她自己的话来说就是："对组织在无产阶级阶级斗争中的作用的过高估计与错误估计，还常常佐以对未组织起来的无产者大众及其政治成熟性的过低估计作为补充。"④ 因此，全部问题就在于无产阶级政党的组织形式和组织程度不能对广大无产阶级群众的革命自发性和创造性形成抑制，而是相反，它在无产阶级革命中的作用应该是创造各种条件以便于广大无产阶级群众充分发挥其主动性和创造性。二者之间的关系不应该是对立的，也不应该是

---

① 《卢森堡文选》下卷，人民出版社1990年版，第337页。
② 《卢森堡文选》下卷，人民出版社1990年版，第312页。
③ 《卢森堡文选》下卷，人民出版社1990年版，第311页。
④ 《卢森堡文选》下卷，人民出版社1990年版，第84页。

此消彼长的，而应该是相互促进的关系。① 正如卢森堡在批判德国社会民主党时所描绘的那样：一方面广大无产阶级群众必须用自己所特有的方式活动，能够发挥出自己的高度干劲和能量，他们必须自己作为群众而活动和行动，发挥热情、勇气和决心，而另一方面每当政治形势需要时，党能够以大胆的倡议和具体的行动走到群众的最前列。这样，没有组织起来的群众，甚至那些已参加政府组织的阶层，都会热心地跟着党走。②

总之，一句话，无产阶级政党必须以有助于发挥广大无产阶级群众的创造性为导向，从而能够使得党跟广大无产阶级群众的自发性和主动性形成方向一致的历史合力，而不是形成背道而驰的历史分力。社会主义既需要无产阶级政党的领导，更需要广大无产阶级群众发挥其主动性去积极地创造，毕竟社会主义运动是人类历史上第一次广大无产阶级群众自己为自己而创造历史的自由自觉的活动。

第三节　无产阶级政党的领袖和纪律

卢森堡不否定无产阶级政党需要有自己的领袖或领袖集团，但是，她始终将党的这种领袖或领袖集团置于广大无产阶级群众之中来理解，拒绝赋予他们以高高在上的身份和地位，更反对将党的领袖或领袖集团等同于无产阶级政党本身。同时，无产阶级政党作为先锋队组织，必须有自己的纪律。但是，党的纪律应该生成于党的基本原则，只限于维护党的基本原则及其精神，这与包括批评自由在内的党内自由等精神并行不悖。

一　无产阶级政党的领袖

无产阶级政党在长期的斗争实践中必然会形成一部分经验丰富、具

---

① 参见 Herbert Kitschelt and Helmut Wiesenthal, *Organization and Mass Action in the Political Works of Rosa Luxemburg*, Politics & Society 9, No. 2. 1979. 作者对卢森堡思想中的组织和群众自发性行动及其关系做了全面而深刻的分析。虽然作者的观点我们不是全都认可，但作者从革命的不同时期去分析组织和群众自发性行动的各自不同角色和地位等观点还是富有启发的。所以，我们将全文翻译出来附在后面以供学界研究相关问题的专家学者批判性地吸收和借鉴。

② 《卢森堡文选》下卷，人民出版社1990年版，第338页。

有一定权威的领袖或领袖集团。这既是社会主义运动发展的必然产物，也是马克思主义创始人所承认的。恩格斯就曾反复指出和强调马克思对于社会主义运动蓬勃发展的重大意义。比如1883年恩格斯在给李卜克内西的信中谈及马克思时就说道："我们之所以有今天的一切，都应当归功于他；现代运动当前所取得的一切成就，都应归功于他的理论活动和实践活动；没有他，我们至今还会在黑暗中徘徊。"① 从某种意义上来说，是否承认党的领袖及其权威，这一点还是马克思主义区别于无政府主义的地方之一。因为早在70年代恩格斯在批判无政府主义主张的《论权威》一文中就揭示了一个基本道理，即不管什么样的社会形态和社会组织，都会存在一定的权威和一定的服从，即便是在国家消亡后的未来的社会组织中，问题也不在于有没有或者要不要权威，而在于"将只在生产条件所必然要求的限度内允许权威存在"②。

所以，在德国社会民主党和国际社会主义运动中，大家也都承认并肯定无产阶级政党的领袖及其地位，这其中也包括卢森堡。因为她在自己的文章中，不仅将马克思和恩格斯作为革命的导师进行经常的引用，有时候也遵循德国社会民主党的传统将拉萨尔作为革命的导师进行引用。③ 在党的领袖倍倍尔七十大寿的1910年，卢森堡更是写了《德国工人阶级的政治领袖》一文，对前者革命的一生进行了高度评价。这些都表明，卢森

---

① 《马克思恩格斯选集》第4卷，人民出版社2012年版，第558页。
② 《马克思恩格斯选集》第3卷，人民出版社2012年版，第276—277页。
③ 注：由于拉萨尔对德国工人运动的重要影响以及德国社会民主党自哥达合并大会以来从来没有真正地清算过拉萨尔的思想及其影响，德国社会民主党内其实一直存在将拉萨尔作为革命导师来弘扬的传统。这一点在德国社会民主党内普遍存在，包括在梅林、卢森堡等所谓马克思主义左派的著作中也有所体现。因此，卢森堡在文章中有时候也会引用拉萨尔的语句，包括为了纪念拉萨尔逝世40周年于1904年发表的《拉萨尔与革命》一文。其中，卢森堡对拉萨尔将德国工人运动从资产阶级那里争取过来成为独立的运动以及无畏的革命精神等进行了高度肯定和评价。参见 Rosa Luxemburg Gesammelte Werke, Band 1, Dietz Verlag, Berlin, 1983, SS. 417–421。但是，这绝不意味着拉萨尔对卢森堡形成了重要影响。尤其是一些人只是依据只言片语就断言：卢森堡吸收了拉萨尔的革命唯心主义，强调由社会主义知识分子组成的党对无产阶级群众的思想灌输，认为无产阶级革命运动的成败取决于党能否发挥领导作用。参见林浩超《论拉萨尔的社会主义思想对罗莎·卢森堡的影响》，《国外理论动态》2021年第5期。这个观点可以说跟卢森堡的主张背道而驰，完全站不住脚。

堡也主张无产阶级政党应该有自己的领袖或领袖集团。在这一点上，她跟当时的其他马克思主义者并没有实质性的区别。

然而，问题的关键就在于如何认识无产阶级政党的领袖或领袖集团以及他们在社会主义运动中的地位和角色。正是在对这些问题的认识上，卢森堡不仅跟列宁形成了严重的分歧，而且促使她对德国社会民主党的领导集团越来越趋向官僚主义和政治保守主义进行了严厉批判。

在卢森堡看来，任何一种政党都会有自己的政党领袖，但是，无产阶级政党领袖跟资产阶级政党的领袖是存在本质不同的。就资产阶级政党领袖来说，无论是资产阶级的革命先驱，还是当前的资产阶级领导人，他们都是以欺骗广大人民群众为基础的，只不过前者是以历史的自我欺骗为基础，而后者则是以政治欺骗为基础。原因就在于，资产阶级的革命先驱恰恰是利用了当时的人民群众对于自身的行为目标以及这些先驱个人认识不清的缺陷才吸引到他们，而现在广大人民群众的阶级利益已经被揭示清楚，资产阶级的领导人不能像他们的革命先驱那样继续欺骗人民群众了，结果就只能依靠有意掩饰自己的阶级意图和人民同这些意图相对立的利益来使人民继续追随他们。[①] 从这个意义上说，资产阶级政党领袖与群众之间的关系其实是一种欺骗与被欺骗、支配与被支配的关系。资产阶级政党领袖高高在上，而群众则只是群氓，任由前者颐指气使地呼唤。

这种关系显然不同于无产阶级政党领袖跟无产阶级群众之间的关系。因为社会主义本身就是广大无产阶级群众参与且为了他们的利益而开展的运动，无产阶级政党的领袖是在这个运动中形成且代表着广大无产阶级群众的根本利益的。无产阶级政党的领袖不需要像资产阶级政党领袖那样，依赖于欺骗来诱使广大群众追随自身，而是相反，他需要向广大无产阶级群众揭示其利益和历史使命所在，培育和发展他们相应的

[①] 《卢森堡文选》上卷，人民出版社1984年版，第491—500页。

阶级意识和能力，从而最终使广大无产阶级群众能够自觉地创造历史和成为历史的真正主人。

因此，卢森堡严厉批判了修正主义者将广大无产阶级群众当成儿童来对待和教育的主张。这种主张认为，对群众，必须像教育儿童那样去教育他们，对他们不是什么都说，而是有选择性地去说或不说，甚至为了群众的利益还可以说些谎话去哄骗他们。简言之，这种主张就是把广大无产阶级群众当成无知的群氓，而把自身当成神一样的存在，从而自己高高在上，广大群众则低声下气、唯唯诺诺，只能被动地接受来自党的领袖的指挥。对于这种主张，卢森堡将其斥为"修正主义社会主义的政治伦理学"或者说"修正主义伦理学"①，并指出这种主张的实质就是一方面抹杀目标明确的无产阶级核心队伍同无组织的人民群众之间的界限，另一方面抹杀党的"领导集团"同资产阶级人士之间的界限。这种主张是将无产阶级政党领袖与无产阶级群众之间的关系和资产阶级意义上的"领袖"与"被领导"的群众之间的关系混为一谈，完全忽视二者之间存在的本质区别。

卢森堡在很多地方都承认，无产阶级群众在一开始的确存在认识不高、觉悟不足、能力缺乏等问题，但这些问题的存在不是因为无产阶级群众天生如此，或者说，无产阶级群众注定就是群氓，而是长期以来的被剥削和被奴役的社会制度造成的。正因如此，无产阶级政党的领袖有责任和义务去帮助提高广大无产阶级群众的认识水平、觉悟程度和能力水平，而不是利用广大无产阶级群众的盲目和无知来谋取领袖的特殊地位。用卢森堡的话来说即"社会民主党的所谓'领袖'的唯一作用在于启发群众认识他们的历史任务。社会民主党的'领袖'的威信和影响的增长只能是同他们在这种意义上进行的启蒙工作的量成比例的，也就是说正好同他们破坏至今一切领袖集团的基础即群众的盲目性的程度成比例的"②。当无产阶级政党领袖帮助广大无产阶级群众消除其"盲

---

① 《卢森堡文选》上卷，人民出版社1984年版，第493页。
② 《卢森堡文选》上卷，人民出版社1984年版，第490页。

目性"和成功进行"启蒙",使得广大无产阶级群众能够认识到自己的根本利益和历史使命,从而能够主动地和自觉地参与社会主义运动时,无产阶级政党的领袖就完成了自身的责任,就需要"放弃自身的领袖作用,使群众成为领袖,使自己成为群众自觉行动的执行人和工具"。①

显然,在卢森堡看来,无产阶级政党领袖虽然在社会主义运动初期具有对无产阶级群众进行启蒙和教育的责任,但是一旦无产阶级群众逐渐成熟起来,无产阶级政党的领袖就应该从启蒙者和教育者的身份转变为无产阶级群众意志的执行者和发言人。从这个意义上说,无产阶级政党领袖只不过是广大无产阶级群众走向成熟过程中的工具。或者用一个比喻来形容,无产阶级政党领袖更像是无产阶级群众的保姆,而不是其父母,更不是其主人。这一点跟无产阶级政党在社会主义运动中的角色和地位有些类似,即二者都只不过是指引工人群众把自己的命运、自己的整个运动的领导权和确定路线的权力掌握在自己手中的向导。自始至终无产阶级群众才是社会主义运动的主人。

由此也就不难理解,卢森堡为何会对列宁提出的以职业革命家为核心的集中制建党原则进行严厉批评。因为在她看来,列宁的这个主张是对无产阶级政党领袖和广大无产阶级群众关系的严重扭曲,是把"布朗基密谋集团的运动的组织原则机械地搬到社会民主党的工人群众运动中来"。② 布朗基主义的鲜明特征就是迷信少数领袖及其密谋活动,从而割裂领袖与群众的关系。如果按照列宁的主张去建党,势必会造成党建立在党的战士对中央机关的盲目听话和机械服从的基础上,造成主要由党的干部组成的有阶级觉悟的无产阶级核心和它周围的处于阶级觉悟提高过程之中的普通群众之间的隔离。这样一来,社会主义运动就不是无产阶级群众参与且为了其自身利益而开展的活动了,而变成了无产阶级政党及其领袖代替和取代无产阶级群众参与的活动了,即社会主义运动

---

① 《卢森堡文选》上卷,人民出版社1984年版,第490页。
② 《卢森堡文选》上卷,人民出版社1984年版,第504页。

最终仍然摆脱不了历史的宿命,也像历史上其他阶级运动一样,变成少数人参与的运动,尽管其宣称的目标可能不一样。

所以,卢森堡在很多地方反复强调一个观点即"群众才是真正的领袖"。比如在发表于1910年纪念倍倍尔七十大寿的文章中,卢森堡就强调,党的"真正领袖是群众自己,当然这是要从党的发展过程中辩证地加以理解的"①。这里所谓"辩证地加以理解"就是指广大无产阶级群众并不是一开始就能作为领袖,而是随着自身不断地走向成熟而渐渐地成为领袖,这跟党的领袖渐渐放弃成为领袖转而变成群众的发言人是同一过程的两个方面。之后在1911年发表的《再论群众和领袖》一文中,针对德国社会民主党领导层表现出来的越来越明显的官僚主义和政治保守立场,卢森堡又一次强调:"世界上没有一个党执行委员会能代替蕴藏在党的群众之中的、党的固有的行动能力。如果一个百万人的组织在一个伟大的时代,面对着伟大的任务,却打算抱怨自己没有名副其实的领袖,那么它就是自己表明自己是无能的,因为它将证明,它没有理解无产阶级阶级斗争的历史本质本身,而这一本质在于:无产阶级大众不需要资产阶级意义上的'领袖',它本身就是自己的领袖。"② 如此说来,归根到底卢森堡对党的领袖与群众关系的理解始终是受制于她对社会主义运动性质的理解。

也就是说,正是卢森堡将社会主义运动理解为是广大无产阶级群众自我解放的运动,因而在她的眼中,社会主义运动最终能否成功不是取决于无产阶级政党及其领袖在一开始有多么成功地将无产阶级群众组织和团结起来,而是取决于广大无产阶级群众能否在社会主义运动中尤其是在社会主义斗争的实践中走向成熟并取代领袖成为自己的主人。"所谓工人阶级决不是一个七人或哪怕是十二人的党执行委员会,而是有觉悟的无产阶级群众本身。工人阶级在解放斗争中每前进一步必须同时意味着它的群众在精神上的独立自主、独立活动、自决和首创精神的增

---

① 《卢森堡文选》下卷,人民出版社1990年版,第197页。
② 《卢森堡文选》下卷,人民出版社1990年版,第312—313页。

长。但是如果广大人民群众的先锋队，如果联合成社会民主党组织的最优秀、最有觉悟的一批人自己作为群众没有发挥首创精神和独立性，而宁可总是在上面发布命令以前按兵不动，这些群众的行动能力和政治战斗力又怎么会发展呢？"① 卢森堡的这句话无疑表明，相比于无产阶级政党及其领袖的领导，她更关心广大无产阶级群众的自发行动及其创造性。因为无产阶级群众的成熟和发展只能来自他们的自发行动及其在行动中获得的教育、训练和经验教训。

这就可以解释，当德国社会民主党的领袖集团越来越放弃革命精神日渐变得保守时，卢森堡为何会越来越诉诸广大的无产阶级群众及其自发行动，越来越诉诸全体党员群众的直接参与和讨论，即"动员广大党员群众，将关于群众罢工和税收问题（及一切策略上的争论）的讨论，带到党员大会、工会大会和报刊上去，以此来激励人们的思想"②。因为卢森堡这个时候虽然没有像米歇尔斯那样从理论上揭示出政党领袖往往会转化为寡头统治，③ 但是她仍然敏锐地认识到党的领袖正在发生蜕变并且因为这种蜕变而使得整个党由带领无产阶级群众进行革命的领导者变成阻碍无产阶级群众进行革命的障碍。打破这种僵局的有效方法就是广大无产阶级群众的直接参与和党内的直接民主。唯有如此，才能在无产阶级政党领袖与广大无产阶级群众之间不断地进行血液循环，使二者都活跃起来。

二 无产阶级政党的纪律

无产阶级政党作为无产阶级的先锋队，其在社会主义运动中的地位和使命决定了它必须拥有一定的纪律。这一点往往会在党章的入党条件和处分中写明。比如德国社会民主党在其不同时期的党章中都会有一条

---

① 《卢森堡文选》下卷，人民出版社1990年版，第309—310页。
② 《卢森堡文选》下卷，人民出版社1990年版，第353页。
③ ［德］罗伯特·米歇尔斯：《寡头统治铁律——现代民主制度中的政党社会学》，任军锋等译，天津人民出版社2003年版。

类似这样的规定，即凡严重违反党的纲领的基本原则或犯有不名誉行为的人都不能作党员。① 这一条的内容其实就是党的纪律规定。也因此，作为波兰社会民主党和德国共产党的创始人，卢森堡对党的纪律是支持的。这一点从她对修正主义的批判中也能反映出来。

当时，德国社会民主党内支持伯恩施坦观点的修正主义者打着"言论自由"的幌子要求能够在党内发表"批评的意见"。比如福尔马尔就曾为修正主义者发表修正主义主张进行过辩护，说："自由发表意见即批评的权利要就是完全地、无条件地存在，要就是根本不存在。否则，情况就象在今天的国家中那样，纸面上存在着思想自由和讲学自由，但在实践中必须慎重行使这种自由，以免引起公众的愤怒！……如果说社会民主党有什么生存基础，有什么生命源泉的话，那么，这就是绝对的思想自由、探讨自由，也就是研究原则、目的和策略的自由！谁想在这里哪怕只是实行最小的限制，谁就是想使党从一个伟大的文化运动变成一个宗派。"② 针对这种言论，卢森堡旗帜鲜明地指出，尽管我们十分需要自我批评的自由，尽管给它以广阔的活动余地，"但必须有某种最低限度的基本原则，这些基本原则构成我们的本质和我们的生存本身，并形成我们作为一个政党的成员共同活动的基础。在我们队伍内部，我们不能将'批评自由'的原则用于这些为数不多的普遍的基本原则，因为这些基本原则既是一切活动的前提，也是在我们队伍内部批评这些活动的前提"③。显然，卢森堡这里的意思很清楚，党内的批评自由也是有界限的，这个界限就是决定党的性质和存在的那些基本原则。对它们的批评本质上就是对党的性质和党的存在意义的攻击，就是对党的否定，因而这些基本原则也就构成了维护党的性质和存在的纪律，不允许党员同志进行"自由的批评"。所以，卢森堡才会说："在这方面，我

---

① 参见《1875—1912年德国社会民主党的组织章程》，于金陵等译，《国际共运史研究资料》1981年第3期。
② 《福尔马尔文选》，中央编译局国际共运史研究室编，人民出版社1984年版，第343—344页。
③ 《罗莎·卢森堡全集》第1卷，胡晓琛等译，人民出版社2021年版，第620页。

们只允许一种自由：属于或不属于我们党的自由。我们不强迫任何人与我们一同并肩前进，但是，如果某个人自愿加入队伍，我们必须以他同意我们的原则为先决条件。"① 言下之意就是，如果不认同我们的原则，则党有权利开除出党。②

不仅如此，卢森堡还要求党代表大会责成党的报刊，首先是中央机关报不能只以报告的形式对待党的实践中出现的任何策略问题，而是要清楚明确地表明态度。也就是说，卢森堡要求党的机关报必须代表全党的声音，不能随便为修正主义观点提供任意发声的机会，即便是报道了一些修正主义观点，机关报也必须做出说明、表明态度。"作为机关报，必须明白自己有义务和责任为全党，而不是为机会主义反对派服务。"③ 这一点也同样适用于议会党团，即议会党团必须站在全党的立场公开表明立场和态度。卢森堡甚至还希望党代表大会提出有普遍约束力的规则，以便规定和限制党的邦一级组织在选举时的策略，监督党的这些组织做什么事情和不做什么事情。因为归根结底，"我们不是一个清谈俱乐部，而是一个政治的战斗的党，这个党必须有一定的基本观点"④。

以上无不表明，卢森堡本人是支持无产阶级政党拥有自己的纪律的，而构成这种纪律的就是决定党的性质和生存的那些基本原则。但同时，从她的语言表述中，又能很明显地感受到她在谈到党的纪律时是非常谨慎的。比如她在谈到构成党的纪律基石的那些基本原则时用的修饰语是"为数不多的"，意指构成党的纪律的基石的基本原则并不是很多，从而对党员进行约束的纪律其实也不是很多。这一方面说明了这些基本原则的确很重要，不能随意批评，更不能否定；另一方面也说明了党的这些纪律跟包括批评自由在内的党内自由并不矛盾。所以，卢森堡

---

① 《罗莎·卢森堡全集》第1卷，胡晓琛等译，人民出版社2021年版，第621—622页。
② 注：事实上，这句话也的确使得很多人认为卢森堡主张将伯恩施坦等修正主义分子开除出党。参见辛夷《卢森堡提出过把伯恩施坦开除出党吗?》，《国际共运史研究资料》1982年第1期。
③ 《罗莎·卢森堡全集》第1卷，胡晓琛等译，人民出版社2021年版，第629页。
④ 《罗莎·卢森堡全集》第1卷，胡晓琛等译，人民出版社2021年版，第663页。

才会自信地说道:"没有一个政党像社会民主党那样把自由的和不断的自我批评当作一种生存的条件。既然我们必须随着社会的发展而前进,那我们的斗争方式也应不断地改变,这一过程是我们发展壮大的先决条件。要发展,就必须对我们拥有的理论不断地进行批评。"① 也就是说,卢森堡在强调党的纪律时始终又坚持着党内自由尤其是批评自由的原则,不希望党的纪律限制了这种自由。因为卢森堡很清楚,党的生存和健康发展需要这种自由。党一旦缺乏这种自由,党的生存就可能面临问题,党的发展也会陷入歧途。可以说,这一点贯穿于她的一生。

在批判伯恩施坦修正主义主张时,卢森堡就曾对作为机关报的《前进报》在修正主义和党的规定之间采取调和的做法进行了批判。因为在她看来,掩盖矛盾,人为地把不可调和的观点糅合在一起,这只会使矛盾发展到完全成熟的地步,以致它们迟早会猛烈地爆发出来,造成分裂。卢森堡甚至由此得出结论"谁强调观点的分歧并为之斗争,谁就是促进党的统一;谁掩饰观点的分歧,谁就是促进党的分裂"②,从而旗帜鲜明地阐明了以斗争求团结则团结存,以团结求团结则团结亡的辩证道理。后来,随着德国社会民主党的领导层日渐变得保守,卢森堡等坚持革命原则的马克思主义者也越来越难以通过党的机关报发表革命意见。此时,作为党内最重要的理论家的考茨基却为党中央及其机关报的行为进行辩护,认为在机关报上公开讨论革命策略容易暴露党的斗争秘密和引起工会领导人的不满等。对此,卢森堡针锋相对地进行了驳斥,认为进行最深入的讨论,只会有好处,只会有助于党本身澄清观点,只会使我们注意运动的弱点,重视宣传或组织方面最紧迫的实际任务。因为"社会民主党并不是一个由一小撮百依百顺的门徒组成的教派,而是一种群众运动。在这个运动中,凡是会使它的内部引起激动的问题,不管人们愿意与否,必定会以这样或那样的方式公开出来"③。也就是说,

---

① 《罗莎·卢森堡全集》第 1 卷,胡晓琛等译,人民出版社 2021 年版,第 620—621 页。
② 《卢森堡文选》上卷,人民出版社 1984 年版,第 215 页。
③ 《卢森堡文选》下卷,人民出版社 1990 年版,第 214 页。

社会主义运动作为一种群众运动,难免会产生各种各样的分歧。其中,一些分歧会影响整个运动及其发展,因而就不可避免地会引起人们的讨论乃至争论。这是很正常的现象,也是不以任何一个领导人的意志和喜好为转移的现象。到了1916年,面对德国社会民主党的领导层彻底倒向政府、背叛社会主义事业,卢森堡更是痛心疾首,强调必须对德国社会民主党及其堕落进行分析,即必须通过自我批评来实现一种自我觉悟。因为自我批评是无产阶级政党的优良品格,是其他政党所不具有的。"在资产阶级社会中,没有任何别的政党,任何别的阶级敢用批评这面明亮的镜子在所有的人面前照出自己的缺陷和弱点,因为这面镜子同时反射出来的是它们面临的历史局限性和背后的历史性灾难。"①

概言之,在卢森堡这里,维护包括批评自由在内的党内自由对于无产阶级政党的生存和健康发展至关重要,这与维护党的必要的纪律是并行不悖的。二者不是非此即彼的相互否定关系,而是对立统一的辩证关系。维护党的纪律和维护党内自由之间需要有一种平衡。决定这种平衡的原则就是看是否有助于无产阶级政党基本原则和精神的实现、是否有助于社会主义事业的发展。用卢森堡自己的话来说就是:"我们党内的自我批评只有顺着我们斗争的方向,它才能达到为发展服务的目的,因此才会受到欢迎。所有的批评,只要能使我们为实现最终目标而进行的阶级斗争更有力、更彻底、目标更明确,都应当受到由衷的感激。"②

所以,当卢森堡强调必须维护党的纪律时,她始终都没有将党的这种纪律跟限制党内自由等同起来,而是相反,她认为党的这种纪律跟党内自由是可以兼容的。由此也就不难理解,卢森堡为何会激烈地反对列宁提出的那种严格的纪律。因为在她看来,列宁提出的党的严格的纪律不仅严重抑制了包括自由批评在内的党内自由,还会对党的健康发展形成严重隐患。具体来说,卢森堡和列宁在这个问题上主要存在两个方面的分歧:一是无产阶级政党的纪律的内涵;二是无产阶级政党的纪律的

---

① 《卢森堡文选》下卷,人民出版社1990年版,第391页。
② 《罗莎·卢森堡全集》第1卷,胡晓琛等译,人民出版社2021年版,第621页。

严格程度。

首先，就第一个分歧来说，列宁认为马尔托夫的主张反映了其作为资产阶级知识分子的代表，害怕实行无产阶级的纪律。因为资产阶级知识分子的特点就是个人主义和不能接受纪律。也是在这里，列宁将诸如资本主义大工厂、军营、官僚制度下人们必须服从一定的规定称为"纪律"，并将其视为是培育无产阶级纪律的东西。用列宁的话来说即"工厂在某些人看来不过是一个可怕的怪物，其实工厂是资本主义协作的最高形式，它把无产阶级联合了起来，使它纪律化，教它学会组织，使它成为其余一切被剥削劳动群众的首脑。……正因为无产阶级在这种工厂'学校'里受过训练，所以它特别容易接受资产阶级知识分子难以接受的纪律和组织"①。

对此，卢森堡提出了不同意见。在她看来，无产阶级的确需要纪律，但是这种纪律不是盲目地服从，而是自愿地配合。因为在现实社会中存在着两种不同且对立类型的纪律，一种是一个有无数手和腿的肉体在没有意志和思想的情况下随着指挥棒机械地做动作，另一种是一个社会阶层自觉的政治活动自愿地互相配合；也就是说，一种是一个被统治阶级的盲目服从，另一种是一个为自己解放而斗争的阶级的有组织的起义。而无产阶级需要培养的纪律只能是后一种类型，而不能是前一种类型。"无产阶级要培养新的纪律，即社会民主党的自愿的自觉纪律，不能受资本主义国家为无产阶级培植起来的纪律的束缚，不能简单地使指挥棒从资产阶级手中转到社会民主党中央委员会手中，而只能打破和铲除这种奴役性的纪律精神。"② 显然，卢森堡不赞同列宁将诸如资本主义大工厂、军队、官僚主义等制度视为培育无产阶级及其政党纪律的"原料"，也反对把这些制度下形成的奴役性纪律等同于无产阶级及其政党的自愿性的纪律。

这样一来，卢森堡其实就揭示了无产阶级及其政党的纪律与资本主

---

① 《列宁全集》第8卷，人民出版社2017年版，第391页。
② 《卢森堡文选》上卷，人民出版社1984年版，第505页。

义大工厂或军队的纪律根本就不是同一种纪律,前者不能从后者直接转换过来。在某种意义上说,前者的形成和发展甚至还需要以彻底清除后者的影响才有可能。因为后者是建立在外部强制的基础上,而前者则是建立在自愿服从的基础上;后者是为少数人对人民群众的专制服务,前者则是为民主服务,也就是为同个人相对的有觉悟的人民群众的意志服务。①

在卢森堡看来,无产阶级政党的纪律是把表现在工人党的纲领、党代表大会的决议和国际代表大会的决议中的意志不断化为政治行动的历史工具和辅助手段。执行党的纪律即运用全党的党纲和决议。"全党的纪律,也就是对党纲的纪律,是在一切团体纪律之上的,只有它才可以使后者获得合法根据,而且也是后者的天然的界限。"② 也就是说,党的纪律是建立在党纲和党的决议精神基础上的。如果违背党纲和党的决议,即便是党中央做出的决定,党员个人也可以拒绝服从。因为党员入党是基于党纲及其精神的,选择加入无产阶级政党即意味着选择自愿服从党纲及其精神。当党中央是基于党纲及其精神做出决定时,党员服从这样的决定,其实就是服从党纲及其精神,就是服从自己的选择和自己的意愿,从而本质上是一种自我服从和自我统治。而当党中央做出的决定违背党纲及其精神时——卢森堡当时显然是指德国社会民主党的领导层代表全党做出的支持政府进行帝国主义战争这一背叛行径——则意味着党中央违背了党纲及其精神,意味着党员不需要对党中央的决定负任何责任,由此衍生出来的党的纪律本身也是不合法的,党中央对党员个人的约束也就消失了。

其次,就第二个分歧来说,列宁提出党的严格的纪律,目的也是克服党内机会主义。因为在列宁看来,机会主义的标志就是知识分子生来喜欢自治制和组织涣散状态,害怕党的生活中的严格纪律和不愿意过组织生活。"不仅在德国,而且在法国,在意大利,机会主义者都在竭力

---

① 《卢森堡文选》下卷,人民出版社1990年版,第364页。
② 《卢森堡文选》下卷,人民出版社1990年版,第365页。

维护自治制，力图削弱党的纪律，力图把党的纪律化为乌有，他们的倾向到处都在导向瓦解组织，导向把'民主原则'歪曲为无政府主义。"①所以，赋予中央委员会以绝对权力和通过章程为党设置严格的入党要求就能阻挡机会主义者混入党内，避免机会主义思潮在党内的滋生。卢森堡承认，知识分子由于其出身可能更具机会主义倾向，但是，知识分子的这种机会主义倾向通过什么样的具体形式表现出来，特别是在组织倾向上采取什么样的明显形式，这是由社会的具体社会状况决定的。像列宁列举的德国、法国和意大利的知识分子之所以容易走向机会主义，是因为这些国家拥有出现机会主义的肥沃土壤即议会政治。

因此，卢森堡不同意列宁将机会主义的产生归于知识分子的天然属性，更反对列宁主张通过党的严格的纪律来防止和阻挡机会主义思潮。因为她认为，机会主义并不醉心于任何固定的组织形式。机会主义在组织问题上的唯一原则就是缺乏原则，即总是根据情况来选择自己的手段，只要这些手段能适合于自己的目的。尤其是在俄国这样一个社会主义运动不发达、广大无产阶级群众还缺乏阶级意识和相应素质的条件下，列宁主张的集中制反而更适合机会主义的目的，更容易为机会主义所运用。"恰恰是这种集中制可以给还不够觉醒的无产阶级运动提供一小批有头脑的知识分子领导人。"② 一旦如此，则这些成为党的领导人的知识分子就可能会运用党的严格的纪律和组织形式来控制无产阶级群众运动，使之背离社会主义运动发展的正确方向。也就是说，党的严格的组织性和纪律性既有可能为无产阶级革命事业服务，也有可能会成为阻碍无产阶级革命事业的隐患。

应该说，当卢森堡在1904年与列宁就党的纪律问题进行争论时，她可能只是就事物发展的可能性来说，不一定能够预见以后事态的发展。但是，当德国社会民主党的领导集团在1914年公然背叛社会主义原则、公开支持德国政府进行帝国主义战争时，卢森堡的这一预见毫无

---

① 《列宁全集》第8卷，人民出版社2017年版，第400页。
② 《卢森堡文选》上卷，人民出版社1984年版，第513页。

疑问得到了证实。因为当时的德国社会民主党领导集团就是以党的组织性和纪律性要求广大无产阶级群众停止反战宣传和斗争，全力支持政府进行帝国主义战争的。对此，卢森堡不得不感慨道："同法国相比，德国的教育和组织越是好，越有闻名的纪律，工会及工人报刊越是扩大，德国社会民主党对于战争的帮助也就越比法国社会民主党有效。"① 从这个意义上说，党的严格的纪律不仅没有防止住机会主义者混入党内并攫取领导权，还成了变成机会主义者的党内领袖实施其违背社会主义原则和精神的各项主张的工具。这不能不说是社会主义运动史上一场看似偶然但实则必然的悲剧，同时恐怕也是列宁当年在提出集中制建党原则时万万想不到的。

---

① 《卢森堡文选》下卷，人民出版社1990年版，第371页。

第五章

卢森堡的社会主义社会思想

卢森堡一生都在为实现社会主义社会而奋斗。她对社会主义社会的理解既继承了马克思主义创始人的一些基本观点,又蕴含着自身对于人类解放及其前途的某种理解。也因此,她的社会主义社会主张跟当时列宁在苏俄创建的世界上第一个社会主义国家还不一样。如果说,列宁创建的社会主义社会在一定程度上是对俄国特殊国情的适应,从而更多地体现了一种现实状态下的社会主义社会样貌,那么,卢森堡理解的社会主义社会则缺乏实现的现实条件,从而更多地体现了一种理想状态下的社会主义社会蓝图。从这个意义上说,她的社会主义社会思想无疑最为集中地体现了其政治哲学中理想性的一面。

第一节　社会主义社会是历史上全新的社会

在卢森堡看来,社会主义社会是历史上一种全新的社会。这种全新既是指在历史上它是第一次出现的因而无法从历史上其他社会中学习和借鉴,也是指这种社会需要广大人民群众发挥其主动性和创造性去探索和建设,社会主义社会没有固定的和现有的模式可以学习和借鉴。社会主义社会是什么样子,很大程度上取决于广大人民群众在多大程度上发挥出了自身的主动性和创造性。当然,这不是说社会主义社会就是一种空想,没有任何现实基础。恰恰相反,科学的社会主义社会正是在活的历史中产生和发展,具有现实的基础,是一种现实的可能性。

一 社会主义社会是在活的历史中产生和发展的

恩格斯在《社会主义从空想到科学的发展》中曾经对空想社会主义的"空想性"进行了分析，认为三个空想社会主义者都不是作为当时已经历史地产生的无产阶级的利益的代表出现的，不是想首先解放某一个阶级而是想立即解放全人类，想建立理性和永恒正义的王国。这种不成熟的理论，是同不成熟的资本主义生产状况、不成熟的阶级状况相适应的。所以，解决社会问题的办法就只能从头脑中产生出来。"于是，就需要发明一套新的更完善的社会制度，并且通过宣传，可能时通过典型示范，从外面强加于社会。这种新的社会制度是一开始就注定要成为空想的，它越是制定得详尽周密，就越是要陷入纯粹的幻想。"① 与之相对，他和马克思提出的科学的社会主义观念则由于唯物史观的提出已经不再被看作某个天才头脑的偶然发现，而被看作两个历史地产生的阶级即无产阶级和资产阶级之间斗争的必然产物。"它的任务不再是构想出一个尽可能完善的社会制度，而是研究必然产生这两个阶级及其相互斗争的那种历史的经济的过程；并在由此造成的经济状况中找出解决冲突的手段。"② 也就是说，在马克思主义创始人这里，社会主义思想一方面不再像空想社会主义那样是从头脑中臆想出来的乌托邦，而是具有坚实的阶级的和经济的物质基础，充满了实现的可能，从而是一种现实的可能的社会，而另一方面正是因为这种社会是以现实的阶级和经济状况为基础，因而无论是马克思还是恩格斯，他们都没有像空想社会主义者那样给予这种社会以详细的设想和描述，而是强调要在"经济状况中找出解决冲突的手段"。

本来马克思主义创始人对科学社会主义有着非常清晰的论述，对他们的社会主义和空想社会主义之间的区别也不止一处地做过说明。然而，到了第二国际，以伯恩施坦为代表的修正主义者公然否认马克思主

---

① 《马克思恩格斯选集》第3卷，人民出版社2012年版，第781页。
② 《马克思恩格斯选集》第3卷，人民出版社2012年版，第796页。

义社会主义思想的科学性，宣称这只是一种"空想主义"。伯恩施坦认为，无论我们把社会主义理解为一种状态、学说，还是一场运动，社会主义总是"同一种理想主义的因素联结在一起的，或者是这一理想本身，或者是朝着这样一种理想发展的运动。因此，它是一种彼岸的东西……它是一种应当发生的东西，或者是朝着应当发生的东西前进的运动"[①]。也就是说，伯恩施坦根本不认为马克思主义的社会主义具有现实的基础，而是认为它跟空想社会主义一样都是一种理想，一种道德上的应然状态。因此，他质疑科学社会主义的"科学性"。用伯恩施坦的话来说即"在社会主义和科学之间究竟有没有内在的关系，科学的社会主义是否可能以及——我作为社会主义者要补充提出这一个问题：究竟是不是必须有一种科学的社会主义"[②]。伯恩施坦的回答当然是否定的。因为在他看来，社会主义运动同德国农民战争、法国革命或者其他任何一种社会斗争一样，都不是科学的运动。作为科学的社会主义诉诸认识，作为运动的社会主义把利益作为自己最主要的动机。而伯恩施坦特意对这里的"利益"做了强调，即它不仅是指个人的或经济的自私利益，还是指一种道德的（具有社会感的）、理想主义的利益。[③] 也就是说，伯恩斯坦认为，社会主义无论是作为认识，还是作为运动，都与群众的利益相关。群众正是基于利益才去行动。而利益本身就有很多种类，也受诸如道德等很多因素影响，这就使得社会主义不可能像精密科学[④]那样具有客观必然性即科学性。

同时，伯恩施坦认为，社会主义是关于一种未来的社会制度的学说。作为学说它是指导无产阶级和资产阶级进行阶级斗争的理论，而作

[①] 《伯恩施坦文选》，殷叙彝编，人民出版社2008年版，第385—386页。
[②] 《伯恩施坦文选》，殷叙彝编，人民出版社2008年版，第384页。
[③] 《伯恩施坦文选》，殷叙彝编，人民出版社2008年版，第386页。
[④] 注：伯恩施坦这里指的就是近代以来的自然科学。"现在没有人会想到说自由主义的物理学、社会主义的数学、保守主义的化学等等。但是，关于人类的历史和人类的制度的科学是另一个样子吗？我不能同意这一点，我认为自由主义的、保守主义的或社会主义的社会科学是荒谬的说法。"参见《伯恩施坦文选》，殷叙彝编，人民出版社2008年版，第394页。

为运动它使这一斗争集中到一个确定的目的上来，即把资本主义社会制度改造成按集体主义方式管理经济的社会制度。然而，这个目的不是仅仅由理论预先描述的、或多或少注定要发生的行动，它在很大程度上是人们企求达到的一个目的，为了实现这个目的要进行斗争。所以，伯恩施坦得出结论："由于社会主义把这样一种未来图景当作目的，由于它在一定程度上使自己在目前的行动取决于对这一目的的考虑，社会主义就势必相应地包含着一部分空想主义。我当然并不是想说它所追求的是不可能的或不现实的，我只是想以此来证明，它带有一种思辨的理想主义的因素，包含着一部分科学上没有得到证实的东西或者科学上无法证实的东西。"① 概言之，伯恩施坦主要是从利益、目的和未来这三个角度来否定社会主义的科学性，因为无论是利益、目的，还是未来，都会涉及人们的喜好、道德、愿望等具有价值取向的能够表现人们自由选择的偶然性东西，而这是与科学中蕴含的客观必然性相矛盾的。

应该说，伯恩施坦的这些观点对于卢森堡是有影响的，尽管她在对前者进行批判时并没有就此一一地做出回应。但是，她在很多文章中都曾谈到过马克思主义的社会主义跟其他的社会主义派别之间的不同，谈到了马克思主义的社会主义的科学性问题。比如在分析布朗基主义同科学社会主义之间的区别时，卢森堡就明确指出：早先的空想社会主义的理论的主要内容是限于通过分析现存社会的缺点以及指出社会主义制度的完美和它在道德上的不可缺少来论证社会主义的意向。其中，布朗基主义也属于这一类，只不过它是把雅各宾派的策略即无限信仰政治暴力的力量转用到社会主义的奋斗中去了。而马克思和恩格斯的理论则是"第一次尝试把社会主义的要求放在关于历史发展的一般规律和资产阶级社会发展的特殊规律的一定的科学概念基础之上"且"这一尝试迄今一直是成功的"②。在这里，卢森堡就强调了马克思主义的社会主义不仅是建立在历史发展的一般规律和资本主义社会发展的特殊规律基础

---

① 《伯恩施坦文选》，殷叙彝编，人民出版社2008年版，第387页。
② 《卢森堡文选》上卷，人民出版社1984年版，第435页。

上，而且这种社会主义在实践中一直得到证明，即在科学社会主义的指导下国际工人运动取得了巨大的发展。也就是说，科学社会主义的科学性是不容置疑和否定的。甚至就卢森堡在《资本积累论》及其相关著作中揭示的资本主义社会具有内在的不可避免的灭亡性来说，其实仍可以说是对科学社会主义的科学性的论证和维护。

但是，如果考虑到第二国际普遍出现的那种将资本主义社会的崩溃和社会主义社会的到来视为历史必然以至于盲目乐观以及有些人甚至认为可以坐等实现社会主义这一现实状况[1]，伯恩施坦的批评又的确提出了一系列重要问题，即社会主义社会的到来到底是历史的必然还是无产阶级斗争的结果，如何理解社会主义社会到来的必然性，如何理解作为未来社会的社会主义社会的科学性和理想性，如何理解无产阶级斗争在实现社会主义社会中的作用等。这一系列问题归根结底又指向同一个问题，即历史的必然性和选择性的关系问题，以及由此派生出来的历史客观性和主观性、客体性和主体性、科学性和价值性之间的关系。

也是在这些问题上，卢森堡继承了马克思主义创始人的辩证法，既没有像考茨基等人那样过于凸显历史中的必然性和客观性一面，以致对历史中的可能性和主观性一面阐发不够，也没有像伯恩施坦等人那样过于凸显历史中的可能性和主观性一面，以致对历史中的必然性和客观性一面进行否定。而她则始终坚持认为人类社会的历史发展具有必然性，但这种必然性不同于自然界的必然性，它需要通过人的选择和活动来实

---

[1] 注：倍倍尔对于社会主义社会的必然性是坚信不疑的。他在爱尔福特党代会上曾经向代表们呼吁："我相信，距实现我们目标的日子是如此之近，以至于在这个大厅里只有少数人将无法看到这个日子的到来。"参见［德］苏珊·米勒等著《德国社会民主党简史（1848—1983）》，刘敬钦等译，求实出版社1984年版，第53页。应该说，倍倍尔的这一态度并不止于他一个人。当时整个第二国际都弥漫着一种将历史的必然性和自然的必然性混为一谈的氛围，认为社会主义社会将如马克思所揭示的那样即将且必然来到。这也是伯恩施坦以资本主义社会的发展来否定资本主义社会崩溃的原因所在。但是，伯恩施坦否定资本主义社会的崩溃，却不否定社会主义社会的到来，只不过他认为这种到来不需要采取暴力革命的方式而是通过资本主义社会改良即可实现。也就是说，就对社会主义社会的实现来说，伯恩施坦与其他正统马克思主义者之间的差距或许没有想象的那么大。

现。没有人的选择及其活动，就没有所谓必然性。"科学社会主义教导我们理解历史发展的客观规律。人不能随心所欲地创造自己的历史，但是，人们是自己创造自己的历史的。无产阶级是否采取行动，取决于当时社会发展的成熟程度，但社会却不是超然于无产阶级而自行向前发展的。无产阶级既是社会发展的动力和原因，同样也是它的产物和结果。无产阶级的行动本身是它要参与决定的历史的一个部分。"[1] 卢森堡的这段话可以说非常集中地体现和反映了她对这一问题的认识和看法。

那么，具体到社会主义社会的实现问题。卢森堡相信马克思主义创始人从理论逻辑上揭示出了资本主义社会的内在矛盾——当然，也包括她自己在《资本积累论》及其相关著作中揭示的资本主义社会具有的不可持续性——及其向社会主义社会发展的必然性，但是，这种理论逻辑上的必然性并不意味着现实中也是必然的。卢森堡坚决反对那种将理论逻辑上的必然性跟现实中的必然性等同起来从而把社会主义的实现理解为是一种宿命论的主张。用她自己的话来说就是"历史的辩证法对于我们并不意味着，我们可以袖手旁观，直到它把成熟的果实送到我们手里。我们是马克思主义忠贞不渝的信徒，正因为如此，所以我认为，给马克思主义观点赋予一成不变的宿命论的形式是一种巨大危险"[2]。反之，卢森堡则强调，要将这种理论逻辑上的必然性转化为现实中的必然性，中间必须有一个认识和实践相统一的过程即将马克思主义和工人运动相结合。"作为社会主义学说的马克思主义，在现代工人运动史上第一次把理论认识和无产阶级的革命行动能力结合起来，用一方检验并丰富另一方。两者同属于马克思主义最核心的本质，不管哪一方面，脱离了另一方面都会把马克思主义歪曲得面目全非。"[3]

也就是说，在卢森堡看来，马克思主义作为一种社会主义学说，揭示了资本主义社会的灭亡和社会主义社会的实现具有内在的逻辑必然

---

[1] 《卢森堡文选》下卷，人民出版社1990年版，第398页。
[2] 《卢森堡文选》下卷，人民出版社1990年版，第148页。
[3] 《卢森堡文选》下卷，人民出版社1990年版，第378页。

性，但是，这种理论逻辑上的必然性还需要作为一种认识或者说阶级意识为广大工人阶级群众所接受从而转化为革命行动，即将马克思主义揭示的资本主义社会向社会主义社会发展的这种理论逻辑上的必然性通过广大无产阶级群众的革命行动转化为现实中的必然性。没有无产阶级群众的革命行动，或者更具体点说，没有将马克思主义的理论作为意识形态因素赋予无产阶级群众以便促成其革命行动，则资本主义社会的灭亡和社会主义社会的实现就始终只是一种理论逻辑上的必然性或者说现实的可能性，而不会成为现实的必然性。因此，卢森堡才会说："如果马克思的这种认识不成为社会的认识、不成为某一特定的社会阶级即现代无产阶级的认识，那么被马克思认识到的这一历史过渡（引者注：就是指从资本主义社会向社会主义社会的过渡）是绝对不会实现的。这种由马克思的理论阐述的历史变革需要以下列条件为前提：马克思的理论成为工人阶级的意识形态，并且作为这种意识形态成为历史本身的要素。"①

所以，社会主义的实现对于卢森堡来说，问题已经不是社会主义社会会不会到来——这个已经被马克思主义创始人和她自己从理论上进行了揭示和证明，现在的问题是如何将马克思主义创始人揭示出来的社会主义意识赋予广大工人阶级群众，使之自觉地认识到自己的使命和任务，从而将社会主义社会从一种可能性转化为一种现实性。正如卢森堡所言："社会主义的胜利并不是命中注定要从天而降的。这一胜利只能通过新旧力量之间长长一系列重大的较量才会取得，而在这些较量中，社会民主党领导下的国际无产阶级学习并试图掌握他们自己的命运，把握社会生活的方向盘，从一个被本身的历史踢来踢去的缺乏意志的皮球发展成为历史的具有明确目标的驾驶员。"② 社会主义实现的过程其实就是广大工人阶级群众自觉创造历史的过程。这个过程也是人类历史的发展从一个不自觉的阶段向自觉的阶段发展的过渡阶段。

---

① 《卢森堡文选》上卷，人民出版社1984年版，第486页。
② 《卢森堡文选》下卷，人民出版社1990年版，第398页。

在这里，卢森堡依据马克思主义创始人的相关思想对人类历史做了一个重要的阶段划分，"社会从自然发生的、不自觉的阶段进入自觉的、符合愿望的、真正人的历史阶段；在前一个阶段里，社会形成自己的历史就象蜜蜂建造蜂房一样，在后一个阶段里，社会的意志和行动第一次取得一致。社会的人自从几千年以来将第一次做他想做的事情"①。人类历史可以划分为两个阶段，一个是不自觉地参与历史活动的前人类史，一个是自觉地参与历史活动创造的人类史。所谓自觉的活动，就是指人的意识和行动相一致的活动，或者说，想的和做的相一致的活动。这种活动本质上也是真和善、科学性和价值性相统一的活动。而社会主义的实现过程就是人类第一次自觉认识并在此认识下进行自觉的历史创造的过程，因而也是真和善、科学性和价值性相统一的过程。"社会主义是世界史上第一次这样的人民运动，它的目标和它的历史使命是，把自觉的观念、有计划的思想并从而把自由意志灌输到人的社会行动中去。"② 所以，建立社会主义社会制度"不仅是美好的想法和正义的要求，而且是历史的必然"③。

二 社会主义社会需要充分发挥群众的首创性

马克思主义创始人认为科学社会主义之所以是科学的，其中一个重要原因就是他们没有把社会主义社会视为是现存的社会而予以详细地描述和分析，恰恰相反，他们只是将社会主义社会理解为一种基于现实的物质条件而产生的一种可能的社会，从而只能给出不多的几条原则性的说明，比如消灭生产资料私有制和建立公有制，消灭商品经济和实行有计划的生产与分配，推翻资产阶级统治和建立无产阶级专政等。所以，恩格斯在1890年致友人的信中一方面指出所谓"社会主义社会"不是一种一成不变的东西，而应当和任何其他社会制度一样，把它看成是经常

---

① 《卢森堡文选》上卷，人民出版社1984年版，第480页。
② 《卢森堡文选》下卷，人民出版社1990年版，第398页。
③ 《卢森堡文选》下卷，人民出版社1990年版，第21—22页。

变化和改革的社会，另一方面又强调社会主义社会同现存制度的具有决定意义的差别就在于，在实行全部生产资料公有制（先是国家的）基础上组织生产。①

马克思主义创始人关于社会主义社会的这些思想也直接影响到了卢森堡。一方面，卢森堡也认为，社会主义社会的主要基础在今天就已经有充分的把握看出来，即"这个制度是建立在全部生产资料归社会所有的基础之上，生产不是由每个生产者自己，而是由整个社会及其选举出来的机构管理"。②而另一方面，卢森堡又认为，社会主义作为一种经济的、社会的和法律的体系，它的实际实现绝不是一些只需要加以运用的现成处方的总和，而是十分模糊的未来的事情。用她的话来说即"马克思的社会主义之所以区别于所有形形色色的'社会主义'，其中之一就是它没有这样的奢望：口袋里装着缀补历史发展所造成的一切窟窿的布片"③。

可以说，这两个方面共同构成了卢森堡的社会主义社会的思想，而她也的确从这两个方面对社会主义社会进行了富有启发的分析。

就第一方面来说，随着德国革命形势在1918年以后日趋高涨，卢森堡在《社会的社会化》《斯巴达克联盟想要什么？》《在德国共产党成立代表大会上的发言》等文章中以及针对俄国十月革命的反思《论俄国革命》中对无产阶级革命爆发后需要采取哪些社会主义措施④进行了越来越集中的讨论和分析，反映了其对社会主义社会前景的憧憬和设想。

在卢森堡看来，无产阶级革命的唯一目标就是实现社会主义，而要

---

① 《马克思恩格斯文集》第10卷，人民出版社2009年版，第588页。
② 《卢森堡文选》下卷，人民出版社1990年版，第24页。
③ 《卢森堡文选》下卷，人民出版社1990年版，第170页。
④ 注：当然，严格说起来，在卢森堡提出的这些措施中，有一些应该属于民主主义性质的革命措施。但是，由于卢森堡本人对民主主义措施和社会主义措施没有做出严格的区分，且考虑到两种措施都是在无产阶级夺取政权后实施的，因而具有紧密的关联。这里不再对卢森堡提出的具体措施进行民主主义和社会主义的划分，而是统称为社会主义措施。

实现此目标，无产阶级首先就要全面夺取政权，然后借助于政治权力对"整个经济关系进行根本的改造"。① 具体来说就是运用政治权力没收剥削阶级的私有财产，尤其是通过一系列法令将最重要的生产资料收归国有，并建立起生产资料公有制。只有这样，才能在一个全新的基础上重建经济。在社会主义经济中，剥削阶级已经被消灭，生产也不再是为了追求个人利润的最大化，而是为了满足所有人的需求，工厂、企业、农场等也必须改造以便适应这种新的发展需要。当然，卢森堡很清楚，社会主义社会是为了确保每个人都能过上有尊严的生活，而这意味着社会主义改造不能破坏生产力的发展，反之，它还必须有助于社会生产力水平的提高，即确保农产品数量必须有显著提高，先进技术必须得到广泛运用，煤等矿产资源必须得到最大开发。而要做到这一点，就不能一下子废除私有制，剥夺所有人的生产资料。所以，卢森堡强调，"社会化将首先适用于工农业中那些大企业，我们没必要也不要想着去剥夺那些以小块土地谋生的农民和以小作坊谋生的手工业者。他们迟早会自愿地向我们靠拢，并认识到相比于私有制而言社会主义所具有的优点"②。

同时，卢森堡认为，为了确保社会可以持续发展，每个人都必须参加劳动。不管是用双手还是用大脑劳动，只有为社会做出贡献，个人才有权利从社会中获得满足自己需要的那份劳动产品。社会主义社会不允许出现资本主义社会中一些资产阶级老爷习惯过的那种游手好闲的生活，有劳动能力的都要参加劳动，只有未成年人、老人和病人除外。对于后者，卢森堡强调不能像资本主义社会那样进行微不足道的施舍，而是社会动用丰富的物质必须立即予以保障，即"社会统一抚养孩子和照顾老人，并为病人提供公共健康照顾等"③。

---

① Edited by Peter Hudis and Kevin B. Anderson, *The Rosa Luxemburg Reader*, New York, Monthly Review Press, 2004, p. 346.

② Edited by Peter Hudis and Kevin B. Anderson, *The Rosa Luxemburg Reader*, New York, Monthly Review Press, 2004, pp. 346 - 347.

③ Edited by Peter Hudis and Kevin B. Anderson, *The Rosa Luxemburg Reader*, New York, Monthly Review Press, 2004, p. 347.

也是在这里，卢森堡对于社会主义社会的劳动和工作进行了详细的描述和分析，并反复地跟资本主义社会中的劳动和工作进行对比。之所以如此，就是因为社会主义社会的存在和发展归根结底取决于人与人之间的劳动及其形式，即生产力和生产关系的发展。用卢森堡的话来说即："如果我们以这种方式建立一个工人国家，其中，每个人既为自己，也为公共福利而工作，那么，此时工作本身也必然会以不同的方式组织起来。"① 具体来说，社会主义社会的劳动不像资本主义社会的劳动那样是一种强迫劳动，或者是受资本家皮鞭的强迫，或者是受饥饿的强迫。社会主义社会不存在强迫性劳动。每个人都是自由和平等的，都是为了自身福利而自愿劳动。当然，社会主义社会也需要进行科学的管理，需要技术上的管理者，"他们确切地知道人们在做什么并提供指导以便于合理分配所有的物力和人力，使之生产效益最大化"②。由于社会主义社会不再需要战争和刑罚，也没有游手好闲的资产阶级老爷，生产武器的军工企业将被废止，奢侈品产业和仆人制度也将被废除，代之而来的是将重要的资源和劳力运用于有用的产品的生产。简言之，就是"所有使用的劳动都将被运用于更有价值和更有用的工作"③。不存在浪费，也不存在低效益或无效益的情况。

至于社会主义社会的政治方面，卢森堡始终都在强调社会主义社会必须拥有比资本主义社会更加广泛的民主和自由。无论是在她反思俄国十月革命的手稿中，还是她公开发表的《国民会议》《斯巴达克联盟想要什么?》等文章中，这一原则一直都没有发生变化。只不过在对俄国十月革命进行反思的手稿中，卢森堡当时还将立宪会议等资产阶级性质的议会机构视为社会主义社会实现民主的重要形式，批评布尔什维克废

---

① Edited by Peter Hudis and Kevin B. Anderson, *The Rosa Luxemburg Reader*, New York, Monthly Review Press, 2004, p. 347.
② Edited by Peter Hudis and Kevin B. Anderson, *The Rosa Luxemburg Reader*, New York, Monthly Review Press, 2004, p. 348.
③ Edited by Peter Hudis and Kevin B. Anderson, *The Rosa Luxemburg Reader*, New York, Monthly Review Press, 2004, p. 347.

除立宪会议的做法是取消一般的民主机制，而当卢森堡1918年底从监狱出来，重新投入火热的革命浪潮中并发表《国民会议》《斯巴达克联盟想要什么？》文章时，已经放弃了那种试图通过立宪会议来实现社会主义民主的主张，因为卢森堡已经清楚地认识到："国民会议是资产阶级革命的已经过时的遗产，是没有内容的空壳，是关于'团结一致的民族'、关于资产阶级国家的'自由、平等、博爱'的小资产阶级幻想的时代的一件道具。"① 也就是说，无产阶级要实行专政和民主，不能借助于国民议会这种资产阶级性质的国家机器，而必须有一个新的机构即工农士兵委员会。在代表斯巴达克联盟提出的要求中，卢森堡赋予了工人和士兵委员会以种种权力，明确提出诸如"由工人士兵委员会的受托人代替以前政权的所有的政治机关和官厅""废除一切议会和市镇参议会，由工人士兵委员会及其各委员会和机构接管它们的职能""由全国各工人士兵委员会选举代表，组成工人士兵委员会中央委员会，该委员会应该选出执行委员会作为执行立法权和行政权的最高机关"等。② 这些也都集中反映了卢森堡有关社会主义民主政治的认知和设想。

就第二方面来说，卢森堡很清楚，社会主义社会最后会是什么样子，并不取决于她是怎么设想的，而是取决于广大人民群众的创造性，毕竟社会主义社会是一个全新的社会，一个历史上从来就没有出现过的社会，也是广大人民群众第一次自己为自己而创造历史的社会。卢森堡认为，无论是马克思主义创始人，还是她本人或者其他马克思主义者，有关社会主义社会的设想并没有给未来提供明确的措施。这不是缺点，恰恰是科学社会主义比空想社会主义优越的地方。"社会主义的社会制度只应当而且只能是一个历史产物，它是在它自己的经验的学校中，在它得到实现的那一时刻，从活的历史发展中产生的；历史归根到底是有机自然界的一个部分，它同有机自然界完全一样，有一个好习惯，总是在产生实际的社会需要的同时也产生满足这一需要的手段，在提出任务

---

① 《卢森堡文选》下卷，人民出版社1990年版，第522页。
② 《卢森堡文选》下卷，人民出版社1990年版，第530—531页。

的同时也提出解决的办法。但是既然如此,那么社会主义显然就其本性来说就是不能钦定的,不能通过敕令来引进的了。"①

更重要的是,即便是马克思主义创始人,或者其他马克思主义者关于社会主义社会的设想,大多也都是基于资本主义社会的现实状况从其对立面即批评和否定的角度提出的,比如针对资本主义私有制而提出社会主义公有制,针对资本主义的强制劳动而提出社会主义的自由劳动,针对资本主义的虚假的少数人的民主而提出社会主义的真正的大多数人的民主等。对于资本主义的那些东西,只要无产阶级掌握了政权,实施起来相对来说就简单多了,即只需要用强制措施废除就可以了,但是对于后者,即如何建设和发展社会主义公有制、社会主义自由劳动、社会主义民主等,就问题多多了。"消极的东西,即废除,是可以用命令实行的,积极的东西,即建设,却不行。这是处女地。问题万千。只有经验才能纠正错误并且开辟新的道路。只有不受拘束的汹涌澎湃的生活才使人想出成千的新的形式,即兴而来的主意,保持创造力,自己纠正一切失误。"②

也正因如此,卢森堡强调社会主义民主和自由以及由此形成的健康的公共生活的重要性和必要性。因为社会主义民主和自由一旦被取消或受到限制,国家的公共生活就会变得枯燥、贫乏和公式化的,从而堵塞了一切精神财富和进步的生动活泼的泉源,结果就变成了社会主义社会好像是十几个知识分子从办公桌下令实行的一样。③ 这不仅行不通,还会因为官员专横独断而对社会形成腐化作用。所以,卢森堡强调全体人民群众必须能够平等而自由地参加国家的公共生活。因为公共生活是最好的政治学校,既能点燃人民群众的革命理想主义,也能使得人民群众在参与公共生活中发挥创造力和想象力,交换彼此的经验和相互学习等。简言之,医治广大群众精神堕落的唯一良方,克服流氓无产阶级和

---

① 《卢森堡文选》下卷,人民出版社1990年版,第501页。
② 《卢森堡文选》下卷,人民出版社1990年版,第501—502页。
③ 《卢森堡文选》下卷,人民出版社1990年版,第502页。

无产阶级领导人堕落的"唯一的解毒剂"就是健康的和完善的公共生活。"达到再生的唯一途径：公共生活本身的学校，不受限制的、最广泛的民主，公共舆论。恐怖统治恰恰是败坏道德的。"①

第二节 社会主义社会是国际性奋斗目标

国际主义是科学社会主义的重要组成部分，是马克思主义创始人在很多地方都明确的社会主义运动原则之一。在第二国际，卢森堡可以说是坚持国际主义原则的突出代表，她不仅始终强调无产阶级革命必须是国际性的革命，在列宁创建世界上第一个社会主义国家后，她又强调建设社会主义社会也必须坚持国际主义原则，这一点甚至构成她对俄国社会主义社会前途缺乏信心的思想根源之一。因为当时欧洲的社会主义政党不仅没有呼应俄国的社会主义革命从而形成相互支持的局面，而且跟帝国主义国家勾结背叛了社会主义和国际主义革命原则。

一 俄国革命措施是客观环境逼迫的产物

19 世纪末 20 世纪初，西方资本主义国家围绕着殖民地等问题竞争

---

① 《卢森堡文选》下卷，人民出版社 1990 年版，第 503 页。汉娜·阿伦特显然敏锐地把握到了卢森堡对公共生活的强调这一点，也认识到卢森堡因为强调公共生活而使得她跟其他人之间存在差异并导致其处于孤立状态。但是，阿伦特却将卢森堡对公共生活的理解做了共和主义的理想主义阐发，从而将卢森堡对公共生活的强调与暴力革命割裂和对立起来，仿佛卢森堡从道德出发强调公共生活并因而拒斥一切暴力革命一样。这样一来，阿伦特对卢森堡的理解与其说是卢森堡的，不如说是阿伦特自己的。参见〔美〕汉娜·阿伦特《黑暗时代的人们》，王凌云译，江苏教育出版社 2006 年版，第 42—49 页。同时，近来国外一些学者受阿伦特的启发，也试图从公共生活这条线索对卢森堡的政治哲学进行全面的阐释，从而凸显了卢森堡政治哲学思想中公共生活或者说民主和社会主义之间的关系。对卢森堡的政治哲学做这样的阐发，虽然不缺一些启发，却很容易导致对卢森堡的思想做出错误的理解。参见 Jon Nixon, *Rosa Luxemburg and the Struggle for Democratic Renewal*, London, Pluto Press, 2018。不管怎么说，作为第二国际著名的左派人物，卢森堡的无产阶级立场和对无产阶级革命的坚持都是不容置疑的。这也决定了她即便是在探讨社会主义民主和自由及其公共生活，也绝不会是在一般意义上即所谓超阶级的人类意义上去分析这些问题。将卢森堡阐发为跟伯恩施坦一样的超阶级论者，这是包括阿伦特在内的西方学者普遍存在的问题，是站不住脚的。

加剧,各国积极扩军备战。相应地,第二国际也一直密切地关注着帝国主义和军国主义的发展,并在历次代表大会上作为重要话题进行讨论。尤其是在 1907 年斯图加特代表大会上,大会对战争性质的评价、无产阶级对待祖国的态度、无产阶级反对战争的方式方法等问题进行了集中讨论。而后在卢森堡和列宁等左派的努力下,大会通过了相关决议修正案,其中明确写道:"如有宣战的危险,有关国家的工人及其议会代表应全力阻止战争爆发,并为此采取适当措施,这些措施自然应适应阶级斗争的激化程度和总的政治形势而改变和强化。如果终于宣战,他们应争取迅速结束战争,并应尽力设法利用战争所引起的经济危机和政治危机来激发人民群众的政治觉悟,加速资本家阶级统治的垮台。"[①] 也就是说,这次大会其实已经明确各国社会主义政党在大战爆发前和爆发后的反战立场和态度,提出了"以革命来结束战争"的策略主张。即便是到了"一战"前的最后一次大会即 1912 年的巴塞尔大会,虽然会上就战争与革命之间的关系问题存在严重分歧,但其通过的《巴塞尔宣言》仍然高度肯定了斯图加特代表大会通过的决议精神,并将其概括为各国无产阶级反对战争的指导原则,包括《宣言》中要求社会党人应"竭尽全力利用战争所造成的经济危机来动员人民,从而加速资本家阶级统治的灭亡"[②] 等主张,也都跟斯图加特大会通过的决议修正案大同小异。

然而,当 1914 年战争真正开始的时候,在第二国际具有广泛影响力的德国社会民主党却率先投票支持军事预算[③],跟德国政府站在了一

---

① [苏] П. И. 祖波克主编:《第二国际史》第二卷,南开大学外文系译,人民出版社 1984 年版,第 306 页。

② [苏] П. И. 祖波克主编:《第二国际史》第二卷,南开大学外文系译,人民出版社 1984 年版,第 504 页。

③ 注:当时的德国社会民主党由于受到不公平的选举制度的制约,在议会中的席位只占少数。不管德国社会民主党是否投票支持军事预算,军事预算本身都能获得通过。但是,在马克思主义者看来,这显然涉及一个马克思主义基本原则问题。这个原则曾长期体现在倍倍尔提出的"不给这个制度一文钱、一个人"的反对立场上。德国社会民主党议会党团的行为不仅破坏了这一原则,还给德国政府的战争政策背书,从而在第二国际其他社会主义政党中形成巨大震撼。

起，从而公然违背了国际决议精神，破坏了社会主义国际联合原则。在德国社会民主党的带动下，第二国际中其他社会主义政党也纷纷走上社会沙文主义道路。比如"俄国马克思主义之父"普列汉诺夫就公开号召俄国"应当集中自己全部的力量进行自卫，如果我们的同志们轻举妄动而致妨碍俄国人民的自卫事业，它就会遭到极其可悲的命运"①。奥地利社会主义领导人阿德勒则从自然科学和哲学的观点进行解释，说什么"民族和任何生物一样，首先必须维持自己的生存"②。第二国际的马克思主义理论权威考茨基，更是把国家赢得这场战争视为是无产阶级胜利所必需的前提条件，宣称"每一民族以及每一民族的无产阶级所迫切关心的是，阻止国家的敌人越过国境，因为那样一来，战争的恐怖和破坏就会采取最可怕的方式，敌人入侵的方式。而在每个民族国家中，无产阶级也应该拿出自己的一切力量来使国土的独立和完整不受侵犯。这是民主这个无产阶级的斗争和胜利所必需的基础的最本质的东西"③。

这样一来，各国社会主义政党也都打着维护所谓"民族利益"和"祖国安全"的旗号纷纷倒向本国政府，支持帝国主义战争。各国无产阶级走上战场厮杀，无产阶级国际大联合荡然无存。在第二国际中，真正将国际代表大会的革命精神坚持到底的社会主义政党，就是列宁领导的布尔什维克。这不仅体现在列宁在大战爆发没多久就旗帜鲜明地提出"变当前的帝国主义战争为国内战争"这一符合巴塞尔国际大会决议精神的无产阶级口号④，更体现在他领导和带领布尔什维克成功地进行了十月革命、建立世界上第一个社会主义国家。

所以，当卢森堡在监狱中听到十月革命成功的消息后，她认为这是列宁他们坚持国际主义原则的产物，是一场国际主义精神的胜利。"布

---

① ［俄］格·瓦·普列汉诺夫：《论战争》，王荫庭译，生活·读书·新知三联书店1962年版，第67页。

② 《卢森堡文选》下卷，人民出版社1990年版，第372页。

③ 《考茨基言论》，中共中央马恩列斯著作编译局资料室编，生活·读书·新知三联书店1966年版，第187页。

④ 《列宁选集》第2卷，人民出版社2012年版，第409页。

尔什维克在确定自己的政策时完全着眼于无产阶级世界革命，这正是他们的政治远见、他们的原则坚定性、他们的政策的魄力的光辉证明。"①反过来，卢森堡对考茨基等人将社会主义革命视为每一个现代国家本身的内部事务的这一独特的"马克思主义发现"进行了批判，对德国社会民主党没有充分利用帝国主义战争造成的危机来发动革命进行了批判，对德国社会民主党领导层利用爱国主义和民族主义情绪来抑制广大无产阶级群众自发的革命诉求和行动进行了批判，用卢森堡的话来说即"战争和俄国革命的过程不是证明俄国不成熟，而是证明德国无产阶级还没有成熟到能完成自己的历史任务"②。

应该说，卢森堡对十月革命及其措施的分析从一开始就像她当年分析1905年俄国革命一样，没有局限于俄国本身来分析俄国革命，而是力图将俄国革命置于整个国际社会主义运动及其发展中来思考和考察，既说明了俄国革命之所以取得胜利是跟列宁等人坚定地坚持国际的革命精神紧密相关，又揭示了十月革命由于是在特殊情况下爆发的革命从而其诸多举措只是客观环境逼迫的产物，具有先天的不足和缺陷，不具有代表性和普遍性。

卢森堡认为，俄国的无产阶级革命是在可以想象出来的最困难的条件下进行的，即"在一场帝国主义国际屠杀的世界战火和混乱之中，在欧洲最反动的军事强国的铁圈之中，在国际无产阶级彻底不起作用的情况下"进行的。③ 如果说第一个条件使得布尔什维克能够利用战争创造的危机和混乱进行革命，那么，第二和第三个条件则意味着布尔什维克即便成功地领导了革命，但是，这场革命的最大成果即无产阶级革命政权能否得到维护却面临着前所未有的困难。这些情况决定了列宁等布尔什维克势必会采取一些特殊的措施来巩固政权，从而使得十月革命及其措施必然跟理论上设想的存在诸多差异。"在如此不幸的条件下，甚至

---

① 《卢森堡文选》下卷，人民出版社1990年版，第476页。
② 《卢森堡文选》下卷，人民出版社1990年版，第476页。
③ 《卢森堡文选》下卷，人民出版社1990年版，第476页。

依靠最伟大的理想主义和最经得起风浪的革命毅力也不能实现民主制和社会主义，而只能实现二者的软弱无力的、歪曲的开始阶段。"①

也就是说，布尔什维克采取的这些举措并不包括马克思主义创始人在内的马克思主义者之前在理论设想中主张采取的那些措施，也跟巴黎公社这一人类历史上第一次尝试无产阶级专政的实践不一样。用卢森堡的话来说，它不是"根据社会主义政治的基本概念以及对它的必要的历史前提的了解"②而采取的无产阶级革命措施，因而只能算得上是在不正常的条件下进行的一次无产阶级专政实验。从这个意义上说，十月革命及其措施就跟当年的巴黎公社及其措施一样，都只是无产阶级专政的一次实验。

因此，卢森堡虽然也像当年分析 1905 年俄国革命那样对十月革命进行了剖析，但是，相比于上一次她将俄国大罢工视为群众革命的成功范例积极地向德国社会民主党和广大无产阶级群众进行介绍来说，卢森堡此次对十月革命的反思则由于认识到它自身存在诸多不足从而谨慎了很多。"同样不容怀疑的是，领导俄国革命的聪明人物，列宁和托洛茨基，在他们的荆棘丛生、陷阱遍地的道路上，仅仅是在内心十分疑惑并且思想上非常勉强的情况下采取许多决定性步骤的，他们自己决不可能认为，他们在事件纷至沓来的情况下出于万不得已的全部所作所为会被国际当作社会主义政治的崇高范例，对这种范例只应当毫无批判地赞扬和热情地模仿。"③ 卢森堡并不认为十月革命能够很好地体现和反映社会主义革命的要求，也不认为列宁等布尔什维克的做法就是社会主义革命的一般做法，从而并不赞同将十月革命及其措施作为社会主义革命的范例介绍和推荐给包括德国在内的欧洲其他国家。

初一看，卢森堡对十月革命的立场好像跟考茨基等人差不多。因为后者就如其当年对待 1905 年俄国革命那样，也认为十月革命仅仅是俄

---

① 《卢森堡文选》下卷，人民出版社 1990 年版，第 476 页。
② 《卢森堡文选》下卷，人民出版社 1990 年版，第 476 页。
③ 《卢森堡文选》下卷，人民出版社 1990 年版，第 477 页。

国发展落后的体现,它的社会主义革命经验不适用于欧洲发达的工业国家。用考茨基的话来说,"为什么我们的布尔什维克同志们不停留于只从俄国的独特情况出发去解释他们的做法并且用特殊条件的逼迫来说明这种做法正确;按照他们的看法,由于这种特殊条件的逼迫,他们除了专政或是让位之外未能有任何其他选择。他们后来却宁可采取这种办法:即为了替他们的做法找根据而创造出一整套新理论,并且主张这种理论应该普遍适用"①。可见,考茨基也是坚决反对将十月革命及其措施作为社会主义革命的一般经验进行介绍和推荐的。

不过,这里需要明确的是,卢森堡对十月革命本身是高度评价的,也认同列宁等布尔什维克及时地将俄国从资产阶级革命推向社会主义革命,即"他们走在国际无产阶级的前面,夺取了政权并且提出了实现社会主义这一实践问题,他们在全世界把资本和劳动之间的决战大大向前推进了"②。这一点跟考茨基等人对十月革命的认识存在根本的不同。因为在后者看来,俄国作为一个经济落后、农业为主的国家,无论是生产力发展水平等物质基础方面,还是无产阶级的思想水平、教育等精神基础方面,都不具备进行社会主义革命和无产阶级专政的条件。在写于十月革命后不久的《无产阶级专政》一文中,考茨基紧紧围绕着实现社会主义需要民主这一逻辑,不仅分析和批评了俄国的无产阶级专政及其具体举措,而且从俄国广大人民群众尤其是占人口多数的农民的落后的思想水平和俄国的落后的经济发展水平等方面得出俄国不具备实行社会主义革命的条件这一结论。考茨基认为,只有西方那些发达的工业国家才有可能实现社会主义,而"俄国不属于这些主要的工业国家之列。现在正在俄国进行的,实际上是最后一次资产阶级革命,而不是第一次社会主义革命。这一点愈来愈明显地表现出来。俄国目前的革命只有在同西欧社会主义革命同时发生的情况下,才可能具有社会主义性质"③。

---

① 《考茨基文选》,王学东编,人民出版社2008年版,第397—398页。
② 《卢森堡文选》下卷,人民出版社1990年版,第507页。
③ 《考茨基文选》,王学东编,人民出版社2008年版,第375页。

换言之，考茨基实际上是以俄国条件不成熟反对进行社会主义革命，要求俄国无产阶级配合资产阶级建立资产阶级共和国和发展资本主义，极力维护二月革命的成果和反对十月革命。

而卢森堡则充分地肯定了列宁等布尔什维克积极地发动社会主义革命并果断地采取各种措施的尝试和勇气，盛赞布尔什维克领导的这场革命是在"历史可能性的限度内所能做到的一切"，不应该求全责备，也不应该希望奇迹发生，重要的是"把布尔什维克的政策中本质的东西同非本质的东西、核心同偶然事件区别开来"①。也就是说，对于十月革命，卢森堡就像当年马克思对待巴黎公社那样，真正关心的乃这场革命及其措施中体现和反映社会主义本质或者说原则的那些东西。因为只有它们才构成社会主义及其革命的实质。从这个意义上说，卢森堡实际上是在用一种理想类型的社会主义革命样式来衡量和评价十月革命，而这个理想类型的社会主义革命及其举措无疑也体现和反映了她真正的社会主义思想。

二 社会主义社会在单一国家无法成功

当卢森堡从一种理想类型的社会主义样式出发来理解和分析十月革命及其措施时，列宁领导的这场社会主义革命最大的问题无疑就在于它是客观环境逼迫的产物，而不是社会发展的自然结果。这里的"客观环境"不是指别的，而是指卢森堡明确的三个方面即帝国主义国际屠杀、欧洲最反动的军事强国的铁圈、国际无产阶级彻底不起作用。显然，这三个方面究其根本其实都指向同一个问题，那就是十月革命缺乏国际社会主义运动的配合和支持。而一国的社会主义革命需要得到其他国家社会主义的支持，这一点是从马克思主义创始人开始就作为社会主义革命的前提条件被提出并反复强调的，也是第二国际内作为一种马克思主义精神而被各国社会主义政党广泛遵循的。

---

① 《卢森堡文选》下卷，人民出版社1990年版，第507页。

早在1846年的《德意志意识形态》中，马克思和恩格斯就明确说道，共产主义"只有作为占统治地位的各民族'一下子'同时发生的行动，在经验上才是可能的，而这是以生产力的普遍发展和与此相联系的世界交往为前提的"①。很明显，他们提出"同时发生论"主要是基于生产力的普遍发展和世界的普遍交往的需要，因为共产主义社会是以此为基础才有可能建立起来的，否则，就只会导致贫穷的普遍化和全部陈腐污浊的东西死灰复燃。到了《共产主义原理》，恩格斯更是在第十九个问题中自问自答地强调了共产主义革命不能单独在一个国家发生，指出"共产主义革命将不是仅仅一个国家的革命，而是将在一切文明国家里，至少在英国、美国、法国、德国同时发生的革命，在这些国家的每一个国家中，共产主义革命发展得较快或较慢，要看这个国家是否有较发达的工业，较多的财富和比较大量的生产力。因此，在德国实现共产主义革命最慢最困难，在英国最快最容易。共产主义革命也会大大影响世界上其他国家，会完全改变并大大加速它们原来的发展进程。它是世界性的革命，所以将有世界性的活动场所"②。恩格斯在这里强调共产主义革命必须是生产力发达的几个国家同时发生的革命，其理由跟《德意志意识形态》是一致的，即共产主义需要以一定的生产力发展水平为基础。

当然，如果考虑到《德意志意识形态》和《共产主义原理》在马克思和恩格斯生前都没有公开发表，因而其中的相关思想，其影响的范围其实是非常有限的甚至是不为时人所知的，那么，在接下来《共产党宣言》这部影响广泛的著作中，马克思和恩格斯同样强调"联合的行动，至少是各文明国家的联合的行动，是无产阶级获得解放的首要条件之一"③。尤其是1882年，马克思和恩格斯为《共产党宣言》的俄文版作序言，其中针对俄国的特殊情况更是提出了著名

---

① 《马克思恩格斯文集》第1卷，人民出版社2009年版，第539页。
② 《马克思恩格斯选集》第1卷，人民出版社2012年版，第306页。
③ 《马克思恩格斯文集》第2卷，人民出版社2009年版，第50页。

的"相互补充说",即"假如俄国革命将成为西方无产阶级革命的信号而双方互相补充的话,那么现今的俄国土地公有制便能成为共产主义发展的起点"①。马克思主义创始人的这些思想和主张无疑会随着《共产党宣言》的广泛传播而深入人心。更何况,他们还积极地组织和推动各国无产阶级联合斗争和相互支持,先后帮助创立第一和第二国际,推动国际社会主义运动的发展。马克思主义创始人的这些思想和行动使得第二国际的马克思主义者普遍将生产力的高度发达和各个国家的社会主义革命相互支持视为社会主义革命取得胜利的必需条件来看待,视为马克思主义的精神传统来遵循。

所以,我们就不难理解,考茨基、普列汉诺夫等在第二国际具有重要影响的马克思主义理论权威为何会紧紧地抓住俄国生产力发展落后和十月革命陷入孤立状态这一点反对列宁领导的社会主义革命,就像1917年普列汉诺夫批判列宁的《四月提纲》时从马克思的《政治经济学批判》序言中的原理出发强调的那样"俄国不仅吃存在着资本主义的苦头,而且也吃资本主义生产方式不够发达的苦头"②,并以此为理由反对俄国进行社会主义革命。说到底,他们的这些主张并不是出于他们对十月革命的个人偏见,而是来自第二国际的共同认知,来自马克思主义创始人的相关主张和思想。

这一点同样适用于卢森堡。因为卢森堡不仅将十月革命理解成是列宁等布尔什维克坚决执行巴塞尔大会革命精神的产物,更是说明了十月革命要取得最终成功还必须依赖国际革命即以德国无产阶级革命为核心的欧洲社会主义革命。正如她在反思十月革命时反复强调的那样,"俄

---

① 《马克思恩格斯文集》第2卷,人民出版社2009年版,第8页。序言中的这个思想不是马克思和恩格斯偶然的一时的想法,而是跟他们晚年对俄国问题的关注和研究直接相关。无论是马克思和恩格斯对俄国民粹派的批评,还是马克思给查苏利奇的回信,其中都已经蕴含着类似的观点了。当然,他们的这些思想归根结底又来自科学社会主义中的社会主义,决不是一种空想社会,而是建立在一定的生产力发展水平基础这一认识上。正是这一点决定了马克思主义创始人长期以来将社会主义革命的重心放在生产力相对更为发达的西欧几个国家,而后即便认识到俄国有率先发生革命的可能,仍强调俄国革命需要西欧发达国家的补充。
② 《普列汉诺夫文选》,张光明编,人民出版社2010年版,第418页。

国革命的命运是完全取决于国际[事件]的"①"社会主义政策恰恰只能在国际规模上实现"②"在俄国只能提出问题。问题不能在俄国得到解决，只能在国际规模上得到解决"③。

甚至是她对十月革命进行反思这一行为本身，其目的也只是让各国社会主义者清楚地认识这一革命的全部深刻的相互关系和影响。因为只有根据这一认识，国际无产阶级才能明确自己在俄国革命中需要承担的特殊责任，只有通过这一途径，国际无产阶级才能团结一致地走向国际行动。没有这种国际行动，十月革命就不可避免要陷入一片混乱的矛盾和失误中。④ 简言之，卢森堡之所以要对十月革命进行批判性的反思，其目的决不是单纯批评列宁等布尔什维克采取的种种措施，更不是要否定十月革命本身，恰恰相反，她希望其他国家的社会主义者尤其是德国的社会主义者能够从中吸取经验教训，能够更好地完成当前迫在眉睫的无产阶级革命任务。"把俄国革命放在它的全部历史关系中进行批判的探讨，就是最好地训练德国和国际的工人去完成目前形势向他们提出的任务。"⑤

因此，当俄国爆发十月革命的那一刻起，对于卢森堡来说，问题的重心就已经不是列宁领导的十月革命到底对不对、他们采取的措施到底符不符合社会主义的本质要求等诸如此类的问题，而变成了欧洲各国的社会主义者能不能及时地呼应十月革命并在各自国家发动社会主义革命来支持俄国十月革命。因为只有其他各国的社会主义者都行动起来进行革命，形成俄国十月革命和欧洲其他社会主义革命相互支持和配合的局面，或者说，形成马克思主义创始人在《共产党宣言》俄文版序言中设想的"相互补充"局面，俄国十月革命的成果才有可能得到维护，列宁等布尔什维克在当前恶劣环境下被迫采取的那些扭曲社会主义本质

---

① 《卢森堡文选》下卷，人民出版社1990年版，第476页。
② 《卢森堡文选》下卷，人民出版社1990年版，第506页。
③ 《卢森堡文选》下卷，人民出版社1990年版，第507页。
④ 《卢森堡文选》下卷，人民出版社1990年版，第477页。
⑤ 《卢森堡文选》下卷，人民出版社1990年版，第477页。

的措施才有可能得到纠正,同时,欧洲也才能真正实现马克思主义创始人说的以俄国革命为信号而进行无产阶级革命、走上社会主义道路。从这个意义上说,俄国十月革命仅仅是无产阶级革命的信号,重要的是接下来欧洲各国尤其是德国社会主义者能不能抓住这个机会进行无产阶级革命,这不仅是在拯救俄国十月革命,更是在拯救欧洲各国的社会主义运动,拯救社会主义事业,乃至拯救人类本身。

由此可见,卢森堡跟考茨基等人还是存在明显区别的。这种区别不在于他们都认为单纯依赖俄国一国的无产阶级革命是无法实现社会主义的,恰恰相反,这一点刚好是他们从马克思主义创始人那里继承过来的共同观点。真正将他们区别开来的是卢森堡并没有像考茨基等人那样由此否定十月革命的必要性和合理性,她对十月革命更多的还是一种肯定和赞誉。之所以如此,关键就在于她实际上对社会主义革命和社会主义建设做了区分,即十月革命作为一场社会主义革命毫无疑问是必需和必要的,是值得肯定和赞扬的①,但是,十月革命后怎样建设社会主义,这却不是一国范围内就能解决的,而是需要其他国家的社会主义进行支持和配合才有可能。②

如我们之前分析过的那样,卢森堡始终认为,社会主义革命不同于历史上其他阶级的革命,比如封建地主阶级推翻奴隶贵族统治的革命,资产阶级推翻封建贵族统治的革命,他们能够在之前的社会形态中慢慢地取得经济上的支配地位,然后再相应地进行政治革命夺取政权建立一

---

① 注:卢森堡在给友人的书信中认为考茨基用统计数据来证明俄国社会主义革命的不成熟和不能实行无产阶级专政,这完全就是胡扯!"除了用统计数据来证明,俄国的社会条件还不成熟,不能实行无产阶级专政以外,考茨基显然狗屁不通!好一个独立社会党的尊贵'理论家'!……幸运的是,历史不是按照考茨基的理论推断来发展的。"语言中表现出对考茨基的极其鄙视和不满。参见〔德〕罗莎·卢森堡《论俄国革命·书信集》,殷叙彝等译,贵州人民出版社2001年版,第304页。

② 注:这一点使得卢森堡的立场更接近于列宁而不是考茨基。因为一国能不能建成社会主义,即使列宁本人也没有给出明确答案。学界长期以来认为列宁是"一国社会主义首先胜利"论的提出者,然而近来一些学者根据文本和思想考察,已经明确地推翻了这一结论,认为这一理论是斯大林而不是列宁提出来的。在列宁那里,无产阶级革命后并不意味着马上建立社会主义社会,而是需要一个民主主义发展阶段。参见俞良早《列宁十月革命重要思想重释》,红旗出版社2020年版。

个新的社会形态。无产阶级的地位决定了他们永远也不可能在资本主义社会中获得经济上的支配地位。这一点决定了社会主义革命只能是一场政治革命,即充分利用资本主义社会内部矛盾和社会危机进行一场无产阶级领导的政治革命,推翻资产阶级统治,建立无产阶级专政,然后运用无产阶级专政去建立相应的社会主义制度。从这一逻辑出发,卢森堡不可能否定十月革命的必要性和合理性。因为十月革命正是爆发于资本主义社会出现普遍危机的关键时期,此时人类正面临着走向野蛮还是走向社会主义的抉择。

但是,从另一方面来说,卢森堡也清楚,爆发十月革命的俄国无论就其生产力发展水平来看,还是就其无产阶级的精神面貌来看,要想建立一个真正的社会主义社会实在是无比艰难的事情。考茨基等人的攻击不能说完全是无的放矢,没有任何道理。毕竟马克思主义创始人早就在理论上论证和说明了社会主义社会的建立必须以一定的生产力发展水平和普遍的交往为前提,这也是科学社会主义之科学性所在。在俄国这样一个生产力水平落后且无产阶级群众缺乏相应素质和能力的国家能不能建立真正的社会主义社会,这是卢森堡无法确定的事情。

所以,即便卢森堡深陷囹圄,她对列宁等布尔什维克为建立社会主义社会采取哪些措施却一直非常关注。在反思十月革命的手稿中,卢森堡就曾关注过列宁写于1918年4月的《苏维埃政权的当前任务》这一著作,后来又详细转述并逐字逐句翻译成德文发表出来。列宁在这一著作中,主要强调了无产阶级夺取政权后必须把工作重心转移到经济建设上来,全面地建立社会主义社会经济基础。在此过程中,必须做好计算和全民监督的工作,"努力把由苏维埃即国家实行监督和计算的思想灌输到群众中去"。[①] 只不过卢森堡从这段话中却认识到绝对公开的监督是必不可少的,否则,交换经验就只限于新政府的官员的排他的圈子之内,显示了她对列宁的做法并不满意。

---

① 《列宁选集》第3卷,人民出版社2012年版,第487页。

从某种意义上说，卢森堡对十月革命进行反思和批评的手稿，本身也集中体现和反映了她对列宁他们如何建设社会主义社会的高度关注。正是这种关注和研究，才使得她更加确信单纯依赖俄国一国来建设社会主义社会是行不通的，或者说，单纯依赖俄国一国是无法建立一个真正意义上的社会主义社会的。这也是卢森堡为何反对将十月革命后列宁他们采取的措施作为社会主义范例向其他国家进行推荐的根本原因。"俄国发生的一切都是可以理解的，是因果之链中的一个不可避免的环节，它的出发点和最后促成它的事情是：德国无产阶级不起作用和德国帝国主义在俄国的占领。如果还打算期待列宁和他的同志们在这样的情况下用魔法召唤出最美好的民主制、最标准的无产阶级专政和繁荣的社会主义经济，那是对他们提出超人的要求。……当他们打算把在俄国由于困难和压力而造成的一切谬误统统当作新的认识搬进国际社会主义的武器库时，他们也是给国际社会主义（他们曾为国际社会主义进行过斗争和受过苦）帮了倒忙，因为那些谬误归根结底只是国际社会主义在这次世界大战中的破产的后果。"① 这段话无疑表明，卢森堡肯定列宁他们进行社会主义革命的功绩，但同时也对他们在社会主义建设方面存在诸多不足甚至有些措施是违背社会主义本质要求的做法持保留态度。

当然，对于列宁他们在社会主义建设中出现的这些不足，卢森堡没有归咎于列宁他们个人及其能力，而是明确地指向了一点即缺乏国际社会主义的支持。没有这种支持，俄国的社会主义建设不仅会存在种种不足和弊端，甚至其生存都可能面临严重困难。而这一点正是卢森堡于1918年9月发表的《俄国的悲剧》一文的结论，即"布尔什维克目前的险恶处境连同他们的大多数错误本身就是国际无产阶级，首先是德国无产阶级使他们面临的那个根本无法解决的问题的后果。在单独一个受到顽固的帝国主义反动统治包围的、受到人类历史上最残酷的世界大战

---

① 《卢森堡文选》下卷，人民出版社1990年版，第506页。

包围的国家建立无产阶级专政和实行社会主义变革，这是根本无法解决的问题。任何一个社会主义政党都必然要在这项任务上失败和垮台，不论它是以胜利的意志和对国际社会主义的信念还是以自动弃权的态度来指导它的政策"①。所以，解救俄国陷入悲剧的办法只有一个，那就是在德国举行无产阶级革命和群众起义。进言之，俄国社会主义的未来不在俄国本身，而在于欧洲的社会主义革命和建设。

第三节　社会主义社会是人民当家作主的社会

卢森堡对社会主义社会的理解，相比于同时期其他马克思主义者，其中一个显著特点就是她对社会主义作为人民群众当家作主的社会这一性质的凸显。她不仅将这一点视为社会主义社会的本质，更是从这一点出发强调建立健全社会主义民主、社会主义自由等民主机制的重要性，确保有一个健康的公共生活可供广大人民群众自由参与，并通过参与实现人民群众的自我统治、自我教育和自我发展。

一　社会主义社会是人民群众的自我统治

在卢森堡看来，社会主义社会作为人类历史上全新的社会，具有很多鲜明特征，比如生产资料公共所有，没有剥削和奴役，实行自由劳动等。但是，这些特征都不是社会主义社会的本质特征，也无法体现和反映社会主义社会的本质。卢森堡认为，社会主义社会的本质不在别的什么，而在于"大多数劳动群众不再是被统治的群众，而是自己的全部政治和经济生活的主人，并且在有意识的、自由的自决中领导着这全部生活"②。简言之，社会主义社会的本质就是广大人民群众自己做自己的主人和自己统治自己即人民的自我统治。

可以明确的是，卢森堡对社会主义社会的本质做这样的理解并

---

① 《卢森堡文选》下卷，人民出版社1990年版，第514页。
② 《卢森堡文选》下卷，人民出版社1990年版，第526—527页。

不是偶然的。因为她对社会主义社会的本质的界定出自其《斯巴达克联盟想要什么?》一文。这是卢森堡为斯巴达克联盟起草的纲领,后来也成为德国共产党的纲领。在阐释社会主义社会的本质时,卢森堡先是阐发了这样一个道理,即迄今为止的所有革命,都是人民中的极少数来领导革命,广大人民群众仅仅被作为革命的工具来利用。社会主义革命是第一次为大多数劳动者的利益并只有由大多数劳动者去进行才能取得胜利的革命。社会主义社会必须是由广大人民群众自己并通过自己的能动性一步一步地去实现。然后,卢森堡才正面阐发了她对社会主义社会本质的理解。显然,卢森堡前面的那段论述是来自马克思主义创始人在《共产党宣言》中阐发的一个思想,即"过去的一切运动都是少数人的,或者为少数人谋利益的运动。无产阶级的运动是绝大多数人的,为绝大多数人谋利益的独立的运动"①。这就表明,卢森堡是直接继承了马克思主义创始人的相关思想并将其运用到对社会主义社会的本质的理解中。

当卢森堡从人民的自我统治去理解社会主义社会的本质时,我们就不难理解,她为何会对十月革命后列宁他们采取的诸多政策措施进行批评,尤其是对他们采取的针对民主、自由等方面的种种限制乃至取消措施进行了最为集中且篇幅最长的批评。因为在卢森堡看来,列宁他们的这些做法不仅无助于社会主义社会本质的实现,还严重阻碍了社会主义社会的本质的实现从而扭曲了社会主义社会本身。所谓社会主义社会的本质,就是指从根本上规定社会主义社会性质和发展方向的属性。它不仅将社会主义社会跟历史上包括原始公社在内的其他任何一个社会区别开来,还集中体现和反映了人民对美好生活的向往和追求。它既是一种主导社会形态的根本原则,又是一种价值追求,就像灯塔一样指引着社

---

① 《马克思恩格斯文集》第 2 卷,人民出版社 2009 年版,第 42 页。有意思的是,考茨基在反对十月革命的《无产阶级专政》一文中也引用了马克思主义创始人的这段话,旨在强调无产阶级革命必须是大多数人支持的革命。参见《考茨基文选》,王学东编,人民出版社 2008 年版,第 348 页。

会主义社会应该如何建设和如何发展。

在卢森堡看来，要实现人民的自我统治，健全的民主制是必不可少的。所以，在对十月革命的反思手稿中，她花了大量的篇幅去批评列宁他们相关的做法，从而集中反映了她对这个问题的观点。这里需要说明的是，在当时第二国际中，对列宁他们的相关做法进行批评的并不止于卢森堡，像伯恩施坦、考茨基等人都对十月革命后的相关措施进行了批判。卢森堡的批评跟这些人的批判既有一致的地方，也存在根本的不同，同时也说明卢森堡跟列宁等布尔什维克的认知也不一样。其分歧的关键就在于如何理解无产阶级专政及其实现形式以及无产阶级专政和民主之间的关系。

众所周知，社会主义社会其实就是无产阶级专政的社会。这是马克思主义创始人在很多场合和文章中都明确指出和强调过的。比如在《哥达纲领批判》中，马克思就明确指出在资本主义社会和共产主义社会之间，有一个政治上的过渡时期，这个时期的国家"只能是无产阶级的革命专政"。① 后来，德国社会民主党在恢复合法身份后通过的第一个党纲即《爱尔福特纲领》，由于受制于德国法律的要求没有明确提出"无产阶级专政"这一目标。不过，负责起草这个纲领草案的伯恩施坦和考茨基显然是知道这个概念和问题的。尤其是伯恩施坦，早在《社会主义的前提和社会民主党的任务》一文中就对这个问题做了相关阐述。其基本逻辑就是将无产阶级专政和民主对立起来。伯恩施坦认为，民主是一个法权观念，表示社会的一切成员权利平等，而包括人民的统治在内的多数人的统治就受到这一观念的限制。民主是手段，同时又是目的。它是争取社会主义的手段，又是实现社会主义的形式。民主在原则上就意味着阶级统治的消灭，即使它还不是阶级在事实上的消灭。所以，伯恩施坦反对包括无产阶级专政在内的一切专政，认为阶级专政属于较低下的文化，是政治上的返祖现象。②

---

① 《马克思恩格斯选集》第3卷，人民出版社2012年版，第373页。
② 《伯恩施坦文选》，殷叙彝编，人民出版社2008年版，第267—272页。

至于考茨基，他在十月革命后没多久撰写的《无产阶级专政》一文中，不仅对无产阶级专政和民主的关系做了比较详尽的分析，而且对无产阶级专政的内涵及其实现形式做了分析①。考茨基认为，无产阶级专政是一种在无产阶级夺得政权的任何地方都必然要出现的状态，而不是一种政体。这种专政并不废除民主，而是以普选制为基础的最广泛地应用民主，即无产阶级专政是一种在无产阶级占压倒多数的情况下从纯粹民主中必然产生出来的状态。所以，考茨基在这里实际上是对无产阶级专政做了所谓政体和状态的区分，认为作为政体的无产阶级专政不符合马克思的意思，也跟民主不相容。因为这个情况下的专政只能说是个人的专政或一个组织的专政即无产阶级政党的专政，无产阶级一部分人对另一部分人的专政。② 也就是说，无产阶级专政如果作为政体，势必会是一种长期的状态，在这种情况下，作为敌对阶级的资产阶级等已经被消灭了，则无产阶级专政就只剩下个人的专政或者无产阶级中一部分人对另一部分人的专政。反之，考茨基将无产阶级专政

---

① 注：伯恩施坦在写于 1920 年的《跋》中继续就这个问题批判苏俄的无产阶级专政，认为列宁他们是把无产阶级专政变成了无产阶级政党的专政，即这个党依靠无产阶级的一部分来对其他人，包括无产阶级其他政党进行专政。伯恩施坦的这一思想没有超出考茨基在该文中的思想逻辑。因为考茨基在该文中依据资产阶级政治经验明确将党和阶级做了区分，认为政党和阶级不是一回事，一个阶级可以分裂成不同的政党，一个政党也可以由不同阶级的分子组成。考茨基在这里其实批判了列宁他们将马克思的无产阶级专政变成了无产阶级政党的专政，然后通过党的集中制又变成了党的领袖的专政。这里需要指出的是，持类似主张的并不止于伯恩施坦和考茨基两人，卢森堡在批评十月革命的反思手稿中也表达了类似观点即"阶级的专政，不是一个党或一个集团的专政"，这说明这个观点可能是当时第二国际共同持有的看法。之所以如此，就缘于资本主义社会中存在着不同的资产阶级政党这一社会事实。当然，卢森堡在手稿中强调这一点，并不是要像考茨基等人那样反对布尔什维克一党的专政从而试图把无产阶级专政搞成像资本主义社会中资产阶级政党通过选举轮流执政的样子，她更多的还是为了强调不能将党的执政和广大无产阶级群众的政治参与割裂并对立起来。对此，列宁在撰写于 1920 年的《共产主义运动中的'左派'幼稚病》中进行了回应，认为至少在现代的文明国家内，阶级是由政党来领导的；政党是由最有威信、最有影响、最有经验、被选出担任最重要职务而称为领袖的人们所组成的比较稳定的集团来主持的。参见《列宁选集》第 4 卷，人民出版社 2012 年版，第 151 页；考茨基、伯恩施坦和卢森堡的观点分别参见《考茨基文选》，王学东编，人民出版社 2008 年版，第 340 页；《伯恩施坦文选》，殷叙彝编，人民出版社 2008 年版，第 342 页；《卢森堡文选》下卷，人民出版社 1990 年版，第 504 页。

② 《考茨基文选》，王学东编，人民出版社 2008 年版，第 346—348 页。

理解为一种短期状态即一种在大多数群众的支持下或者说民主选举下赢得政权后的短暂过渡。①

这一点在考茨基撰写于 30 年代的《社会民主主义对抗共产主义》系列文章中体现得更加明显。按照考茨基的说法，当年恩格斯将民主共和国理解为是无产阶级专政的特殊形式，这里的"共和国"就是指民主议会共和国，他们提出的无产阶级专政观念无论如何不等于是废弃民主观念。这种专政必然是从民主产生出来的，是一种无产阶级性质的专政，而不是无产阶级专政。因为后者根源于无产阶级的无知和没有能力保卫自己的利益，从而只能是无产阶级的代言人或"慈父"的专政。同时，考茨基还不忘引用卢森堡的话，说尽管卢森堡这样接近布尔什维克，也一直坚持为无产阶级专政而斗争，但是她也坚决相信无产阶级专政必须建立在民主的基础上面，并引用了卢森堡反思十月革命的批评性论述。②

这样一来，卢森堡好像就跟伯恩施坦、考茨基等人一样，只是单纯地站在民主这个角度批评列宁他们，卢森堡变成了资本主义民主和民主制的迷恋者。③ 显然，考茨基的这种说法是夸大了他和卢森堡在这个问题上的相同之处，从而掩盖了二人在这个问题上的真正不同。因为卢森堡早在批判伯恩施坦的时候就已经明确表示过，民主制对于无产阶级运动是必要的，但是这种必要性仅仅是指民主制创立了各种政治形式从而可以培育无产阶级阶级意

---

① 注：奥地利社会主义政党领导人奥托·鲍威尔也持这种观点，即把无产阶级专政看成是"多半只会是转瞬即逝的"，参见《鲍威尔文选》，殷叙彝编，人民出版社 2008 年版，第 80 页。
② 《考茨基文选》，王学东编，人民出版社 2008 年版，第 413—416 页。
③ 注：西方国家的学者往往喜欢将卢森堡阐发成是民主制度尤其是西方议会民主制的迷恋者，而忘记了卢森堡首先是一个马克思主义者，还是一个"嗜血"的马克思主义左派。参见 Bertram D. Wolfe, *Rosa Luxemburg and V. I. Lenin: The Opposite Poles of Revolutionary Socialism*, The Antioch Review, Summer, 1961, Vol. 21, No. 2, 同时还可参见 H. Schurer, *Some Reflections on Rosa Luxemburg and the Bolshevik Revolution*, The Slavonic and East European Review, Jun. 1962, 1961, Vol. 40, No. 95。

识和在改造资本主义社会时充当跳板和支撑板，而决不是使无产阶级夺取政权变得多余。① 不仅如此，卢森堡在对德国社会民主党篡改后发表的恩格斯的《卡尔·马克思〈1848年至1850年的法兰西阶级斗争〉一书导言》进行理解时，凭借自己对马克思主义创始人精神实质的把握，仍然准确地指出恩格斯有关合法斗争的思想不是指最后夺取政权的问题，而是指当前日常斗争的问题，不是指无产阶级在掌握国家政权的时候对待资本主义国家的态度问题，而是指在资本主义国家框框内它的态度问题，从而否定通过民主制就能和平过渡到社会主义社会的一切企图。②

也就是说，卢森堡身处民主制度相对发达、民主传统根深蒂固的西欧，诚然也像伯恩施坦、考茨基等西欧马克思主义者那样高度重视民主和民主制的价值，重视民主和民主制在社会主义社会建设和发展中的作用，但是，她从来没有像伯恩施坦、考茨基等人那样幻想通过民主制来实现社会主义社会。因为包括议会民主制在内的资本主义社会的一切政治制度，归根结底都是服务于资产阶级统治的，其发展也必然受限于资产阶级统治。幻想通过资本主义民主制来实现社会主义，这无异于与虎谋皮。因此，当伯恩施坦和考茨基反复强调社会主义革命必须依赖人民的大多数③，指责十月革命不是多数人的革命而是少数人的革命时，卢森堡直接批判这种主张是"议会痴呆症"，简单地把议会育儿室的平庸真理搬用到革命中来，认为人们必须先取得多数才能有所作为，却不知"不是通过多数实行革命策略，而是通过革命策略达到多数。只有一个懂得领导也就是懂得向前推进的

---

① 《卢森堡文选》上卷，人民出版社1984年版，第134页。
② 《卢森堡文选》上卷，人民出版社1984年版，第135页。
③ 注：考茨基甚至故意将恩格斯原文中的"民主共和国"曲解为"民主议会共和国"，从而将恩格斯的思想曲解为符合资本主义议会民主制的要求。这样，考茨基就能依据资本主义议会民主制这个标准去批判列宁他们的种种不民主行为。参见《考茨基文选》，王学东编，人民出版社2008年版，第414页。

党才能在风暴中争取到追随者"①。反之，卢森堡盛赞列宁他们在决定性时刻提出了唯一能向前推进的口号即全部权力归无产阶级和农民，从而使自己几乎在一夜之间从受迫害的"非法的"少数变成形势的绝对主宰，解决了关于"人民的多数"这个著名话题。

由此可见，在民主和民主制的问题上，卢森堡跟伯恩施坦、考茨基等人之间是存在根本分歧的，这个分歧的实质就是民主和民主制从来不是抽象的，在阶级社会中，它们总是一种具有阶级性的政治形式。卢森堡批评列宁他们绝不是因为后者破坏了资本主义民主和民主制以及通过布尔什维克建立了无产阶级专政②。她要维护的也不是资本主义民主和民主制，而是社会主义民主，或者说，广大无产阶级群众的民主，即他们亲身参与管理国家和社会事务的权利。

对此，卢森堡在评论托洛茨基说的"我们从来不是形式民主的偶像崇拜者"这句话时表达得很清楚。卢森堡认为，这句话不是说我们要取消一切民主制，而是指我们要超越资产阶级民主制的那种形式民主，创造出一种社会主义民主制去代替资产阶级民主制。"社会主义民主制是与废除阶级统治和建设社会主义同时开始的。它在社会主义政党夺取政权的那一时刻就开始了。它无非就是无产阶级专政。"③ 也就是说，卢森堡在这里自始至终维护的都是社会主义民主制，对列宁他们提出批评也是因为她认为后者在夺取政权和建立社会主义时不应该取消社会主义民主制，即卢森堡说的"这一专政是在于运用民主的方式，而不是在于取消民主，是在于有力

---

① 《卢森堡文选》下卷，人民出版社 1990 年版，第 483 页。

② 注：H. Schurer 在《关于罗莎·卢森堡和布尔什维克革命的反思》一文中认为，卢森堡始终是从西方的视角去理解无产阶级专政，因而从来没有考虑过俄国会以布尔什维克夺取政权的方式上台，也没有考虑过俄国不同革命政党在无产阶级专政方面存在的可能差异，她和托洛茨基一样都赞同议会制。"共产主义和议会制以及'资产阶级民主'相对立，这种观念是 1917 年后布尔什维克发明的。"作者的这一阐释是站不住脚的，是将卢森堡当成了另一个考茨基或伯恩施坦。H. Schurer, *Some Reflections on Rosa Luxemburg and the Bolshevik Revolution*, *The Slavonic and East European Review*, Jun. 1962, 1961, Vol. 40, No. 95.

③ 《卢森堡文选》下卷，人民出版社 1990 年版，第 505 页。

地、坚决地侵犯资产阶级社会的既得权利和经济关系，没有这种侵犯，社会主义革命就不能实现"①。这句话中的"这一专政"就是指无产阶级专政。既然是无产阶级专政，那么，这里的"民主的方式"和"取消民主"当然指的都是社会主义民主，而绝不会是资本主义民主。这一点从后一句话也是可以明显反映出来的。

那么，卢森堡设想的社会主义民主和民主制又是什么样子的呢？应该说，这个问题对于当时的卢森堡来说，并不是一个有着明确答案的东西。毕竟这些东西就像社会主义社会一样，在人类历史上第一次出现，是一种全新的东西，在此之前从来没有出现过。② 所以，我们不能将当时卢森堡对列宁他们的批评当成是好像她已经有一套成熟的社会主义民主方案并基于此方案做出了这样的批评，更不能将当时她由于缺乏成熟的社会主义民主思想因而在表述相关思想时存在模糊不清③视为她是对资本主义议会民主制的留恋。在这里，我们只能通过卢森堡对列宁他们的具体批评以及这种批评中蕴含的一些原则精神来理解她反对什么和赞成什么，或者说一个原则性的社会主义民主和民主的社会主义。

卢森堡认为，在社会主义民主制中，广大人民群众可以积极地参与包括政治生活在内的各种公共生活，将党的领导人和国家置于群众的直接影响下，接受全体公众的绝对公开的监督；广大人民群众应该享有出版自由和不受阻碍的结社和集会权利，并通过不受限制的报刊发表自由

---

① 《卢森堡文选》下卷，人民出版社1990年版，第505页。

② 注：列宁在领导十月革命前详细地研究了马克思主义创始人关于国家和无产阶级专政（包括无产阶级专政和民主的关系问题）的相关思想，研究了他们对巴黎公社等无产阶级起义的相关论述和思想，研究和批判了考茨基等人的相关主张，撰写出《国家与革命》这一著作。然而，卢森堡在长期的监狱囚禁中却缺乏这方面的关注和研究。这不能不说是卢森堡的一个遗憾，甚至在某种程度上也决定了1918年末她参与领导的这场革命的失败。

③ 注：比如卢森堡在谈到要将资产阶级民主制的社会内核同它的政治形式区别开来这个问题时，给人的感觉好像是卢森堡反对的只是资产阶级民主制的实质而不反对它的形式即议会民主制。这反映了她此时对于社会主义民主和民主制到底是什么样子还是模糊不清的。直至出狱后亲自领导革命并撰写《国民会议》时，她才进一步明确道："国民会议是资产阶级革命的已经过时的遗产，是没有内容的空壳。"参见《卢森堡文选》下卷，人民出版社1990年版，第522页。

言论，包括对党和国家提出批评或者说持有不同意见的言论自由；广大人民群众之间实行最广泛的民主和真正意义上的普选等。如此一来，无产阶级专政就跟资产阶级专政存在本质的不同。因为资产阶级的阶级统治不需要对全体人民群众进行政治训练和教育，即便附带有之——比如无产阶级最初正是在跟随资产阶级反对封建贵族统治的过程中逐渐形成自身的政治意识的，无论如何也不会超过某种有限的程度。而对于无产阶级专政来说，广大人民群众通过民主制度积极地参与包括政治生活在内的各种公共生活并由此获得相应训练和教育就是必不可少的。无产阶级专政归根结底是人民群众的自我统治，需要广大人民群众不断地获得训练和教育。没有它，无产阶级专政就会被扭曲乃至无法生存。

二 社会主义社会是人民群众的自我教育

科学社会主义运动是第一次将占人口大多数的无产阶级作为历史的主体并寻求无产阶级当家作主的政治运动。然而，由于历史和社会的原因，广大无产阶级群众并不能获得像统治阶级那样的教育和训练，因而在很长的时间里曾被统治阶级或者有文化的知识分子群体视为"群氓"和"粗人"。所以，当马克思主义创始人在指导广大人民群众进行解放自身的斗争时，除了强调生产力发展水平等客观因素外，也强调人民群众的思想发展水平等主观因素，用他们在《共产党宣言》中的话来说即"共产主义革命就是同传统的所有制关系实行最彻底的决裂；毫不奇怪，它在自己的发展进程中要同传统的观念实行最彻底的决裂"①。马克思和恩格斯这里说的"同传统观念的决裂"自然是指广大人民群众要同人类几千年来形成的一切丑陋思想观念，包括在私有制下形成的自私自利的利己心和利己主义道德观念等决裂，涉及人民群众的思想道德发展水平等主观因素。

可见，无产阶级在资本主义社会中，并不是先天就是一个先进的阶

---

① 《马克思恩格斯文集》第 2 卷，人民出版社 2009 年版，第 52 页。

级，它的先进性在很大程度上是跟它的思想道德水平等主观因素的发展相对应的。当年伯恩施坦就是针对广大无产阶级群众在思想道德水平方面存在的现实的缺陷对无产阶级的先进性提出了疑问，认为"工人们是什么样子，我们就必须把他们看成什么样子""他们有着他们在其中生活的经济和社会条件的德性和罪恶。无论这些条件或是它们的影响都不是一天之间就可以消除的"①。当然，伯恩施坦的问题不在于他发现了这个现象，而在于他由此走向了对无产阶级的全盘否定，而忘记了无产阶级作为资本主义生产关系和社会结构的内在产物，是一种客观存在，只不过这种客观存在还需要必要的阶级意识和相应的思想道德水平等主观因素，以便使之能够更加积极地和主动地去完成自身的使命。所以，无产阶级的教育问题事关无产阶级作为一个阶级而积极行动的能力。这种能力既包括无产阶级在资本主义社会中的革命斗争能力，也包括无产阶级在社会主义社会中的自我统治能力。

十月革命后，卢森堡很清楚地认识到由于俄国资本主义的不发达及其思想启蒙的不充分，俄国的无产阶级其实还缺乏在社会主义社会中实现自我统治的能力。② 在她对列宁进行批评的内容中有一项就是针对后者的土地改革措施的。列宁当时为了团结占人口大多数的农民阶级，将没收来的土地分给了广大农民，使农民成为一个个土地占有者和私有者，满足了农民阶级对土地的需求。卢森堡认为列宁他们的这种做法是为以后农村的社会主义改造制造一个新的强大的敌对的人民阶层，即这些占有土地的农民到时会起来反对社会主义改造和社会主义政权。显然，卢森堡对这个问题的分析背后同样蕴含着她对占人口大多数且又是无产阶级同盟的农民阶级的思想道德水平等主观因素的担忧。俄国的社

---

① 《伯恩施坦文选》，殷叙彝编，人民出版社2008年版，第332页。

② 注：当然，第二国际中认识到这一点的人不止卢森堡，考茨基、普列汉诺夫、奥托·鲍威尔等人都认识到这一点，只不过，这一点却成为后面这些人反对俄国进行社会主义革命和建立社会主义社会的理由。另外，列宁等布尔什维克也很清楚这一点。所以，认识到这个问题并不是卢森堡所独有的，她的理论贡献主要在于她针对这个问题提出的解决方案，尽管这种方案还不成型和成熟，只是一种原则精神。

会主义没有他们的支持是不可能建立和巩固的。①

而在撰写于同一时期的《社会的社会化》《斯巴达克联盟想要什么?》等文中,卢森堡更是清楚地认识到,无产阶级群众必须学会从被资本家投入生产过程的死机器变成这一过程的会思考的、自由的、主动的领导人。他们必须具有公众的积极分子的责任感,而公众是全部社会财富的唯一主人。他们必须发展这种精神:没有厂主的皮鞭,却很勤奋;没有资本家的监工,却有极高的效率;没有奴役却守纪律;没有统治却有秩序。所以,一种懒散、愚昧的、利己的、无思想和冷漠的人是无法实现社会主义的。"社会主义社会需要这样的人,无论他们处于何种地位,他们对公共福利都充满激情和热情,都愿意自我牺牲和付出,充满了对他人的同情,富有勇气和毅力以便敢于完成最艰巨的任务",它需要"一种无产阶级的内在的完全的重生"。②

简言之,在卢森堡看来,无产阶级革命的胜利只是万里长征走出的一小步,社会主义社会能否建设和发展得好,广大人民群众能否真正实现自我统治,人民群众的训练和教育都是必不可少的。正如她把"群众从公众利益出发的最高尚的理想主义、最严格的自我约束、真正的公民感"视为社会主义社会的道德基础,而把"愚昧、利己主义、腐化堕落"视为资本主义社会的道德基础那样。③关于这一点,卢森堡认为即便是列宁也是承认的。她这里指的是列宁在《苏维埃政权的当前任务》一文中表达的相同观点,即"社会主义的实践要求在几个世纪以来资产阶级的阶级统治下已经退化的群众在精神上彻底转变。社会本能代替自私本能;群众首创性代替惰性;把一切苦难

---

① 注:考茨基在他反对十月革命的《无产阶级专政》一文的第九部分专门分析了俄国当时占人口大多数的农民阶级和居于领导地位的工人阶级,认为农民是私有制最强有力的支柱,而产业工人当中则有许多人是文盲,本身来自农村,完全受乡村观念的狭隘性束缚,其结论就是农民阶级和工人阶级的矛盾将是十月革命后的主要矛盾。参见《考茨基文选》,王学东编,人民出版社2008年版,第377—395页。

② Edited by Peter Hudis and Kevin B. Anderson, *The Rosa Luxemburg Reader*, New York, Monthly Review Press, 2004, p.348.

③ 《卢森堡文选》下卷,人民出版社1990年版,第527页。

置于度外的理想主义，等等"。①

既如此，这是不是说广大人民群众在社会主义社会就无法有效地或者说需要花费上百年的时间来实现训练和教育从而使自身成为符合社会主义社会发展需要的合格的人呢？卢森堡的回答是明确的。她说，我们不需要等待上百年或几十年来培养社会主义社会所需要的人。"当前，在斗争中，在革命中，无产阶级群众学会必要的理想主义，然后获得理智上的成熟。"② 在这里，卢森堡也像当年她在分析俄国 1905 年革命时那样，表现出了对广大人民群众的健康的"阶级本能"和"健全的智慧"的高度肯定，即强调广大人民群众需要在参与政治斗争的实践中实现自我训练和自我教育。这一点集中体现在她对社会主义民主和民主制的阐发中，即卢森堡在这里也像考茨基一样，认为民主是无产阶级实现自我教育的最好方式。③

在卢森堡看来，建立健全社会主义民主和民主制对于社会主义社会的良好发展主要有三个方面的作用。

第一，监督的作用，即通过民主制度让广大人民群众直接监督国家机关及其工作人员。这也是卢森堡强调社会主义社会必须有一个民主的代议机构的重要原因。因为一个好的代议机构对于国家机关及其工作人员的缺陷是一个有力的纠正者，它能通过生机勃勃的群众运动对后者不断施加压力，从而尽可能地克服和纠正后者存在的各种弊端。所以，卢

---

① 《卢森堡文选》下卷，人民出版社 1990 年版，第 502 页。这是卢森堡对列宁相关思想的概述。列宁的观点参见《列宁选集》第 3 卷，人民出版社 2012 年版，第 474—508 页。

② Edited by Peter Hudis and Kevin B. Anderson, *The Rosa Luxemburg Reader*, New York, Monthly Review Press, 2004, p. 348.

③ 注：考茨基明确提出"没有民主，就没有社会主义""民主是教育无产阶级的根本手段""民主提供用以测量无产阶级成熟程度的最可靠的标尺"等。参见《考茨基文选》，王学东编，人民出版社 2008 年版，第 323—402 页。应该说，持类似观点的并不止于卢森堡和考茨基，第二国际大多数人都持有这样的思想。但是，问题的关键就在于卢森堡没有像考茨基等人那样由此要求将社会主义革命建立在"大多数人支持"这个虚假的民主形式上。也就是说，考茨基等人之所以强调民主的重要性，其中一个最重要的原因就是他们把民主理解为大多数人支持，然后再以此来否定无产阶级暴力革命的必要性和合理性，从而有意或无意地陷入到民主过渡到社会主义社会的改良主义中去。

森堡认为列宁他们取消代议机构和民主制是十分不可取的。"因为它堵塞了唯一能够纠正社会机构的一切天生缺陷的那一生机勃勃的源泉本身，这就是最广大人民群众的积极的、不受限制的、朝气蓬勃的政治生活。"① 全体人民群众必须参加国家的公共生活，否则，社会主义就将是十几个知识分子从办公桌下令实行的；绝对公开的监督是必不可少的，否则，社会主义政府的官员就会形成排他的小圈子，腐化不可避免。

第二，创造的作用，即通过民主制度充分调动和发挥广大人民群众的积极性和创造性。社会主义社会不是人为事先就计划好的，它的建设是一项创造性活动，时刻面临着新问题，从而需要新的经验去解决。就像卢森堡说的，社会主义社会是个处女地，问题上千。"只有经验才能纠正错误并且开辟新的道路。只有不受拘束的汹涌澎湃的生活才使人想出成千的新的形式，即兴而来的主意，保持创造力，自己纠正一切失误。自由受到了限制，国家的公共生活就是枯燥的，贫乏的，公式化的，没有成效的，这正是因为它通过取消民主而堵塞了一切精神财富和进步的生动活泼的泉源。"② 卢森堡这里说的"经验"显然是指广大人民群众参与政治生活和公共生活形成的各种经验，包括被实践证明是正确的那些经验，也包括被实践证明是错误的那些经验。不管是哪一种经验，它们都是广大人民群众在参与实践中摸索和创造出来的，因而充分保障广大人民群众在探索和创造方面的包括持不同意见在内的各种自由就至关重要。

第三，自我教育的作用，即通过民主制度让广大人民群众在参与监督国家机关及其工作人员、在参与政治生活和公共生活的实践中实现训练和自我教育。也就是说，当广大人民群众通过民主制度发挥着监督和创造作用时，这本身也是人民群众的自我训练和教育。用卢森堡在《斯巴达克联盟想要什么？》中的话来说即"工人群众只有通过自己的活

---

① 《卢森堡文选》下卷，人民出版社1990年版，第497页。
② 《卢森堡文选》下卷，人民出版社1990年版，第501—502页。

动，自己的经验才能获得所有这些社会主义的公民品德以及领导社会主义企业的知识和才能"①。

这是因为卢森堡深信，广大人民群众并不是天生就愚笨，天生就缺乏组织和管理社会的能力，天生就在道德上比其他人低人一等，他们在资本主义社会中体现和反映出来的种种缺陷和不足，归根结底缘于他们长期被排斥在政治实践和公共生活之外，从而只是资本实现和追逐剩余价值的工具而已。现在在社会主义社会里，人民群众已然成为社会的主人，那么，他们就有必要通过不断地参与诸如选举、自由讨论、相互批评等政治生活和公共生活，通过彼此学习和相互交流经验以及在精神层面上的相互影响来克服自身在知识方面和精神方面存在的各种弊端，即卢森堡说的医治广大人民群众精神堕落的唯一良方就是健康的和完善的公共生活。②同理，在社会主义社会，不管是出于专政还是出于社会管理的需要，各种权力仍然存在且必要，而这种权力的使用长期以来被统治阶级所垄断，广大人民群众根本不了解其中的奥秘。现在人民群众也需要学习如何使用这种权力，而这种学习也必须是群众"在行使权力的过程中学会行使权力。除此之外没有任何其他办法可以教会他们行使权力"③。

总而言之，卢森堡就像马克思在《关于费尔巴哈的提纲》的第三条中阐述的那样，始终将环境的改变和人的自我改变的统一归结于革命的实践④，强调人民群众在广泛地参与政治生活和公共生活的实践中实现自我教育，坚决反对把广大人民群众单纯地视为落后者和需要被教育者，从而把社会主义社会中的人分成两部分，其中一小部分人是先进分子，不仅可以代表广大人民群众进行专政，而且凌驾于广大人民群众之上，就像卢森堡在反思十月革命时指出的："几十个具有无穷无尽的精

---

① 《卢森堡文选》下卷，人民出版社1990年版，第527页。
② 《卢森堡文选》下卷，人民出版社1990年版，第503页。
③ 《卢森堡文选》下卷，人民出版社1990年版，第560页。
④ 《马克思恩格斯选集》第1卷，人民出版社2012年版，第134页。

力和无边无际的理想主义的党的领导人指挥着和统治着，在他们中间实际上是十几个杰出人物在领导，还有一批工人中的精华不时地被召集来开会，聆听领袖的演说并为之鼓掌，一致同意提出来的决议。"① 这种情况显然是有违社会主义社会本质的，即有违人民的自我统治这一本质的。同时这种做法也会导致人民群众无法在社会主义社会建设实践中实现真正意义上的自我训练和教育，导致政治生活和公共生活的衰败或者说成为没有灵魂的生活，其结果必然是妄自尊大、夸夸其谈、阿谀奉承、弄虚作假、人云亦云等现象层出不穷，社会主义社会失去必要的活力和创造力。毕竟，人民群众的解放必须是人民群众自己的事业，人民只能从其自身的实践及其历史经验中学会解放自己。

---

① 《卢森堡文选》下卷，人民出版社1990年版，第503页。

参考文献

一 中文文献

（一）卢森堡的著作

［德］罗莎·卢森堡:《新经济学》,陈寿僧译,中国新闻社1927年版。

［德］罗莎·卢森堡:《社会改良还是社会革命?》,徐坚译,生活·读书·新知三联书店1958年版。

［德］罗莎·卢森堡:《资本积累论》,彭尘舜、吴纪先译,生活·读书·新知三联书店1959年版。

［德］罗莎·卢森堡:《国民经济学入门》,彭尘舜译,生活·读书·新知三联书店1962年版。

［德］罗莎·卢森堡:《狱中书简》,邱崇仁、傅韦译,人民文学出版社1981年版。

［德］罗莎·卢森堡、［苏］尼·布哈林:《帝国主义与资本积累》,柴金如、梁丙添、戴永保译,黑龙江人民出版社1982年版。

［德］罗莎·卢森堡:《论文学》,王以铸译,人民文学出版社1983年版。

［德］罗莎·卢森堡:《论俄国革命·书信集》,殷叙彝等译,贵州人民出版社2001年版。

［德］罗莎·卢森堡:《同志与情人》,杨德友译,商务印书馆2020年版。

［德］罗莎·卢森堡:《狱中书简》,傅惟慈译,商务印书馆2020年版。

［德］罗莎·卢森堡：《资本积累论》，董文琪译，商务印书馆2021年版。

《卢森堡文选》（上），人民出版社1984年版。

《卢森堡文选》（下），人民出版社1990年版。

李宗禹编：《卢森堡文选》，人民出版社2012年版。

何萍主编：《罗莎·卢森堡全集（中文版）：1893.9—1899.11》（第1卷），胡晓琛等译，人民出版社2021年版。

（二）关于卢森堡的论著

程人乾：《卢森堡》，商务印书馆1972年版。

程人乾：《罗莎·卢森堡：生平和思想》，人民出版社1994年版。

陈其人：《世界体系论的否定与肯定——卢森堡〈资本积累论〉研究》，时事出版社2004年版。

陈其人：《卢森堡资本积累理论研究》，东方出版中心2009年版。

［德］迪特马尔·达特：《永远的鹰——罗莎·卢森堡的生平、著作和影响》，金建译，人民出版社2016年版。

［德］弗雷德·厄斯纳：《卢森堡评传》，孔固、李度译，生活·读书·新知三联书店1964年版。

［美］路特·费舍：《斯大林和德国共产主义运动——国家党的起源的研究》（上册），何式谷译，商务印书馆1964年版。

何萍主编：《罗莎·卢森堡思想及其当代意义》，人民出版社2013年版。

贾淑品：《列宁、卢森堡、考茨基与伯恩施坦主义》，人民出版社2013年版。

贾淑品：《列宁和罗莎·卢森堡政治观比较研究》，人民出版社2016年版。

［德］玛丽亚·赛德曼：《罗莎·卢森堡与列奥·约吉谢斯》，曹伯岩译，春风文艺出版社2000年版。

《苏联大百科全书选译：威廉·李卜克内西、奥古斯特·倍倍尔、保罗·拉法格、弗兰茨·梅林、罗莎·卢森堡、卡尔：李卜克内西》，人民出版社 1956 年版。

孙兰芝:《卢森堡》,中国工人出版社 2014 年版。

唐兴明、乐萌主编:《国际共运导师与活动家的故事之三:倍倍尔的故事、卢森堡的故事、蔡特金的故事、台尔曼的故事》,中共党史出版社 1997 年版。

吴昕炜主编:《罗莎·卢森堡著作的研究和出版》,人民出版社 2017 年版。

熊敏:《资本全球化的逻辑与历史——罗莎·卢森堡资本积累理论研究》,人民出版社 2011 年版。

[苏] 罗·叶夫泽罗夫、英·亚日鲍罗夫斯卡娅:《罗莎·卢森堡传》,汪秋珊译,人民出版社 1983 年版。

张建:《罗莎·卢森堡的社会主义思想研究》,九州出版社 2021 年版。

中共中央马克思恩格斯列宁斯大林著作编译局国际共运史研究室编:《国际共运史研究资料(增刊):卢森堡专辑》,人民出版社 1981 年版。

(三) 关于卢森堡的论文

查尔斯·艾略特、张永红:《列宁、罗莎·卢森堡与不革命的无产阶级的困境》,《马克思主义与现实》2006 年第 4 期。

卢多·阿比希特、梦海:《哲学的实践——布洛赫、葛兰西和卢森堡对马克思主义传统的创新》,《马克思主义与现实》2011 年第 5 期。

莱·巴索、白锡堃:《罗莎·卢森堡的革命辩证法(摘录)》,《国际共运史研究资料》1982 年第 1 辑。

西多妮亚·布莱特勒、伊雷尼·马蒂、夏莹:《罗莎·卢森堡与汉娜·阿伦特:反对对政治自由的破坏》,《马克思主义与现实》2006 年第 4 期。

蔡中兴:《正确评价罗莎·卢森堡对帝国主义的理论分析》,《马克思主义研究》1985 年第 2 期。

陈爱萍:《西方学者对第二国际马克思主义哲学研究的三个阶段》,《哲学动态》2010 年第 2 期。

陈莹雪：《约翰·克里索斯托的古代社会正义理想——来自考茨基、卢森堡的评价及其同代人的见解》，《北京大学学报》（哲学社会科学版）2021 年第 2 期。

陈其人：《卢森堡资本积累理论中的错误与创新——兼论对方法创新的共鸣》，《马克思主义研究》2009 年第 12 期。

陈学明：《论罗莎·卢森堡的总体性方法的当代价值——兼评卢卡奇对罗莎·卢森堡的研究》，《马克思主义与现实》2006 年第 4 期。

陈学明：《罗莎·卢森堡对伯恩施坦、考茨基修正主义的批判》，《当代国外马克思主义评论》2009 年第 1 期。

陈学明：《评罗莎·卢森堡对苏维埃政权的批评》，《江苏行政学院学报》2009 年第 3 期。

陈学明：《罗莎·卢森堡对马克思主义的研究》，《社会科学家》2014 年第 1 期。

程人乾：《国外卢森堡研究的历史和现状》，《国外社会科学》1980 年第 12 期。

程人乾：《论卢森堡在建党学说和社会主义理论上的贡献》，《山西大学学报》（哲学社会科学版）1981 年第 2 期。

程人乾：《卢森堡研究中的若干问题——对罗莎·卢森堡的重新评价》，《国际共运史研究资料》1982 年第 1 辑。

程人乾：《卢森堡重新评价的几个问题》，《山西大学学报》（哲学社会科学版）1982 年第 2 期。

程人乾：《罗莎·卢森堡论议会政治和议会斗争——纪念卢森堡诞生 120 周年》，《国际共运史研究》1991 年第 1 期。

丛志杰：《论罗莎·卢森堡社会主义民主思想》，《内蒙古社会科学》（文史哲版）1997 年第 5 期。

克·蔡特金、葛斯：《罗莎·卢森堡对俄国革命的态度（摘录）》，《国际共运史研究资料》1981 年第 S1 辑。

戴芸芸、冯旺舟:《国内卢森堡思想最新研究综述》,《长江论坛》2021年第5期。

戴海东:《论罗莎·卢森堡对科学社会主义理论的独特贡献》,《求索》1998年第3期。

丁俊萍、赵光元:《罗莎·卢森堡民主思想探析》,《马克思主义研究》2006年第5期。

丁晓钦、张芷寻:《马克思和卢森堡:思想遗产与当代价值——世界政治经济学学会第13届论坛会议综述》,《海派经济学》2018年第4期。

范冉冉:《罗莎·卢森堡的〈资本积累论〉与当代资本主义》,《河北学刊》2012年第2期。

范冉冉:《卢森堡和列宁在党的组织策略上的共识与分歧》,《河北大学学报》(哲学社会科学版)2012年第3期。

方章东:《论罗莎·卢森堡的政党建设思想》,《科学社会主义》2007年第2期。

冯宪光:《罗莎·卢森堡关于文艺的政治学思考》,《西南民族大学学报》(人文社科版)2008年第5期。

伊·费恰尔、刘绮:《〈罗莎·卢森堡·思想和事业〉1973年版后记》,《国际共运史研究资料》1981年第S1辑。

龚运、柯舍:《卢森堡战斗的一生》,《华中师院学报》(哲学社会科学版)1980年第1期。

顾海良:《马克思主义发展史上的罗莎·卢森堡》,《学术月刊》2006年第8期。

胡莹:《"消费不足论"还是"生产过剩论"——评马克思主义经济危机理论早期的一个争论》,《当代经济研究》2015年第7期。

胡莹:《罗莎·卢森堡的经济危机理论评析》,《社会主义研究》2016年第2期。

何萍:《罗莎·卢森堡的〈资本积累论〉与中国》,《马克思主义研究》

2005年第6期。

何萍:《罗莎·卢森堡与马克思的历史辩证法》,《河北学刊》2006年第3期。

何萍:《是"回到马克思"还是走向"马克思主义"——从罗莎·卢森堡哲学的魅力谈起》,《吉林大学社会科学学报》2007年第3期。

何萍:《马克思主义世界历史理论中的决定论与非决定论——关于马克思、卢森堡、列宁的一个比较研究》,《哲学研究》2008年第3期。

何萍:《作为哲学家的罗莎·卢森堡》,《马克思主义与现实》2012年第1期。

何萍:《罗莎·卢森堡的危机理论——重读〈资本积累论〉》,《北京大学学报》(哲学社会科学版)2014年第2期。

何萍:《中文版〈罗莎·卢森堡全集〉编辑和出版的意义与构想》,《武汉大学学报》(人文科学版)2015年第6期。

何萍:《罗莎·卢森堡对〈资本论〉第二卷的阅读——一种方法论的思考》,《理论视野》2016年第9期。

何萍:《资本自我否定辩证法的方法论意义——基于罗莎·卢森堡〈资本积累论〉的问题》,《中国社会科学》2019年第3期。

贺敬垒:《罗莎·卢森堡的无产阶级党建思想及其当代意蕴》,《湖北社会科学》2014年第5期。

贺敬垒:《伯恩施坦、卢森堡和列宁关于十月革命道路问题的论争及当代价值探略》,《湖北社会科学》2021年第5期。

贺敬垒:《考茨基与卢森堡在十月革命道路上的论争述评》,《湖北社会科学》2018年第6期。

海光:《卢森堡〈社会改良还是革命?〉修改情况评述》,《国际共运史研究资料》1985年第1辑。

禾惠:《罗莎·卢森堡国际学术研讨会纪要》,《国外社会科学》2005年第2期。

彼得·胡迪斯、张光明:《革命能够被制造吗?——重温卢森堡〈群众罢工〉一书》,《当代世界社会主义问题》2011年第2期。

彼特·胡第斯、姜锡润:《罗莎·卢森堡的后资本主义社会概念》,《学术月刊》2006年第8期。

贾淑品:《从"集中制"到"民主的集中制"——评罗莎·卢森堡对发展列宁建党组织原则所起的重要作用》,《当代世界与社会主义》2009年第4期。

贾淑品:《"自我集中制":党内民主的理论渊源——论罗莎·卢森堡对发展党内民主理论的贡献》,《江汉论坛》2010年第7期。

贾淑品:《论卢森堡对伯恩施坦民主观的认识与批评》,《当代世界与社会主义》2011年第1期。

贾淑品:《论卢森堡对伯恩斯坦关于"资本主义及其发展趋势"的批判》,《科学社会主义》2011年第1期。

贾伯鸿、王学东:《罗莎·卢森堡群众罢工理论评析》,《当代世界与社会主义》2021年第4期。

金雁、秦晖:《"无产阶级专政"与"人民专制"——1848—1923年间国际社会主义政治理念的演变》,《当代世界社会主义问题》2007年第3期。

金寿铁:《罗莎·卢森堡论民主与社会主义》,《哲学动态》2008年第10期。

巨慧慧:《关于列宁和卢森堡在民族自决权问题上的比较研究》,《学术交流》2018年第5期。

靳树鹏:《鹰之歌——卢森堡八十年祭》,《同舟共进》1999年第12期。

姜天明:《无产阶级革命之鹰——纪念罗莎·卢森堡牺牲七十三周年》,《辽宁大学学报》(哲学社会科学版)1992年第2期。

姜锡润、赵士发:《罗莎·卢森堡走向当代——"罗莎·卢森堡思想及其当代意义"国际学术研讨会述评》,《马克思主义哲学研究》2006年第1期。

丹尼尔·加伊多、曼努埃尔·基罗加、晏荣:《对罗莎·卢森堡帝国主义理论的早期反应》，《当代世界与社会主义》2014 年第 6 期。

来庆立：《"革命"概念的一次历史大争论及其现实启示——对德国"十一月革命"的考察》，《科学社会主义》2021 年第 2 期。

李宗禹：《试论卢森堡和列宁在建党问题上的分歧》，《世界历史》1981 年第 3 期。

李宗禹：《关于卢森堡的两篇文章引起的争论》，《国际共运史研究资料》1981 年第 S1 辑。

李宗禹：《论罗莎·卢森堡的组织观点》，《国际共运史研究资料》1983 年第 1 辑。

李宗禹：《民主德国对罗莎·卢森堡著作的出版和研究》，《国际共运史研究资料》1987 年第 2 期。

李兴耕：《两种截然不同的立场——关于卢森堡和考茨基对俄国革命的评论》，《国际共运史研究资料》1982 年第 1 辑。

李新曦：《没有民主就没有社会主义——读卢森堡〈论俄国革命〉》，《科学社会主义》1999 年第 4 期。

李铁明：《卢森堡的"自我集中制"思想评析》，《求索》2001 年第 2 期。

李佃来：《卢森堡的民主思想与西方马克思主义的历史回应——一种政治哲学的考量》，《哲学研究》2008 年第 3 期。

李志：《论社会主义革命主体的层级性——列宁与卢森堡之间的分歧》，《东岳论丛》2013 年第 9 期。

林浩超：《论拉萨尔的社会主义思想对罗莎·卢森堡的影响》，《国外理论动态》2021 年第 5 期。

刘祖熙：《略论卢森堡和列宁在民族问题上的争论》，《教学与研究》1984 年第 3 期。

刘招明：《马克思世界历史理论的当代拓展——从罗莎·卢森堡到列宁》，《人文杂志》2010 年第 5 期。

罗骞：《罗莎·卢森堡对"资本主义适应论"的批判》，《马克思主义与现实》2006 年第 4 期。

安·拉席察、君·拉聪、唐春华：《罗莎·卢森堡在德国工人运动中的作用（摘录）》，《国际共运史研究资料》1981 年第 S1 辑。

罗莎·卢森堡、邸文、肖辉英：《柏林秩序一派井然》，《世界历史》1981 年第 2 期。

罗·卢森堡、周懋庸：《一篇新发现的卢森堡手稿》，《国际共运史研究资料》1983 年第 2 辑。

奥图卡·鲁本、李志：《罗莎·卢森堡对列宁"社会主义运动中实行党的极端中央集权"观念的批评》，《河北学刊》2006 年第 3 期。

米歇尔·罗威、姜锡润、谢宜：《罗莎·卢森堡关于"社会主义还是野蛮状态"的概念》，《山东社会科学》2006 年第 6 期。

毛承颖：《罗莎·卢森堡反对修正主义 摘自未公布的罗莎·卢森堡 1898—1899 年致 Я·梯什科（列·约吉赫斯）的书信》，《世界政治资料》1981 年第 1 期。

毛韵泽：《葛兰西与共产国际》，《国际共运史研究资料》1982 年第 2 期。

马嘉鸿、张光明：《中国的罗莎·卢森堡研究——回顾与评论》，《当代世界社会主义问题》2015 年第 1 期。

孟祥健、吴家华：《论卢森堡对伯恩斯坦"最终目的"与"运动"的认识与批判》，《江汉论坛》2019 年第 4 期。

聂大富：《"适应论"与"崩溃论"之争——伯恩施坦与卢森堡关于资本主义信用的争论研究》，《当代世界社会主义问题》2016 年第 4 期。

任大奎：《应当具体地历史地评价德国党左派在反对伯恩施坦修正主义斗争中的作用》，《教学与研究》1984 年第 3 期。

商鼎：《关于罗莎·卢森堡〈论俄国革命〉的版本》，《国际共运史研究资料》1986 年第 2 辑。

约·施莱夫斯泰因、唐春华：《〈罗莎·卢森堡政治论文选集〉第三卷前言（摘录）》，《国际共运史研究资料》1981 年第 S1 辑。

汪信砚、梁玉兰:《罗莎·卢森堡的民主思想及其启示》,《马克思主义研究》2012年第4期。

王进芬、李东明:《罗莎·卢森堡党内民主思想的多重语境》,《社会主义研究》2011年第6期。

王南湜:《剩余价值、全球化与资本主义——基于改进卢森堡"资本积累论"的视角》,《中国社会科学》2012年第12期。

王学东:《罗莎·卢森堡思想国际研讨会在北京举行》,《国外理论动态》1995年第3期。

王学东:《罗莎·卢森堡的党内民主思想及其现实意义》,《广州社会主义学院学报》2005年第1期。

王学东、王宏斌:《中国关于罗莎·卢森堡研究的现状》,《河北师范大学学报》(哲学社会科学版)2008年第3期。

为真:《罗莎·卢森堡——纪念罗莎·卢森堡遇害70周年》,《国际论坛》1989年第1期。

夏莹:《"卢森堡困境"真的存在吗——论拉克劳、墨菲对卢森堡理论的批判及其误读》,《学术月刊》2006年第8期。

辛夷:《罗莎·卢森堡致利奥·约吉希斯书信集》,《国际共运史研究资料》1981年第3辑。

辛夷:《卢森堡提出过把伯恩施坦开除出党吗?》,《国际共运史研究资料》1982年第1辑。

熊敏:《罗莎·卢森堡与西方马克思主义》,《马克思主义哲学研究》2001年第1期。

熊敏:《论罗莎·卢森堡政治哲学的理论视野》,《马克思主义哲学研究》2004年第1期。

熊敏:《论罗莎·卢森堡政治哲学的理论视野》,《武汉大学学报》(人文科学版)2005年第1期。

熊敏:《卢森堡的政治哲学及其历史效应》,《哲学研究》2008年第3期。

熊敏：《全球化时代与卢森堡"资本积累"理论的再认识》，《河北学刊》2009 年第 4 期。

熊敏：《沉浮九十年：对卢森堡研究的回顾与反思》，《黑龙江社会科学》2015 年第 5 期。

熊敏、Peter Hudis、秦蔡思遐等：《世界与中国：〈罗莎·卢森堡全集〉出版的现状与展望》，《武汉大学学报》（人文科学版）2015 年第 6 期。

徐克恩：《试论罗莎·卢森堡对待布列斯特和约的态度》，《河南师范大学学报》（哲学社会科学版）1991 年第 2 期。

姚纪纲：《翱翔的鹰激扬的歌——〈罗莎·卢森堡的生平和思想〉评介》，《山西大学学报》（哲学社会科学版）1995 年第 4 期。

姚顺良、夏凡：《卢森堡理解资本主义现代形态的模式创新及其哲学意蕴》，《学海》2009 年第 2 期。

姚顺良：《罗莎·卢森堡的现代资本主义批判逻辑的历史生成》，《马克思主义与现实》2010 年第 2 期。

殷叙彝：《谈谈卢森堡的〈俄国革命〉》，《读书》1981 年第 3 期。

殷叙彝：《读〈罗莎·卢森堡——生平和思想〉》，《当代世界与社会主义》1996 年第 3 期。

易克信：《当代西方学者对卢森堡的一些评价》，《国外社会科学》1981 年第 6 期。

伊藤成彦、苏冰娴：《集中制与分散制的辩证法——罗莎·卢森堡关于组织问题的思想》，《国际共运史研究资料》1982 年第 1 辑。

伊藤成彦、金香海、任明：《为什么在今天出现了罗莎·卢森堡和葛兰西热?》，《当代世界社会主义问题》1987 年第 2 期。

俞良早：《卢森堡关于十月革命必然性的思想以及在苏俄土地政策上与列宁思想的差异》，《理论与改革》2017 年第 6 期。

俞良早：《列宁和卢森堡在十月革命两个问题上的思想分歧》，《理论月刊》2018 年第 4 期。

俞吾金:《卢森堡政治哲学理论述要》,《天津社会科学》2006年第6期。

罗·雅·叶夫泽罗夫、英·谢·亚日鲍罗夫斯卡娅、海光:《罗莎·卢森堡传略(摘录)》,《国际共运史研究资料》1981年第S1辑。

赵凯荣:《如何看待马克思主义体系内部的论争?——从列宁与卢森堡的论争谈开来》,《河北学刊》2006年第3期。

赵司空:《"罗莎·卢森堡思想及其当代意义"国际学术研讨会综述》,《现代哲学》2006年第4期。

张保和、贾淑品:《罗莎·卢森堡的〈资本积累论〉与其帝国主义理论的内在逻辑——兼论其帝国主义理论的功绩与不足》,《科学社会主义》2010年第2期。

张雷声:《罗莎·卢森堡资本主义理论述评》,《马克思主义研究》2006年第5期。

张光明:《罗莎·卢森堡民主思想在当今的意义和不足——重读卢森堡关于俄国革命的两篇论文》,《社会主义研究》2006年第3期。

张光明:《罗莎·卢森堡的〈信条:关于俄国社会民主党的状况〉一文述评——兼论卢森堡思想的当代意义与弱点》,《科学社会主义》2010年第5期。

张光明:《卢森堡对布尔什维克的第三篇批评——再谈罗莎·卢森堡〈信条〉一文》,《当代世界社会主义问题》2011年第3期。

张荣臣:《对列宁和卢森堡关于集中制与民主集中制争论的再认识》,《科学社会主义》2006年第5期。

张文喜:《卢森堡和阿伦特对历史唯物主义政治作用的阐释》,《马克思主义与现实》2019年第6期。

张建:《资本积累理论:罗莎·卢森堡对历史唯物主义的新发展》,《湖北社会科学》2017年第9期。

张建:《社会主义还是野蛮:从恩格斯到罗莎·卢森堡——恩格斯和罗莎·卢森堡对社会主义必然性的认识》,《湖北社会科学》2019年第

12 期。

张梧:《罗莎·卢森堡范式:从帝国主义到全球化》,《北京大学学报》(哲学社会科学版)2020 年第 2 期。

张秀琴:《第二、三国际理论家与西方马克思主义的形成——一个思想史关系视角下的探讨》,《教学与研究》2015 年第 12 期。

张欣然《第二国际社会主义路径论争及其现实意义——兼论卢森堡对伯恩施坦的批判》,《湖北社会科学》2020 年第 2 期。

郑禄、初航:《卢森堡关于马克思主义、社会主义革命和无产阶级专政的部分言论》,《教学与研究》1981 年第 3 期。

周亮勋、张启荣:《关于罗莎·卢森堡〈资本积累论〉的争论资料》,《国际共运史研究资料》1982 年第 1 辑。

周懋庸:《朝气蓬勃的"新兵"——罗莎·卢森堡 1898—1899 年反对伯恩施坦主义的斗争》,《国际共运史研究资料》1981 年第 3 辑。

周懋庸:《卢森堡的〈俄国革命〉手稿的写作和出版及其影响》,《国际共运史研究资料》1981 年第 S1 辑。

周懋庸:《罗莎·卢森堡思想国际研讨会述要》,《当代世界社会主义问题》1995 年第 1 期。

周凡:《后马克思主义视域中的自发性概念(上)——论拉克劳与莫菲对罗莎·卢森堡的解读》,《河北学刊》2006 年第 4 期。

周凡:《罗莎·卢森堡的自发性理论及其政治意义》,《马克思主义与现实》2006 年第 4 期。

周凡:《后马克思主义视域中的自发性概念(下)——论拉克劳与莫菲对罗莎·卢森堡的解读》,《河北学刊》2006 年第 5 期。

周穗明:《卢森堡和西方新马克思主义先驱的民主观》,《科学社会主义》2005 年第 1 期。

詹真荣:《重读罗莎·卢森堡关于无产阶级政党建设的理论》,《当代世界与社会主义》2002 年第 6 期。

保尔·泽瑞姆卡、李白鹤、梁苗:《后期马克思与卢森堡:政治经济学的新发展》,《河北学刊》2006 年第 3 期。

保罗·赞瑞巴卡、王成军:《晚期马克思与"资本积累"》,《现代哲学》2017 年第 1 期。

(四) 关于卢森堡的博士论文

范冉冉:《罗莎·卢森堡总体性视域下的社会主义思想研究》,博士学位论文,南开大学,2012 年。

付明:《第二国际理论家帝国主义理论研究》,博士学位论文,黑龙江大学,2014 年。

贺敬垒:《革命还是改良?》,博士学位论文,武汉大学,2014 年。

贾淑品:《卢森堡对伯恩施坦主义的认识与批评》,博士学位论文,南京师范大学,2011 年。

李平:《社会革命合法性之辩——罗莎·卢森堡社会革命观研究》,博士学位论文,黑龙江大学,2014 年。

李轶:《罗莎·卢森堡资本积累理论及其当代意义研究》,博士学位论文,武汉大学,2013 年。

唐启良:《罗莎·卢森堡民主思想研究》,博士学位论文,武汉大学,2017 年。

张小红:《罗莎·卢森堡总体性方法研究》,博士学位论文,华东师范大学,2011 年。

赵春清:《历史与人的解放——罗莎·卢森堡社会革命思想研究》,博士学位论文,复旦大学,2011 年。

二 外文文献

(一) 卢森堡的外文著作

Rosa Luxemburg, *Die Akkumulation des Kapitals: Ein Beitrag zur ökonomischen Erklärung des Imperialismus*, Berlin: Buchhandlung Vorwärts Paul Singer G. m. b. H. , 1913.

Rosa Luxemburg, *Die Krise der Sozialdemokratie*, Zürich: Verlagsdruckerei

Union, 1916.

Rosa Luxemburg, *Massenstreik, Partei und Gewerkschaften*, Leipzig: Vulkan-Verlag, 1919.

Rosa Luxemburg, *Sozialreform oder Revolution?*, Leipzig: Vulkan Verlag, 1919.

Rosa Luxemburg, *Briefe aus dem Gefängnis*, Berlin-Schöneberg: Verlag der Jugendinternationale, 1922.

Rosa Luxemburg, *Ausgewählte Reden und Schriften. I. Band*, Berlin: Dietz Verlag GmbH, 1955.

Rosa Luxemburg, *Die Akkumulation des Kapitals: Ein Beitrag zur ökonomischen Erklärung des Imperialismus*, Berlin: Heptagon Verlag, 2013.

Rosa Luxemburg, *Gesammelte Werke Band 1*, Erster Halbband, Berlin: Dietz Verlag, 1982.

Rosa Luxemburg, *Gesammelte Werke Band 1*, Zwriter Halbband, Berlin: Dietz Verlag, 1983.

Rosa Luxemburg, *Gesammelte Werke Band 2*, Zwriter Halbband, Berlin: Dietz Verlag, 1981.

Rosa Luxemburg, *Gesammelte Werke Band 3*, Zwriter Halbband, Berlin: Dietz Verlag, 1984.

Rosa Luxemburg, *Gesammelte Werke Band 4*, Zwriter Halbband, Berlin: Dietz Verlag, 1983.

Rosa Luxemburg, *Gesammelte Werke Band 6*, Annelies Laschitza, Berlin: Dietz Verlag, 2014.

Georg Adler … [et. al.] eds. , *The Letters of Rosa Luxemburg*, trans. , George Shriver, London and New York: Verso, 2011.

Paul Le Blanc and Helen C. Scott, eds. , *Socialism or Barbarism: The Selected Writings of Rosa Luxemburg*, London and New York: Get P Litical,

2010.

Elzbieta Ettinger eds. , *Comrade and Lover: Rosa Luxemburg's Letters to Leo Jogiches*, trans. , Elzbieta Ettinger, London: Pluto Press, 1981.

Dick Howard eds. , *Selected Political Writings of Rosa Luxemburg*, New York and London: Monthly Review Press, 1971.

Peter Hudis, eds. , *The Complete Works of Rosa Luxemburg Volume I: Economic Writings* 1, trans. , David Fernbach… [et. al.], London and New York: Verso, 2013.

Peter Hudis and Paul Le Blanc, eds. , *The Complete Works of Rosa Luxemburg Volume II: Economic Writings* 2, trans. , Nicholas Gray and George Shriver, London and New York: Verso, 2015.

Peter Hudis… [et. al.] eds. , *The Complete Works of Rosa Luxemburg Volume III: Political Writings* 1, trans. , George Shriver… [et. al.], London and New York: Verso, 2019.

Peter Hudis and Kevin B. Anderson, eds. , *The Rosa Luxemburg Reader*, New York: Monthly Review Press, 2004.

Rosa Luxemburg, *Reform or Revolution?*, trans. , Integer, Paris: Foreign Languages Press, 2020.

Rosa Luxemburg, *Socialism and the Churches*, trans. , Juan Punto, Poland: the Polish Social Democratic Party, 1905.

Rosa Luxemburg, *The Accumulation of Capital*, trans. , Agnes Schwarzschild, London and New York: Routledge and Kegan Paul, 2003.

Rosa Luxemburg, *The Essential Rosa Luxemburg: Reform or Revolution and the Mass Strike*, trans. , Helen Scott, Chicago: Haymarket Books, 2008.

Rosa Luxemburg, *The Industrial Development of Poland*, trans. , Tessa DeCarlo, New York: Campaigner Publications, Inc. , 1977.

Rosa Luxemburg, *The Mass Strike, the Political Party and the Trade Unions*, trans., Patrick Lavin, Detroit: Marxist Educational Society of Detroit, 1906.

Rosa Luxemburg, *The Russian Revolution and Leninism or Marxism?*, trans., Bertram D. Wolfe, Ann Arbor: University of Michigan Press, 1961.

Rosa Luxemburg, *TheRussian Revolution*, trans., Bertram Wolfe, New York: Workers Age Publishers, 1940.

Utsa Patnaik, eds., *The Agrarian Question in Marxand his SuccessorsVolume I*, New Delhi: LeftWord Books, 2007.

Utsa Patnaik, eds., *The Agrarian Question in Marxand his SuccessorsVolume II*, New Delhi: LeftWord Books, 2011.

Mary-Alice Waters, eds., *Rosa Luxemburg Speaks*, New York, London and Sydney: Pathfinder Press, 1970.

Horace B. Davis, eds., *The National Question—Selected Writings by Rosa Luxemburg*, New York: Monthly Review Press, 1976.

（二）关于卢森堡的论著

Lelio Basso, *Rosa Luxemburg: A Reappraisal*, trans., Douglas Parmëe, New York: Praeger, 1975.

Riccardo Bellofiore… [et. al.], eds., *The Legacy of Rosa Luxemburg, Oskar Lange and Micha Kalecki: Volume 1 of Essays in Honour of Tadeusz Kowalik*, London: Palgrave Macmillan, 2014.

Riccardo Bellofiore, eds., Rosa Luxemburg and the Critique of Political Economy, New York: Routledge, 2009.

Paul Le Blanc, *The Living Flame: The Revolutionary Passion of Rosa Luxemburg*, Chicago: Haymarket Books, 2019.

Michael Brie and Jörn Schütrumpf, *Rosa Luxemburg: A Revolutionary Marxist at the Limits of Marxism (Marx, Engels, and Marxisms)*, NewYork: Palgrave Macmillan, 2021.

Raya Dunayevskaya, *Rosa Luxemburg: Women's Liberation, and Marx's Philosophy of Revolution*, England: Harvester Press Ltd, 1981.

Kate Evans, *Red Rosa: A Graphic Biography of Rosa Luxemburg*, US: Verso Press, 2015.

Paul Frölich, *Rosa Luxemburg: Her Life and Work*, New York: Monthly Review Press, 1972.

David Fernbach, eds., *In the Steps of Rosa Luxemburg: Selected Writings of Paul Levi*, Leiden and Boston: Brill, 2011.

Norman Geras, *The Legacy of Rosa Luxemburg*, London: NLB, 1976.

NormanGeras, *The Legacy of Rosa Luxemburg*, London and New York: Verso Books, 2015.

Jon Nixon, *Rosa Luxemburg and the Struggle for Democratic Renewal*, London: Pluto Press, 2018.

J. P. Nettl, *Rosa Luxemburg Volume I*, New York: Oxford University Press, 1966.

J. P. Nettl, *Rosa Luxemburg Volume II*, New York: Oxford University Press, 1966.

J. P. Nettl, *Rosa Luxemburg: The Biography*, London and New York: Verso Books, 2019.

Rosemary H. T. O'Kane, *Rosa Luxemburg in Action: For Revolution and Democracy*, New York: Routledge, 2014.

Jason Schulman, *Rosa Luxemburg: Her Life and Legacy*, New York: Palgrave Macmillan, 2013.

H. Tudor and J. M. Tudor, *Marxism and Social Democracy: The Revisionist Debate 1896–1898*, New York: Cambridge University Press, 1988.

Frieder Otto Wolf and Judith Dellheim, eds., *Rosa Luxemburg: A Permanent Challenge for Political Economy*, London: Palgrave Macmillan, 2016.

Zarembka and S. Soederberg, *Neoliberalism in Crisis, Accumulation, and Rosa Luxemburg's Legacy*, UK: Elsevier Ltd, 2004.

（三）关于卢森堡的期刊文献

Agnihotri, "'In the Shelter' by Rosa Luxemburg", *Indian Journal of Gender Studies*, Vol. 27, No. 2, 2020.

Č. Ankica, "From Theory of Accumulation to Social-Reproduction Theory: A Case for Luxemburgian Feminism", *Historical Materialism*, Vol. 25, No. 4, 2017.

J. D. Bies, "A Transnational Perspective of the Evolution of Rosa Luxemburg's Theory of The Mass Strike", *Critique*, Vol. 46, No. 2, May 2018.

Sidonia Blättler… [et. al.], "Rosa Luxemburg and Hannah Arendt: Against the Destruction of PoliticalSpheres of Freedom", *Hypatia*, Vol. 20, No. 2, Spring 2005.

K. Clark, "Rosa Luxemburg, 'The Russian Revolution'", *Studies in East European Thought*, Vol. 70, No. 2-3, July 2018.

J. Cocks, "On Commonality, Nationalism, and Violence: Hannah Arendt, Rosa Luxemburg, and Frantz Fanon", *Women in German Yearbook*, Vol. 12, 1996.

Engin Delice, "The Dialectic Whole Between Theory and Reality in Rosa Luxemburg", *Critique*, Vol. 43, No. 1, Apr. 2015.

B. Eric, "The Rosa Luxemburg Myth: A Critique of Luxemburg's Politics in Poland (1893-1919)", *Historical Materialism*, Vol. 25, No. 4, 2017.

E. C. F., "Lenin, Rosa Luxemburg and the Dilemma of the Non-Revolutionary Proletariat", *Midwest Journal of Political Science*, Vol. 9, No. 4, Nov. 1965.

D. Gaido and M. Quiroga, "TheEarly Reception of Rosa Luxemburg's Theory of Imperialism", *Capital & Class*, Vol. 37, No. 3, Nov. 2013.

D. Gluckstein, "Standing the Test of Time: Reform or Revolution", *Critique, Vol. 40, No. 3, Sep. 2012.

D. Gocmen, "Rosa Luxemburg, the Legacy of Classical German Philosophy and theFundamental Methodological Questions of Social and Political Theory", *Critique*, Vol. 35, No. 3, Nov. 2007.

Peter Groenewegen, "Rosa Luxemburg's The Accumulation of Capital", *History of Economics Review*, Vol. 1, No. 58, Summer 2013.

Chirashree Das Gupta, "Remembering Rosa Luxemburg on Her Death Centenary", *Social Scientist*, Vol. 47, No. 7/8, July-August 2019.

L. Haro, "Destroying the Threat of Luxemburgism in the SPD and the KPD: RosaLuxemburg and the Theory of Mass Strike", *Critique*, Vol. 36, No. 1, Mar. 2008.

P. He, "Rosa Luxemburg's Dialectics of Revolutionary Democracy—A Methodological Interpretation", *International Critical Thought*, Vol. 4, No. 4, Nov. 2014.

P. Hudis, "Rosa Luxemburg's Concept of a Post-capitalist Society", *Critique*, Vol. 40, No. 3, Sep. 2012.

P. Hudis, "The Dialectic of the Spatial Determination of Capital: Rosa Luxemburg's Accumulation of Capital Reconsidered", *International Critical Thought*, Vol. 4, No. 4, Nov. 2014.

M. Kasprzak, "Dancing with the Devil: Rosa Luxemburg's Conception of theNationality Question in Polish Socialism", *Critique*, Vol. 40, No. 3, Sep. 2012.

H. Kitschelt… [et. al.], "Organization and Mass Action in the Political Works of Rosa Luxemburg", *Politics & Society*, Vol. 9, No. 2, 1980.

A. Levant, "Rethinking Spontaneity Beyond Classical Marxism: Re-reading Luxemburg through Benjamin, Gramsci and Thompson", *Critique*, Vol. 40, No. 3, Sep. 2012.

Jie-Hyun Lim, "Rosa Luxemburg on the Dialectics of Proletarian Internationalism and Social Patriotism", *Science & Society*, Vol. 59, No. 4, Winter 1995/1996.

Marcel Van Der Linden, M., "Rosa Luxemburg's Global Class Analysis", *Historical Materialism*, Vol. 24, No. 1, 2016.

M. Löwy, "The Letters of Rosa Luxemburg", *Critique*, Vol. 40, No. 3, Sep. 2012.

Ottokar Luban, "Rosa Luxemburg's Critique of Lenin's Ultra Centralistic PartyConcept and of the Bolshevik Revolution", *Critique*, Vol. 40, No. 3, Sep. 2012.

O. Luban, "Rosa Luxemburg's Concept of Spontaneity and Creativity in ProletarianMass Movements—Theory andPractice", *International Critical Thought*, Vol. 9, No. 4, Dec. 2019.

C. Memos, "Crisis of Theory, Subversive Praxis and Dialectical Contradictions: Notes on Luxemburg and the Anti-capitalist Movement", *Critique*, Vol. 40, No. 3, Sep. 2012.

C. Miaofen, "From Class to Freedom—Rosa Luxemburg on Revolutionary Spontaneity and Socialist Democracy", *ARSP: Archiv für Rechts und Sozialphilosophie/Archives for Philosophy of Law and Social Philosophy*, Vol. 101, No. 1, 2015.

E. B. McLean, "Rosa Luxemburg—Radical Socialist: A Reappraisal on the Occasion of Her Death in 1919", II *Politico*, Vol. 34, No. 1, 1969.

F. Menozzi, "ThinkAnother Time: Rosa Luxemburg and the Concept of History", *New Formations: AJournal of Culture/Theory/Politics*, Vol. 94, No. 94, 2018.

L. Michaelis, "Rosa Luxemburg on Disappointment and the Politics of Commitment", *European Journal of Political Theory*, Vol. 10, No. 2, 2011.

B. Parry, "Perspectives on Rosa Luxemburg 2", *NewFormations: AJournal of Culture/Theory/Politics*, Vol. 94, Apr. 2018.

Le Blanc Paul, "The Challenge of Revolutionary Democracy in the Life and Thought of Rosa Luxemburg", *Working USA*, Vol. 9, No. 3, Sep. 2006.

T. Paulina, "WhySpontaneity Matters: Rosa Luxemburg and Democracies of Grief", *Philosophy & Social Criticism*, Vol. 47, No. 1, 2020.

Joeph A. Petrus, "The Theory and Practice of Internationalism: Rosa Luxemburg's Solution to the National Question", *East European Quarterly*, Vol. 4, No. 4, Jan. 1971.

I. Schmidt, "Capital Accumulation and Class Struggles from the 'Long 19th Century' to the Present—A Luxemburgian Interpretation", *International Critical Thought*, Vol. 4, No. 4, Nov. 2014.

H. Schurer, "Some Reflections on Rosa Luxemburg and the Bolshevik Revolution", *The Slavonic and East European Review*, Vol. 40, No. 95, Jun. 1962.

Helen Scott, "Rosa Luxemburg's Reform or Revolution in the Twenty-first-Century", *Socialist Studies/Études Socialistes*, Vol. 6, No. 2, Fall 2010.

Anita K. Shelton, "Rosa Luxemburg andthe National Question", *East European Quarterly*, Vol. 21, No. 3, Sep. 1987.

P. Spencer, "From Rosa Luxemburg to Hannah Arendt: Socialism, Barbarism and theExtermination Camps", *The European Legacy*, Vol. 11, No. 5, Nov. 2006.

N. Takemoto, "Rosa Luxemburg's Arguments on the Socialist Movements", *TheKyoto University Economic Review*, Vol. 41, No. 1, April 1971.

M. Tamboukou, "Love, Narratives, Politics: Encounters between Hannah Arendt and Rosa Luxemburg", *Theory, Culture & Society*, Vol. 30, No. 1, 2013.

M. Tamboukou, "Imagining and Living the Revolution: An Arendtian Reading of Rosa Luxemburg's Letters and Writings", *Feminist Review*, Vol. 106, No. 1, 2014.

H. Ticktin, "Rosa Luxemburg's Concept of Crisis in a Contemporary TheoreticalContext", *Critique*, Vol. 40, No. 3, Sep. 2012.

E. Vollrath… [et. al.], "Rosa Luxemburg's Theory of Revolution", *SocialResearch*, Vol. 40, No. 1, Spring 1973.

A. Walicki, "Rosa Luxemburg and the Question of Nationalism in Polish Marxism (1893 – 1914)", *The Slavonic and East European Review*, Vol. 61, No. 4, Oct. 1983.

E. D. Weitz, "'Rosa Luxemburg Belongs to Us!' German Communism and theLuxemburg Legacy", *Central European History*, Vol. 27, No. 1, 1994.

D. Winczewski, "Rosa Luxemburg on Revolutionary Violence", *Studies in East European Thought*, No. 72, March 2020.

E. Wittich… [et. al.], "Perspectives on Rosa Luxemburg 1", *New Formations: AJournal of Culture/Theory/Politics*, Vol. 94, Mar. 2018.

Worth and Owen, "Accumulating theCritical Spirit: Rosa Luxemburg and Critical IPE", *International Politics*, Vol. 49, No. 2, Jan. 2012.

Bertram D. Wolfe, "Rosa Luxemburg and V. I. Lenin: The Opposite Poles of Revolutionary Socialism", *The Antioch Review*, Vol. 21, No. 2, Summer 1961.

（四）关于卢森堡的博士论文

Ofer Cassif, On Nationalism and Democracy: A Marxist Examination, Ph. D. dissertation, London School of Economics and Political Science (United Kingdom), 2006.

Ken Cheng, Proletarian Revolution and the Crisis of Modernity: German OrthodoxMarxism and French Revolutionary Syndicalism 1889 – 1914, Ph. D. dissertation, University College London, 2017.

Lorraine I. Cohen, Reinterpreting Rosa Luxemburg's Theory of Social Change: Consciousness, Action, and Leadership, Ph. D. dissertation,

City University of New York, 1987.

Alex Levant, The Problem of Self-emancipation: Subjectivity, Organization and theWeight of History, Ph. D. dissertation, York University, 2007.

Ana FilomenaMacedo, Rosa Luxemburg's Contribution to Feminist Critical Thought: A New Conception of Emancipatory Politics, Ph. D. dissertation, Brandeis University, 1997.

Edward BruceMcLean, Rosa Luxemburg's Revolutionary Socialism: A Study inMarxian Radicalism, Ph. D. dissertation, Indiana University, 1964.

Lisa Rainwater, The Rosa Myth: A Feminist Reading of Rosa Luxemburg in Twentieth Century German Culture, Ph. D. dissertation, Univrtsity of Wisconsin-Madison, 2002.

Steven Shane Usary, From Cosmopolitanism to Nationalism: An Interpretive Historyof Marxian Theories of Nationalism and Supranationalism, Ph. D. dissertation, Tulane University, 1983.

Juliane Wuensch, German-Jewish Female Identity and the Dream of an EgalitarianSociety: A Comparative Study of Rahel Varnhagen, Rosa Luxemburg, and Hannah Arendt, Ph. D. dissertation, Indiana University, 2020.